本书是国家社科基金项目"欧美新能源立法的制度性设计及中国的路径选择研究"（项目号：11CFX069）的结项成果，同时亦是国家社科基金重大项目"中国能源革命与法律制度创新研究"的阶段性成果，西北政法大学"三秦学者"科研创新团队、"一带一路"发展战略重大国际法问题研究青年学术创新团队的研究成果

U0454030

能源革命 与 制度建构

吕江◎著

以欧美新能源立法的制度性设计为视角

知识产权出版社

全国百佳图书出版单位

图书在版编目（CIP）数据

能源革命与制度建构：以欧美新能源立法的制度性设计为视角/吕江著. —北京：知识产权出版社，2017.8

ISBN 978-7-5130-5036-4

Ⅰ.①能… Ⅱ.①吕… Ⅲ.①新能源—能源法—研究—欧洲 ②新能源—能源法—研究—美国 ③能源政策—研究—欧洲 ④能源政策—研究—美国 Ⅳ.①D950.26 ②D971.226 ③F450.62 ④F471.262

中国版本图书馆 CIP 数据核字（2017）第 176185 号

内容提要

能源革命是人类文明进步的主要推动力，而制度上的变革与创新则往往是引发前者的关键因素。以煤和电为基础的一、二次工业革命均凸显了这一点。当前，国际社会正进入一个新的能源革命期，其典型特征就是以欧美为代表的新能源革命。然而，支撑此种变革的根本在于欧美国家在新能源上做出的一系列卓有成效的制度安排。本书详细揭示了欧美国家是如何从立法等层面对新能源展开制度性设计的，从而为中国新能源乃至整个能源发展提供一个欧美的制度视角并阐释其背后所蕴藏的关联理念。

责任编辑：张水华　　　　　　　　　　　责任出版：刘译文

能源革命与制度建构

以欧美新能源立法的制度性设计为视角

吕　江　著

出版发行：知识产权出版社 有限责任公司		网　　址：http://www.ipph.cn	
社　　址：北京市海淀区气象路 50 号院		邮　　编：100081	
责编电话：010-82000860 转 8389		责编邮箱：46816202@qq.com	
发行电话：010-82000860 转 8101/8102		发行传真：010-82000893/82005070/82000270	
印　　刷：三河市国英印务有限公司		经　　销：各大网上书店、新华书店及相关专业书店	
开　　本：720mm×1000mm　1/16		印　　张：13.5	
版　　次：2017 年 8 月第 1 版		印　　次：2017 年 8 月第 1 次印刷	
字　　数：240 千字		定　　价：42.00 元	
ISBN 978-7-5130-5036-4			

摘要

2010 年 9 月，国家发布了《国务院关于加快培育和发展战略性新兴产业的决定》。该官方文件正式将新能源列入国家战略性新兴产业行列。无疑，这为新能源产业在国内经济中的发展壮大带来一个重要契机。经过近八年的发展，中国新能源产业取得了骄人的成绩。但同时也暴露出一些严重阻碍新能源发展的制度瓶颈，亟待加以解决。特别是 2014 年 6 月，习近平总书记在中央第六次财经工作会议上正式提出构建中国能源生产与消费革命的新理念，从而为下一步加快中国新能源发展提供了重要的指导方针。因此，鉴于欧美国家在新能源发展上有着较长的发展历史，以及一系列较为成功的新能源发展激励机制；那么通过借鉴其在新能源立法上的制度性设计，必将有助于中国新能源在未来的蓬勃发展，同时也裨益于吸收其在新能源发展上的能源变革理念，将中国能源革命与新能源发展相结合，开创具有中国特色的新能源法律制度体系。

为此，本书除绪论和结论部分以外，共有十章内容，其具体概括如下。

第一章 科学认知与规则旨趣：以欧美国家新能源制度变迁为例。这一章主要是对新能源的概念界定。本章认为，新能源不应仅是指可再生能源，而应包括更多的具有科学和发展意义上的新能源。为此，通过考察欧美国家在新能源发展上的不同路径，旨在说明新能源的发展应是多元的，而不应局限于某种单一的发展路径。

第二章　国际法的实效：以国家新能源战略证成。这一章主要强调国家开展新能源建设，其中的一个主要目的是应对全球气候变化问题。各国通过建立起各自的新能源战略，表明：尽管在全球强制减排协议上仍存在诸多纷争，但国家自身的新能源建设本身就足以说明他们在主动积极地进行温室气体减排。这从另一个侧面也证明了：国际法实效的存在并不完全端赖于书面性的事项，而更多地体现在国家的行动之上。

第三章　风能安全退出机制：以欧美应对"弃风"的法律实践为视角。这一章主要针对中国当前存在的"弃风"问题展开的。本章认为，中国"弃风"问题不只是一个产能过剩，而更多的是在制度设计上存在问题。因此，通过分析欧美国家在应对"弃风"问题上所采取的制度性设计，来找到中国"弃风"问题在法律政策方面应采取的应对对策。

第四章　英国碳捕获与封存的安全制度机制。这一章主要论及英国在碳捕获与封存技术这类新能源发展上的安全制度构建。碳捕获与封存技术是一种能将二氧化碳捕获并加以封存的技术，它有助于减少温室气体排放，同时又可使化石能源继续使用。但是碳捕获与封存技术存在安全问题，倘若造成碳泄漏，则会严重污染环境。因此，英国采取了各项有力的举措来保障碳捕获与封存的安全。本章主要评介了英国碳捕获与封存的安全制度机制，认为这种安全制度机制有助于中国在开展碳捕获与封存时加以吸收和利用。

第五章　德国新能源立法的制度性设计：政府主导与社区共进。这一章主要分析德国在新能源立法上的制度性设计。本章认为，德国作为欧盟最大的成员国，其在可再生能源利用方面一直走在世界前列。这不得不归功于德国特殊的新能源制度性设计。它的特点在于，将政府主导与社区共进相结合，其中社区共进在德国可再生能源发展方面具有更为重要的实践意义。

第六章　美国的碳捕获与封存制度。这一章主要论及美国在碳捕获与封存方面的制度性设计。美国与中国一样，都是传统能源消费大国。美国的煤炭产量一直居于全球前列。因此，加强碳捕获与封存技术的商业化，对于美国的温室气体减排和化石能源的再利用都具有特别重要的意义。本章分析了美国碳捕获与封存技术制度性设计的能源背景，指出其在商业化和环境保护方面的具体规定，对于中国吸收和借鉴美国在碳捕获与封存技术商业化方面的制度性设计，势必有助于中国碳捕获与封存技术早日商业化。

第七章　美国页岩革命：新能源突破与制度意义。这一章旨在分析美国页岩革命所带来的制度上的创新。页岩气是一种非常规天然气，具有清洁高效的特性。本章认为，在全球都将新能源的目光放在可再生能源时，美国却将新能源的突破放在了页岩气这一个传统能源与可再生能源之间的过渡能源上，有其重要的国家与国际意义。一方面，它促使美国能源独立成为可能；另一方面，又帮助美国降低了温室气体排放。因此，此种新能源发展路径，也可被中国借鉴，我国也可加强国内的页岩气开采。

第八章 欧盟新能源的制度变化：能源联盟。这一章主要分析欧盟于2015 年新出台的能源联盟战略。欧盟是一个以可再生能源为新能源发展方向的区域性组织。近年来，随着美国页岩革命和中国"一带一路"的提出，欧盟开始反思自己在新能源政策上的得失。《能源联盟战略框架》的出台正是欧盟意欲重新实现欧盟内部能源市场的统一，加强各国新能源之间的联系，尽管在能源联盟的政策中并没有体现更新的新能源内容，但却表现出欧盟要对以往能源政策进行审查，以期改进欧盟的新能源发展的意图。

第九章 中国与欧美新能源合作的制度性设计。这一章主要论及中国与欧美新能源合作应采取的制度安排。本章认为，中国在新能源发展方面的成绩是值得肯定的。但中国要进一步扩大新能源规模，就应积极吸收和借鉴欧美经验。为此，加强与欧美国家在新能源领域的合作就具有特别重要的意义。中国应积极利用中欧、中美之间的对话机制，利用国际新能源领域的制度安排，加强国内新能源的投资立法，从而实现中国与欧美国家在新能源方面的广泛合作。

第十章 "安全低碳"新能源战略体系的构建。这一章主要论及未来中国新能源战略的目标。本章认为，应树立起"安全低碳"的新能源战略目标。这不仅是因为国际社会中新能源发展已成为全球共识，更重要的是，中国需要以一种"安全低碳"的能源战略来加速中国的新能源发展，为此，应从国内法律政策和国际新能源制度安排两个维度予以加强。

关键词：新能源；制度设计；欧美；能源革命

目　录

绪　　论

自工业革命以来，作为人类文明的重要推动力，能源之效用愈加被世人所认可。特别是进入 21 世纪以来，在全球经济、环境和社会处于一个新的发展转型期时，能源则承载着更为重要的物质使命。无疑，加强新能源发展是实现各国能源转型的主导力量，而经由制度性设计，促进新能源战略性产业的扩大，则成为其普遍采取的主要策略。因此，借鉴欧美发达国家在新能源发展上的制度性设计，对于促进未来中国新能源的稳步发展就具有更为重大且深远的意义。

一、欧美新能源立法制度性设计研究的实践意义

加强欧美新能源制度性设计的研究，其实践意义在于以下三个方面：

（一）环境及气候变化议题对传统能源的挑战

发轫于 20 世纪 70 年代的环境议题开启了对传统能源的转型诉求，特别是全球气候变暖的事实，更促发了世界各国摒弃具有"高碳排放"化石能源的政治意向。众所周知，70 年代，西方工业化进程带来了越来越多的环境问题，酸雨、雾霾等严重污染环境的现象层出不穷，而造成这一现象的主要原因，与西方国家大量使用煤炭等化石能源有着密切关联。❶ 而更为严重的是，化石能源燃烧过程中将释放出大量二氧化碳等温室气体，这成为当前全球气候变暖的主要成因，海平面上升、粮食歉收等负面影响已更频繁地威胁到全

---

❶ 参见［美］麦克尼尔著：《阳光下的新事物：20 世纪世界环境史》，韩莉、韩晓雯译，商务印书馆 2012 年版，第 85－119 页。

人类的基本生存。❶ 无疑，环境恶化及气候变暖都对全球继续使用化石能源提出了严峻挑战。

尽管 1992 年《联合国气候变化框架公约》的缔结并未为全球碳排放设定具体目标，但却从制度的高度统一了世界各国加强能源转型的共识。而 1997 年《京都议定书》率先要求发达国家进行温室气体减排，则正式迈出了全球"碳减排"的关键一步。❷ 但此种制度安排却并非一帆风顺，由于美国拒绝参加《京都议定书》，使其减排效力大打折扣。因此，构建一个具有全球性质的气候变化减排协议，就成为"后京都"气候变化谈判的主要制度安排。❸ 尽管 2009 年《哥本哈根协议》是一份不具法律拘束力的协议，却将全球气温升高 2℃ 作为全球减排的共同目标。❹ 当前，包括美国、中国等大国在内的国家都做出了积极的气候变化回应，❺ 因此，向一个低碳经济和新能源发展的目标前进，已成为全世界不可改变的事实。❻

（二）全球新能源发展的勃兴

无疑，包括可再生能源在内的新能源发展乃是应对全球环境恶化和气候变暖的主要能源举措。自 1992 年《联合国气候变化框架公约》缔结以来，特别是 1997 年《京都议定书》为发达国家限定减排目标之后，作为减排力量的主要手段，可再生能源日益受到国际社会的广泛重视，其发展规模也不断扩大。据非政府组织"21 世纪可再生能源政策网络（REN21）"发布《2015 可再生能源全球现状报告》的统计，在全球能源经济消费增长以及油价下跌

---

❶ See Karen L.. O'Brien, Asuncion Lera St. Clair, & Berit Kristoffersen, "The Framing of Climate Change: Why it Matters," in Karen L. O'Brien, Asuncion Lera St. Clair, & Berit Kristoffersen ed., *Climate Change, Ethics and Human Security*, Cambridge: Cambridge University Press, 2010, pp. 3–22.

❷ See Peter D.. Cameron, "The Kyoto Process: Past, Present and Future," in Peter D. Cameron & Donald Zillman ed., *Kyoto: From Principles to Practice*, The Hague: Kluwer Law International, 2001, pp. 3–23.

❸ See Joseph E. Aldy & Robert N. Stavins, "Architectures for an International Global Climate Change Agreement: Lessons for the International Policy Community," in Joseph E. Aldy & Robert N. Stavins ed., *Architectures for Agreement: Addressing Global Climate Change in the Post-Kyoto World*, Cambridge: Cambridge University Press, 2007, pp. 350–367.

❹ 参见吕江：《〈哥本哈根协议〉：软法在国际气候制度中的作用》，载《西部法学评论》2010 年第 4 期，第 109–115 页。

❺ 参见《中美气候变化联合声明》，新华网，2014 年 11 月 13 日，http://news.xinhuanet.com/energy/2014-11/13/c_ 127204771.htm（访问日期：2015-11-16）。

❻ 参见吕江：《气候变化立法的制度变迁史：世界与中国》，载《江苏大学学报（哲社版）》2014 年第 4 期，第 41–49 页。

的背景下，2014 年可再生能源仍维持了增长态势，而且碳排放在 40 年来，第一次与上一年持平。其中，2013 年，可再生能源占全球能源消费总量的 19.1%，其中水电占到 8.9%，传统生物质能达 9%，风能、太阳能等达 1.3%。在发电方面，可再生能源发电占到 22.8%，其中水电达 16.6%，风电达 3.1%。全球可再生能源投资在 2014 年继续呈上升趋势，达到 2700 亿美元，比 2013 年增长了 17%，特别是在新增发电容量的净投资方面，可再生能源已连续 5 年超过化石能源。就国家而言，2014 年在可再生能源电力和燃料投资方面，中国、美国和日本分列前三甲。在生物柴油和燃料乙醇投资方面，美国则居于领先地位。德国在光伏发电以及人均光伏发电量方面跃居第一位。❶

（三） 中国新能源发展的制度转型

在 2010 年 9 月国家发布《国务院关于加快培育和发展战略性新兴产业的决定》之前，中国在可再生能源发展方面已有了相当大的成就。就传统可再生能源而言，中国在水电领域一直居于前列，如 2004 年中国水力发电尚居于加拿大之后，但 2005 年中国水电增量就跃居全球第一。而在太阳能热水器方面，中国一直居于领先地位。中国在可再生能源上的投资在 2005 年与德国齐平，达到 70 亿美元。❷ 而 2010 年之后，在国家做出加大战略性新兴产业的决定，将新能源产业纳入其中后，中国在新能源发展上突飞猛进，如 2005 年中国风电投资仅居于全球第八位，到 2014 年时，中国已牢牢把握住全球第一的位置。此外，在可再生能源投资、发电、太阳能热水器以及光伏装机容量方面，中国都跃居全球第一。

然而，在看到中国新能源蓬勃壮大之际，我们仍应清醒地认识到，中国的新能源发展并非坦途，仍面临着需要尽快制度转型的挑战，这表现在两个方面：一方面，中国的自然禀赋决定了中国是一个以煤为主的能源结构国家。尽管近年来，中国为减少碳排放，降低对煤炭的使用量，但 2013 年煤炭消费比重仍占到 66%。❸ 因此，此种能源结构决定了中国碳减排面临着极大困难。

---

❶ 参见 21 世纪可再生能源政策网络：《2015 可再生能源全球现状报告》，2015 年 10 月，第 10、26 页。

❷ 参见 21 世纪可再生能源政策网络：《全球可再生能源发展报告（2006 年修订版）》，2006 年 8 月，第 2 页。

❸ 参见国家发展与改革委员会：《中国应对气候变化的政策与行动 2014 年度报告》，2014 年 11 月，第 15 页。

另一方面，中国也在积极地调整能源结构，降低煤炭消费比例。新能源是完成这一任务的关键选择。这从近年来中国在可再生能源上的发展就可窥见一斑。但是现实是，中国新能源发展正面临着诸多困境，例如从 2010 年开始，中国弃风限电现象就较为严重；在光伏产业发展上，中国遭到欧美国家的"双反"诉讼。更为紧迫的是，新能源发展中，不同新能源存在着不正当竞争的问题，有些地方为保护某一类可再生能源，而出现限制其他可再生能源发展的现象。

毫无疑问，无论是从能源结构的调整，还是从新能源的可持续性发展，都需要对新能源进行审慎的制度性设计，这也表明中国新能源发展进入一个新阶段，这一阶段不再是新能源的规模性、经济性发展，而更多的是科学性和制度性的发展，从而保障中国新能源发展的制度转型。

二、欧美新能源立法制度性设计研究的理论意义

必须承认，欧美国家是较早开始新能源发展的，自 20 世纪 70 年代环境主义在西方兴起以来，欧美国家就将未来能源发展的重点开始向可再生能源转移。特别是对气候变化问题的关注，使欧美国家的新能源发展成为一种定势。同样，为加速新能源发展，欧美国家亦开展了一系列的制度性设计，以期通过制度的方式激励新能源在本国的壮大和良性发展。

尽管理论表明，国家发展状况是与其国内情境相关联，一国不可能完全复制另一国的发展模式，然而，正如德国哲学家胡塞尔所言，"在这个世界中的对象不是单个地、不完全地、仿佛偶然地被我们获知的，而是通过一种理性的、连贯的统一的方法被我们认识的"。[1] 因此，对欧美新能源立法的制度性设计，正是希冀从其具体制度表述中发现那种具有根本性特征的理性事物，从而将其运用到中国新能源立法的制度设计中。具体而言：

第一，对欧美国家新能源立法在制度设计上的不同路径的研究，有助于找到新能源发展中的制度设计的共同点。欧洲国家与美国在新能源发展上采取的制度路径不尽相同。欧洲国家从其一开始就将可再生能源作为其发展的重点，而美国的能源法律政策更倾向于在原有传统能源的基础上，发展新的能源突破和能源技术。但二者存在的制度共性均考虑到市场在新能源发展中

---

[1] ［德］埃德蒙德·胡塞尔著：《欧洲科学危机和超验现象学》，张庆熊译，上海译文出版社 1988 年版，第 26 页。

的作用，均是向一种低碳发展的方向迈进。

第二，欧美国家新能源立法并不总是成功的，对失败进行经验总结可以避免中国新能源发展重蹈覆辙。由于新能源发展乃是一个正在进行的事件，目前没有一国在新能源发展的制度路径上实现完全的成功。相反，更多的是不断地对新能源发展过程中的失败进行总结，不断地修正新能源发展的制度轨迹，以期更好地服务或激励本国新能源的良性运转。例如，英国在新能源发展中对于风能给予补贴，之前是只要涉及风能，补贴是一致的；然而，英国发现此种补贴举措并不能导向英国真正发展海上风能，因此，后期的新能源制度改革中，将离岸风能进行了单独的制度设计。

第三，对欧美国家新能源立法制度性设计的研究，也有助于中国寻找到新能源立法中制度架构因素。新能源立法本质上仍属于能源立法，能源立法采取一种什么样的方式更有助于促进能源发展，是所有国家均关心的核心问题。对欧美国家新能源立法制度性设计的研究不仅是要分析其具体的新能源制度设计，更重要的是实现对其制度架构的理性把握，认识到立法本身运作的规律性事项，从而改善中国能源立法的架构性设计。

三、国内外对欧美新能源立法的制度设计的研究现状

自新能源发展进入全球视野后，各国学者对新能源立法的制度性设计的研究就进入一个相对繁盛时期，在国外和国内都已产生一批重要的研究著述。

（一）国内对欧美新能源制度设计的研究现状

自 2010 年国家正式颁布《国务院关于加快培育和发展战略性新兴产业的决定》以来，国内学者开始了对欧美新能源的一系列研究，其中武汉大学杨泽伟教授承担的国家社科基金重大招标项目"发达国家新能源法律政策研究及中国的选择"开启了中国对欧美新能源法律政策研究的先河。在该项目下出版了多部著作，包括杨泽伟教授主编的《发达国家新能源法律与政策研究》，❶ 笔者的《英国新能源法律与政策研究》，❷ 程荟副教授的《欧盟新能源

❶ 杨泽伟主编：《发达国家新能源法律与政策研究》，武汉大学出版社 2011 年版。
❷ 吕江著：《英国新能源法律与政策研究》，武汉大学出版社 2012 年版。

法律与政策研究》,❶ 李化副教授的《澳大利亚新能源法律与政策》,❷ 以及杨泽伟教授主编的《从产业到革命：发达国家新能源法律政策与中国的战略选择》等。❸ 此外，其他学者也分别从不同的角度对西方新能源法律与政策展开了研究，如中国社科院史丹教授的《新能源产业发展与政策研究》中涉及西方新能源法律与政策。无疑，这些著述丰富了中国对欧美新能源法律与政策的研究，而本书的研究则在其基础上进一步深化，将对欧美新能源法律政策的研究放在立法的制度性设计这一维上，以期深化对欧美国家新能源法律政策的制度设计考量。

（二）国外对欧美新能源立法的制度设计的研究现状

国外对欧美国新能源立法的制度设计的研究也主要是近年来发展起来的。例如：世界可再生能源理事会的主席 Peter Droege 的著作《100% Renewable：Energy Autonomy in Action》,❹ 美国缅因州立大学法学院 Zillman 教授的著作《Beyond the Carbon Economy：Energy Law in Transition》,❺ 东芬兰大学教授 Talus 的著作《EU Energy Law and Policy：A Critical Account》,❻ Massai 博士的著作《European Climate and Clean Energy Law and Policy》等。❼ 这些著作在一定程度上反映了欧美在新能源发展方面的制度性设计，强调了法律与政策在新能源实践中的重要意义。然而，当前随着全球气候变化谈判进入一个新阶段，未来新能源发展的走向也处于一个关键的十字路口上，这不仅是来自目前较低的油气价格的冲击，而且也是气候谈判不确定所导致的。因此，未来如何实现新能源发展，会不会受新的气候变化协议的影响，而在制度设计上出现新的创新，这些都需要密切关注。因此，也可以说，中国与欧美国家在新能源制度设计上在某种程度上也处于同一起跑线上，这就为双方在新能源

---

❶ 程荟著：《欧盟新能源法律与政策研究》，武汉大学出版社 2012 年版。

❷ 李化著：《澳大利亚新能源法律与政策研究》，武汉大学出版社 2014 年版。

❸ 杨泽伟主编：《从产业到革命：发达国家新能源法律政策与中国的战略选择》，武汉大学出版社 2015 年版。

❹ See Peter Droege, *100% Renewable：Energy Autonomy in Action*, London：Earthscan, 2009.

❺ See Donald N Zillman, *Beyond the Carbon Economy：Energy Law in Transiton*, Oxford：Oxford University Press, 2008.

❻ See Kim Talus, *EU Energy Law and Policy：A Critical Account*, Oxford：Oxford University Press, 2013.

❼ See L. Massai, *European Climate and Clean Energy Law and Policy*, Washington, DC：Earthscan, 2012.

制度性设计方面的相互交流与合作奠定了坚实的思想基础。

四、本书的研究思路及其研究方法

本书的研究思路是以欧美新能源的制度性设计为明线，以制度性设计的理性分析为隐线；以欧美新能源发展的变化为主线，以中国新能源发展的现状为引线，通过对不同国家的制度性设计进行分析，找到适宜于中国新能源发展的制度路径。

本书的研究方法包括但不限于以下三种方法：

第一，比较主义的方法。当前比较主义理论已进入到一个较高的理论层面，从理性角度出发，摆脱了以往就事论事的研究模式，更多的是将比较主义引向了功能性比较和结构性比较，❶ 因此，对欧美国家新能源立法的制度性设计也将采取最新的比较主义方法。❷

第二，制度主义的方法。当前的制度主义研究方法分为历史制度主义和新制度主义两种方法。其中历史制度主义更强调纵向的制度性分析，认为一个事物的发展是有其根源的，唯有从历史的维度去把握，才能真实地再现某一个制度的合理性。而新制度主义则更强调制度中不同要素对制度本身所产生的影响，以及制度在一定范围内的局限性，从而达致制度设计的合理性。此处需强调的是，在制度经济学和政治学中，有时对制度主义的观点并非完全一致，本书并不严格区别二者之间的不同，仅是从各自范围内来借鉴相关研究方法。

第三，语境分析方法。语境分析方法是当前科学哲学领域新兴的一种新的研究方法。该方法强调语境在事物发展过程的作用，或言之，只有在语境之下反映出来的事物，才具有其合理性。不同的语境造就了不同的制度选择，加强语境分析，能为成功诠释各国在新能源发展方面的不同道路提供相应的

---

❶　参见［美］理查德·海兰：《比较法》，载［美］帕特森编：《布克莱尔法哲学和法律理论指南》，汪庆华等译，上海人民出版社 2012 年版，第 189-192 页。亦可参见［德］茨威格特、克茨著：《比较法总论》，潘汉典等译，法律出版社 2003 年版，第 46-50 页。

❷　See Mathias M. Siems, "Numerical Comparative Law: Do We Need Statistical Evidence in Law in Order to Reduce Complexity?" Cardozo Journal of International and Comparative Law, Vol. 13, 2005, pp. 521-540. 亦可参见：高奇琦：《从单因解释到多因分析：比较方法的研究转向》，载《政治学研究》2014 年第 3 期，第 5 页；王宁：《代表性还是典型性？——个案的属性与个案研究方法的逻辑基础》，载《社会学研究》2002 年第 5 期，第 123-125 页；卢晖临、李雪：《如何走出个案？——从个案研究到扩展个案研究》，载《中国社会科学》2007 年第 1 期，第 118-130 页。

理论支持。

五、新能源概念与范畴界定

本书对新能源概念与范畴的界定表现在：

第一，新能源的"新"是指在能源范围上的"新"。本书中的新能源不仅仅指可再生能源。从全球及中国新能源发展的路径来看，新能源的范围应远远大于可再生能源。因此，本书将一方面研究欧美国家可再生能源的发展，另一方面也将新能源扩大到对传统能源的新突破、新发展以及新技术上。从一个更宏旨的角度来看待欧美国家新能源发展的制度路径。

第二，新能源的"新"还是指能源立法上的"新"。新能源立法的制度性设计，最终仍须反映到能源立法上，能源立法是一个统一的立法过程，单纯地研究新能源或言之可再生能源的能源立法，并不能真正反映新能源立法的制度性路径。因此，唯有从能源立法的整体主义视角出发，才能凸显出新能源立法在制度性设计上的发展脉络。

第三，新能源的"新"还是指新的能源法理论。正如英国经济学家凯恩斯所言，"经济学家和政治哲学家们的思想，不论它们在对的时候还是在错的时候，都比一般所设想的要更有力量。的确，世界就是由它们统治着。讲求实际上的人自认为他们不受任何学理的影响，可是他们经常是某个已故经济学家的俘虏"。❶ 无疑，理论的价值永远是实物所无法衡量的，因此，在新能源立法的制度设计方面，我们不仅是要借鉴和评析欧美国家的基本做法，更多的是要阐发自己对能源法理论的新的认识。所以，新能源的"新"也体现在书中提出的新的能源法理论。

---

❶ ［英］约翰·梅纳德·凯恩斯著：《就业、利息和货币通论》，高鸿业译，商务印书馆 1999 年版，第 396 页。

第一章

科学认知与规则旨趣：
以欧美国家新能源制度变迁为例

近年来，中国新能源发展可谓方兴未艾、势头迅猛。❶ 然而，随着产业化规模的不断扩大，新能源发展的弊端也逐渐暴露出来。如"弃风"❷、欧美对光伏产业的"双反"诉讼；❸ 以及新能源与传统能源，甚至在各种新能源之间的相互抵牾和不公平竞争。❹ 为何中国会出现这些问题？难道是由于中国缺乏相应的制度规范吗？

事实上，自 2010 年国家正式将新能源纳入到战略性新兴产业以来，出台和修订的法律政策多达百项，支持力度前所未有。❺ 因此，这绝不是在制度上的缺失，而是制度的规范失衡。而解决这一问题的关键，唯有找到新能源的

---

❶ 2010 年 9 月国家发布《国务院关于加快培育和发展战略性新兴产业的决定》。其中将新能源产业纳入到战略性新兴产业行列。自那时起，中国新能源出现一个井喷式发展，到 2014 年，中国在新能源方面取得了骄人的战绩，可再生能源电力新装机容量居于全球第一，其中，传统可再生能源中水电装机容量保持了多年第一的势头，此外，中国在光伏发电方面开始发力，2014 年光伏发电新装容量成为全球第一，在风电方面，尽管受到"弃风"影响，仍保持着新装机容量全球第一的位置。可再生能源投资方面一直保持着全球领先地位，占到整个发展中国家投资的 2/3。参见 21 世纪可再生能源政策网络：《2015 可再生能源全球现状报告》，巴黎：REN21，2015 年，第 6-12 页。

❷ 参见王赵宾：《中国弃风限电报告》，载《能源》2014 年第 7 期，第 42-48 页。

❸ 参见于南：《欧盟正式启动对华光伏反规避立案调查，中国多晶硅反倾销措施遭"挑衅"》，载《证券日报》2015 年 6 月 4 日第 B03 版。徐炜旋：《"双反"调查或令我光伏产业再陷低谷》，载《中国石化报》2014 年 6 月 13 日第 8 版。

❹ 参见肖蔷：《云南风电开发为何叫停》，载《中国能源报》2013 年 12 月 30 日第 3 版。

❺ 这里仅是指全国层面的，包括法律、行政法规、行政规章、通知、管理办法等各个法律政策层面。例如，2012 年国家电监会、国家发改委的《关于可再生能源电价补贴和配额交易方案的通知》，2011 年财政部、国家发改委、国家能源局《可再生能源发展基金征收使用管理暂行办法》，2012 年财政部《可再生能源电价附加有关会计处理规定》，2015 年国家能源局《关于推进新能源微电网示范项目建设的指导意见》等。

规则旨趣。是以，本章旨在阐释两个问题：什么样的新能源发展才是我们所需要的？仅仅是化石能源向可再生能源的转向吗？而一旦前一命题解决，那么，什么样的规则才是新能源发展所需要的？能源立法的规则旨趣究竟在哪里？

一、对新能源发展的科学认知

要知什么样的新能源才是我们所需要的，就必须对新能源有所认知。因为新能源实践的好与坏，关键在于理论上是否厘清什么是新能源。无疑，一旦对新能源的认知存在错误，那么必将影响其具体实践。因此，唯有廓清新能源的科学认知，才能裨益于未来新能源的发展。

（一）对新能源发展的错误认知

当前，在中国新能源发展中，普遍存在着以下四个方面的认知谬误。

1. 将新能源发展等同于可再生能源发展

在新能源发展领域，最大的一个误区是将新能源发展等同于可再生能源发展。首先，"新能源"一语是一个中国式的语义。在欧美能源发展领域没有完全对应"新能源"的专有词汇。因此，国内学者研究中，为在借鉴西方能源发展经验上的便利，往往将"新能源"模糊为可再生能源。其次，近年来在能源发展领域，特别是 21 世纪以来，由于气候变化问题的介入，使欧美国家可再生能源发展异军突起。这一时间正好与中国提出"新能源"概念的时间具有一定吻合性。因此，从时间上也使许多人认为新能源就是可再生能源。最后，从国内多年实践来看，新能源发展大多出现在风能、太阳能等领域，而这些又是可再生能源，自然使许多人认为新能源发展就是可再生能源发展。

然而，此种观点实际上是将新能源发展局限在了可再生能源领域，是对新能源发展范围的缩小。它的不利之处在于，一方面，国家在能源布局时，以新能源的名义来大力发展可再生能源，而那些传统能源的技术革新或新发展就无法得到应有的支持。这样一来，第一，各类能源之间的发展有出现断层的危险，一旦可再生能源无法匹配或满足经济发展需要时，由于传统能源投入较少，能源危机就会被促发。第二，其他不属于传统能源但并非是可再生能源则很难得到国家的资金投入和研发支持。例如，电网建设，其本身无法直接被纳入到可再生能源，但又不属于严格意义上的传统能源。因此，其所需资金投入将无法受惠于可再生能源政策。

另一方面，正是基于前者所产生的危害，迫使国家将不得不采取增加能源规划或政策的形式，将之前未纳入新能源领域的能源类型包含在内。例如，页岩气不属于可再生能源，倘若将新能源仅等同于可再生能源的话，页岩气开发是无法得到政府支持的。因此，为了改变此种局面，国家不得不在 2012 年单独出台页岩气发展规划，将页岩气也纳入到国家新能源的扶持范围。这样的结果造成了能源制度的碎片化问题，规则之间的相互冲突就不可避免，进而形成新能源产业发展的制度性桎梏。

2. 将新能源发展等同于清洁能源发展

将新能源发展等同于清洁能源发展，亦是对新能源范围的缩小。清洁能源，是相对化石能源提出的。众所周知，煤、石油和天然气在燃烧过程中会释放大量有害物质和颗粒。酸雨、雾霾等有害天气的形成亦都与化石燃料的燃烧有着直接联系。特别是这些化石燃料燃烧所释放的二氧化碳已被科学证明是当前气候变暖的主要成因。因此，发展清洁能源，减少化石能源是未来能源发展的主要方向。

然而，新能源发展也不能简单地等同于清洁能源发展。因为能源的清洁化，是一个过程概念。核能是清洁，但却没有纳入到新能源发展中。煤层气、可燃冰都被认为是清洁的，但其主要成分是甲烷，一旦泄漏，它对气候变暖的影响比二氧化碳还剧烈。因此，新能源是以类别划分，而清洁能源是以过程划分，二者存在交叉，但不一定是等同的。

3. 将新能源发展等同于对环境有利的能源发展

在能源发展领域，同样存在着认为新能源发展就是对环境有利的发展，应大力提倡和给予支持，而煤炭、石油、天然气等，对环境有影响，则应减少其使用。这种观点也是一种片面的想法。其实，从能源发展史来看，能源对环境的影响，是随着人类认识的不断提高而变化的。不能绝对地说只有化石能源对环境有影响，其实所有能源都存在对环境的负面影响。例如，可再生能源被认为是环境友好型的。殊不知，风电场不仅需要大量的土地，而且其噪声污染颇为严重。太阳能光伏产品生产过程中会产生大量对环境有害的物质。同样，水电大坝会对区域生物种群等产生负面影响。❶ 因此，可再生能

---

❶ See Waltina Scheumann & Oliver Hensengerth, *Evolution of Dam Policies: Evidence from the Big Hydropower States*, Heidelberg, New York, Dordrecht, London: Springer, 2014, pp. 1-12.

源并不是完全对环境无害的。

相反，当前人们认为化石能源对环境产生的污染严重。但实际上，人类在接受化石能源时，同样也是从环境角度出发的。例如，16 世纪，在没有化石能源之前，人类的主要交通工具是马车，而马粪是城市卫生的主要污染物。正是由于建立在化石能源之上的交通工具，才彻底改变了城市卫生，人类生活环境才大为改善。同样，19 世纪，石油开采之前，人类的照明主要用抹香鲸的鲸油作为燃料，可想而知，如果不是煤油替代了鲸油，抹香鲸早在 20 世纪初就灭绝了。❶ 因此，不能简单地看待能源与环境的关系，更不能认为发展新能源就无须考虑环境问题。

4. 认为新能源发展需要更多的制度规范

学界普遍存在一种观点，认为当前新能源的发展正处于萌发阶段，与传统能源相比，没有政府干预，根本无法与传统能源相抗衡。因此，政府应通过政策的形式，加大对新能源的制度激励，在税收、补贴等各个方面给予相应的优惠。这一逻辑结果必然要求政府出台各种新能源政策以达到扶持新能源发展的目标。然而，这种结果带来的是，一方面，在其前期发展时，由于政策上的支持，新能源会在基础建设方面出现一个井喷式的发展趋势。但由于能源运行是一个复杂系统，仅仅在某处给予政策上的支持，并不能带来新能源的全局平稳运行。例如，中国"弃风"问题就凸显了这一矛盾。而此时，政府为纠偏则会出台更多的能源政策。但是由于政策理性毕竟是有限的，最终政策碎片化则会导致更多的能源冲突与争端。另一方面，众所周知，规则本身是厌恶风险的，越多的政策意味着风险越低。但是风险越低，则越意味着灵活性越低，而具备革新精神的私人将无法进一步在新能源领域进行创新，甚至有可能阻碍更多具有创新精神的企业家进入这一领域。新能源面临的将不是发展，而是萎缩。

此外，过多的制度规范也意味着对市场的不信任，从而改变了以市场为主的能源运行模式，希冀通过一种人类理性去发展新能源，最终的结果则不是新能源抛弃市场，而是市场抛弃新能源。当新能源在没有市场引导下发展时，政府的过度干预将无疑为新能源失败背上过多的包袱，不仅在经济上，而且甚至在社会上会产生更多的负面影响。

---

❶ 参见［美］克劳士比著：《人类能源史：危机与希望》，王正林、王权译，中国青年出版社 2009 年版，第 113–117 页。

（二）何者为科学的新能源发展认知

从理论上讲，能源具有强烈的物质和经济属性。因此，新能源发展必须遵循能源与经济的发展规律。未来新能源发展的科学认知，应在"四个新"上予以突破。

1. 新能源发展的科学认知要求"新"的能源视野

当新能源发展到一个新的阶段时，新能源不能再仅仅局限于风能、太阳能等可再生能源之上，而是要拓展"新"能源视野。一方面，新能源发展也应包括传统能源的新发展。比如页岩气、煤层气等非常规油气资源，尽管在类别上不同于可再生能源，但在"新"上仍与常规的煤、石油和天然气有所不同，应成为未来新能源发展的着力点。此外，随着气候变化问题的深入，人们普遍认识到传统能源依然可以获得新的生命力，而无须因气候变化而放弃，如碳的捕获与封存在一定意义上就可实现传统能源继续使用。因此，这种传统能源的新技术、新工艺仍应是新能源发展所支持的，特别是对于中国这样一个自然禀赋以煤为主的国家。一旦该技术突破，未来能源发展的前景将是不可小觑的。另一方面，从科学的角度而言，新能源不应仅限制在以太阳能为核心的能源发展方向上。同样，其他能源利用形式也应包括在内，如磁能。宇宙是一个大的能量场，除了以热核为能外，仍有大量的磁能存在。但当前我们的应用仍处于一个未完全开发阶段。因此，"新"的能源视野，不应局限在热能上，而且也应考虑其他非热能的形式。

2. 新能源发展的科学认知要求"新"的能源理性

当前新能源发展最缺乏的就是"新"的能源理性，而其产生的结果就是与能源规律相背。例如，在能源技术上，普遍存在着一种观点，认为只要政府进行大规模投入，一定会找到新的能源技术，从而克服传统能源存在的弊端。❶ 然而，纵观能源技术发展史，在能源技术上的重大突破，往往不是以人的意志为转移的。例如，美国早在 20 世纪 70 年代就大力投入能源研发，但随着研发项目的深入，却发现根本无法实现那种建立在人为意志之上的能源技术突破。其实，能源发展，无论是经济上的，还是技术上的都有其自身规律存在。能源技术的突破很大程度上不是一个意志问题，而更多的是商业化

---

❶　See Peter Z. . Grossman, *U. S. Energy Policy and the Pursuit of Failure*, Cambridge: Cambridge University Press, 2013, p. 332.

问题。它不同于其他生物、航天技术突破，是难以在实验室完成的，因此，这就告诉我们，能源技术突破在于释放个体的创造力，在于个体在能源实践中不断地创新，才能出现有商业价值的能源技术。

3. 新能源发展的科学认知要求"新"的能源市场回归

能源发展史表明，能源进步需要市场与政府两种手段。然而，尽管人们不断强调政府在能源发展上的作用，但不容回避的问题是，政府应永远处于一种辅助地位。一旦政府取代市场，而成为能源发展的主力时，那么能源匮乏和踟蹰不前将是必然的。为何会是这样，经济理论已多次证明，政府的理性永远无法达到市场的效果，过多的政府干预只能带来能源危害与危机。因此，新能源发展要重新回归到市场的主线上。近年来，世界各国对新能源的支持力度都是空前的，但这种政府的积极行为并未使新能源获得真正的市场地位，相反，在政府支持退出时，新能源面临的只是凋敝。所以，新能源回归市场，就应按市场规律来运作。与传统能源相比，新能源并非没有其市场，新能源的优势就在于环境友好，只要市场运作得当，环境保护得利，新能源就有市场优势。同时，我们更须防范各种新能源之间的不当竞争，要充分发育市场，让市场作为各种新能源的评判者，而非政府的主观意愿。

4. 新能源发展的科学认知要求"新"的能源制度理念

新能源进入新的时期，需要新的能源制度理念加以维系。这种制度理念不应仍建立在不断出台新能源规则上，相反，却应重在反思已有各种规则的利弊之上。因此，新的能源制度理念应是一种对科学、对真理、对理性的追求，而不仅仅是从制度激励角度出发。新的能源制度设计应是对整个能源发展规律的把握，而不是就某一新能源开展新的制度设计。为此，能源制度理念不应按照人为的理想去操作，相反应按照能源的自然属性去认识。制度激励只有建立在能源规律的基础上，才能真正发挥其实效。否则，过度的制度激励只会带来过度的物质损失和对整个能源系统的破坏。

二、当代欧美新能源发展的不同制度路径

反观自 20 世纪 90 年代欧美能源发展的轨迹，不同的国家选择了不同的发展路径。欧盟是以可再生能源作为其能源发展的未来，而美国则注重开发其潜在能源的技术能力。当然，尽管这些国家存在不同的发展过程，但却都在朝着同一方向跃进。

（一）欧盟新能源发展及其制度路径

欧盟新能源发展基本上开始于 20 世纪 70 年代末。众所周知，欧盟的前身就是以能源为载体而建立起的一个共同体（煤钢共同体）。但随着能源与环境议题的交错，欧盟越来越倾向于以环境带动能源发展的路径。今天，欧盟是世界在气候变化政治领域最为积极的区域性组织，因此，在能源发展的制度设计时，欧盟始终以环境为轴予以设计。所以，可以看到，联合国气候变化大会上，欧盟国家无论对《联合国气候变化框架公约》，还是《京都议定书》都是积极的支持者。环境的优先性成为世人对欧盟能源发展的一个基本认识。

然而，我们在考虑欧盟的这一能源发展路径和制度设计时，尚缺乏一个整体性视野。其实，欧盟今天的能源发展之所以走上了可再生能源的路径，也是一种不得已而为之的事情。早在 20 世纪 70 年代末，环境主义在欧洲勃兴之际，欧洲国家的领导人并未积极地拥抱这一观点。相反，此时更多的是国内经济萧条所产生的问题。我们从欧盟成员国中可以看出，不同国家最终能走向可再生能源是由不同的政治发展背景造成的。我们仅以英国、德国这两个在气候变化领域主张最激进的国家为例。

20 世纪 70 年代末，英国在撒切尔夫人执政时期，气候变化问题并没有得到积极支持。相反，此时的英国正在着力考虑的是煤炭企业过度膨胀的权力问题。为此，英国首相撒切尔夫人秉持新自由主义的理念，开展了一系列与煤炭工会的斗争，最终取得了胜利。❶ 而这一时期，在撒切尔政府正大兴能源企业私有化的同时，北海地区发现了充沛的油气资源。为了对抗煤炭工会，撒切尔政府开始鼓励天然气发电。同时欧盟的环境政策也要求降低二氧化硫的排放（注意此时二氧化碳并没有作为污染物），英国政府发现，用天然气发电既可对抗煤炭工会的力量，又可降低二氧化硫的排放，而北海充沛的天然气又为此提供了物质来源，因此，天然气发电成为英国最佳的次优选择。但是令人意想不到的是，天然气也可降低二氧化碳的排放（天然气是温室气体排放最少的化石能源）。因此，当今英国能源在世界气候变化的政治领域居于主导地位，很大程度上与其前期天然气的大量使用有着不可分割的联系。

但是，纵观 21 世纪以来，英国工党取代保守党执政后，一方面，利用撒

---

❶ See Mike Parker, *Thatcherism and the Fall of Coal*, Oxford：Oxford University Press, 2001.

切尔政府时期天然气的能源布局，造成了一个经济增长的英国战后奇迹。[1] 另一方面，却改变了撒切尔政府时期的能源政策，将主要目标放在了可再生能源上。[2] 自布莱尔到布朗，这一政策没有改变，但收效却并不显著。特别存在的问题是，由于充沛的天然气资源，工党政府在发展可再生能源时，却由于国内反核力量的阻碍，而未将核能纳入到能源发展规划中，以至于未来英国的核能将大批退役，而这一能源空缺却无法用可再生能源来弥补。[3] 今天，英国继续支持气候变化，很大程度上是其前期由煤炭向天然气转变的结果，同时，2008 年金融危机造成英国国内经济萎缩，从而碳排放大幅下降，这些都在一定程度帮助了英国现在的气候变化政策，但未来英国能否在气候变化问题上继续走很远，则需要认真地审视其能源政策是否会有新的突破。

德国，是一个以煤为主的国家，在一定程度上其支持气候变化似乎是不合常理的。但 20 世纪 80 年代的东西德合并为其创造了充沛的碳减排空间，因此也为德国支持气候变化议题提供了物质条件。当然，必须承认的是，德国在本国环境政治优势下，是全球大力发展可再生能源最突出的大国，其可再生能源发电比例一直在不断增长。然而，也需看到的是，德国也是一个天然气使用大国。这就可以理解，为何俄罗斯与波兰、乌克兰等这些天然气过境国发生天然气争端时，德国会表现得异常紧张。

欧盟在英德两国的推动下，积极参与到全球气候变化协议的运作上；同时，一系列的欧盟能源与气候变化立法也纷纷出台。其中，较为典型的是，欧盟的排放交易机制。这一机制旨在利用市场，通过进行碳排放总量的控制，实现碳减排目标。然而，随着试验期和第一期排放交易机制的运作已过，这一排放交易机制并未达到其应有的效果，例如，机制运行的结果使一些企业转向发电成本更低的煤电，从而暴露出这一排放交易机制的弊端。

当前，全球气候变化政治已进入一个关键时刻，对于欧盟而言，尽管在碳减排机制方面存在着诸多弊端，但它绝不会在全球气候变化政治中放弃这一机制，这是因为，一旦其放弃，则意味着前期所有在气候变化上的投入都将化为泡影，更有甚者，会带来欧盟整个能源与气候系统的崩溃，因此，欧

---

[1] See Anthony Seldon, *Blair's Britain*, 1997-2007, Cambridge：Cambridge University Press, 2007.

[2] 参见吕江：《英国低碳能源法律政策的演变及其启示》，载《武大国际法评论》2011 年第 14 卷第 2 期。

[3] 这一情况已从英国、中国、法国共同开发英国核电即可窥见一斑，参见黄培昭：《中企开启中英 "黄金时代" 旗舰项目——欣克利角 C 核电项目是中国在欧洲的最大一笔投资》，载《人民日报》2016 年 11 月 1 日第 3 版。

盟只有在坚持这一机制的前提下，将其他国家纳入进来，才能尽可能地减少其损失，然后通过缓和的完善政策来予以修改。

由此可见，欧盟建立在环境优先基础上的能源政策有其自身的历史根源，而 2008 年金融危机又在一定程度上缓减了欧盟能源与气候之间的冲突，但一旦经济好转，欧盟能源与气候变化将如何发展仍是一个不得而知的事实，必将面临更为严峻的能源现实。

（二）美国新能源发展及其制度路径

美国与欧盟在能源发展上走了一条不同的路径。但此种路径的得来却并不是建立在美国政府的积极主导上；相反，是其固有的能源制度帮助了美国在能源经济上的创新发展。无疑，这就是页岩革命对美国带来的能源红利。这种能源及其制度路径的演进历程具体体现在以下三个方面。

第一，环境，特别是气候变化问题并未彻底影响美国能源政策。20 世纪 70 年代末环境议题的兴起最早应来自美国学者对环境问题的认识。[1] 而且环境主义也的确影响到了 90 年代美国在能源政策上的变化。例如关于二氧化硫的排放交易机制很大程度上是建立在《清洁空气法》之下的。[2] 然而，在气候变化问题上，美国却出现了一个大的逆转。这种逆转，一方面表现在，美国学者是最早关注气候变化问题的，而且美国政府在气候变化问题上也给予了一定的支持。[3] 但是在制定《联合国气候变化框架公约》时，美国的态度发生了重大变化，从而影响到其未来在气候变化问题上的一系列决策。[4] 毫无疑问，作为全球碳排放最大的国家，当时美国非常担心减排会影响到国内经济发展。另一方面，美国政府在气候变化问题上始终未能达成一致，从而使气候变化问题无法对美国能源政策产生直接影响。里根政府时期，气候变化问题仍是一个科学问题，因此在这一时期不可能对能源政策产生较大影响。而到老布什时期，气候变化问题已转变为一个政治性议题。为此，美国开始

---

[1]　这方面的著作可参见 ［美］蕾切尔·卡逊著：《寂静的春天》，吕瑞兰、李长生译，吉林人民出版社 1997 年版。

[2]　See Byron Swift, "How Environmental Law Work：An Analysis of the Utility Sector's Response to Regulation of Nitrogen Oxides and Sulfur Dioxide under the Clean air Act," *Tulane Environmental Law Journal*, Vol. 14, 2001, pp. 309-409.

[3]　参见吕江：《气候变化立法的制度变迁史：世界与中国》，载《江苏大学学报（哲社版）》2014 年第 4 期，第 41-49 页。

[4]　See Daniel Bodansky, "The United Nations Framework Convention on Climate Change：A Commentary," *Yale Journal of International Law*, Vol. 18, 1993, pp. 451-558.

采取消极的策略，以防范气候变化对美国能源政策的影响。而克林顿上台之后，开始加大对气候变化问题的政治关注，特别是副总统戈尔对推动1997年《京都议定书》的出台做出了积极贡献。然而，小布什执政后，迅速抛弃了原有的气候政治方向，拒绝了《京都议定书》。直到奥巴马2009年成为美国总统后，美国才又开始向气候变化政治方向靠近。但2017年上台的特朗普政府又提出与之相左的气候和能源政策。无疑，由于历届美国政府在气候变化问题上的摇摆，使其无法对美国能源政策造成实质性影响，因此，美国并没有像欧盟那样，走上政府扶持可再生能源的能源发展路径。

第二，美国政府在能源政策上回归市场的理念对未来美国新能源的变革产生实质影响。尽管美国在气候变化问题上踟蹰不前，但其在能源政策上也并不是没有新的建树。相反，美国秉持了自20世纪70年代能源危机以来的一贯政策方向，那就是逐渐对市场的回归。卡特政府时期，能源部的建立，以及一系列能源政策法的出台，为美国回归市场的能源政策奠定了制度基础。如《1978年天然气政策法》开启了放松政府监管的制度之路。而里根政府时期，在新自由主义理念的支配下，能源政策方面更是以减少政府对能源干预为目标，通过联邦能源监管委员会的指令，不断放松对市场的限制。之后老布什和克林顿政府在能源政策上并没有太大改变，而小布什政府则将更多的注意力放在了能源生产上，《2005年能源政策法》更多地强调能源生产和能效问题。直到奥巴马政府时期，美国政府才将重点放在了可再生能源上，然而，此时页岩革命在美国爆发了。

第三，页岩革命是美国新能源发展历程上的一个重大转折。1998年，美国一家中型油气生产商米歇尔公司成功地开采出具有商业价值的页岩气。这一技术突破使美国在2009年超过传统天然气强国俄罗斯，成为全球最大的天然气生产国。随即，美国进入一个页岩气的井喷时代，2014年美国又成为全球最大的石油生产国，页岩革命真正在美国爆发。而其带来的结果是，首先，美国朝能源独立的方向迈出了实质性的一步。而这正是自1973年石油禁运以来，美国历届政府所期盼的目标。其次，美国在气候变化问题上开始重新步入轨道。页岩革命使美国碳排放出现明显下降，这为美国重新进入气候变化政治领域带来了物质条件。最后，充沛的页岩资源使美国逐渐走出金融危机的阴霾，国内经济开始有所增长。未来，尽管特朗普政府并不积极支持气候变化行动，但这不排除其利用页岩革命的成果重新进入到全球气候的政治博弈中。

三、对欧美新能源发展路径的思考与分析

从欧美新能源发展路径来看，二者选择了不同的道路，它们之间有共同的地方，也有迥异之处。这具体表现在以下几个方面。

（1）欧美新能源发展的路径表面不同，但实质上是一致的。从表面看，欧洲国家是以可再生能源为新能源发展突破口，而美国的页岩革命则仍以化石能源为主。但是，从欧美的新能源发展演进来看都是一致的。那就是"都是去碳化，都是以天然气为突破口，只是时间上有所不同而已"。例如，欧盟国家中，英国是典型的以天然气为能源转型的国家，而整个欧盟，天然气同样具有重要的能源份额。而美国的页岩革命仍是建立在天然气基础之上的，只不过是以非常规天然气为主。

（2）欧美新能源发展路径都严格遵守了能源发展规律。欧盟今天将可再生能源作为新能源的发展龙头，是因为其已实现天然气能源结构变革，在此基础上，才走向可再生能源的新能源发展。而美国同样没有越过天然气，而直接发展可再生能源，仍是在经历页岩革命，才考虑可再生能源。无疑，天然气将是化石能源与可再生能源之间的过渡桥梁。一定意义上，这种新能源发展路径是符合能源发展规律的，是一种稳健的能源转型。

（3）相比欧盟的新能源发展路径，美国的页岩革命更具实践性。第一，如果美国在新能源发展路径上跟随欧盟的步伐，而不是建立在本国能源禀赋基础上，美国显然不会爆发页岩革命。因此，盲目地跟从别国尚未成功的新能源发展路径是一种非理性的选择。第二，美国页岩革命建立在更高的能源安全之上。欧盟的天然气很大程度上依赖于俄罗斯的进口，而本国的可再生能源并不能完全替代化石能源，这样使欧盟仍处于一个能源不安全的状态。[1] 而美国页岩革命使美国天然气激增，能源安全得到很大改善。第三，在技术突破上，美国的选择更优于欧盟。由于欧盟将重点放在可再生能源上，因此，其技术突破的重点必然是可再生能源，那么在化石能源上的技术突破则会被列入次席。而能源技术突破的一个重点在于商业化，欧盟实际上是放弃了自工业革命以来在化石能源技术突破上的积累优势，而转向一个新领域，这种人为地意欲改变能源发展轨迹的新能源发展路径是违背能源发展规律的。而

---

[1] 参见吕江：《欧盟能源安全的困境及其出路》，载《武大国际法评论》2009 年第 11 卷，第 229-250 页。

美国并没有放弃多年来在化石能源上积累的技术红利，尽管只是改进，却创造了新的能源革命。第四，在能源制度设计上，美国的多元式发展更可行。美国不发展可再生能源吗？这是一个错误的观点，美国自20世纪70年代石油危机之后，就开始在可再生能源上进行研发。但这一研发并没有减损美国原有的能源法律政策上对化石燃料的阻碍，只是更多地将后者纳入到市场的范畴。这种多元化的制度设计有利于改善化石能源的进步，同时也并不排斥可再生能源的存在。

四、未来中国新能源发展的制度路径

在新能源方面，中国已进入一个新的发展阶段。这将不再是制定或出台更多的新能源政策；相反，我们应在反思已有能源政策的利弊基础上，仔细审视欧美在新能源发展上的制度路径，以期实现中国新能源发展的新常态。为此，在制度安排上应着力于以下三个方面。

（一）未来新能源发展的制度任务是去规则化

一如前言所述，自2010年中国新能源产业发展提出以来，一系列的制度机制的政策与法律纷纷出台，在一定程度上促进了中国新能源产业的快速进步。然而也应看到，随着新能源规模化的逐渐形成，政策已无法完全代替市场，因此，一些深层次的弊端逐渐显露，并给新能源发展造成消极影响。[1] 所以，未来新能源发展的制度任务不在于出台新的新能源法律政策，而在于反思我们已有法律政策上的偏失，找准能源法律政策的定位和方向。

为此，应总结新能源法律政策所带来的经验教训，特别是在太阳能、风能等可再生能源法律政策扶持上，我们应开始总结政策上的利弊。自2008年金融危机以来，西方国家在可再生能源上的政府补贴开始出现一个大的转变，一些是未看到可再生能源所带来的益处而直接停止了相应补贴。例如，西班牙在国内受金融危机冲击下，停止对可再生能源的补贴。而另一些则在法律政策上重新调整可再生能源的补贴方案。例如，英国在《2010年能源法》上已开始对不同的风能类型进行不同的补贴措施。这在一定程度上表明，欧洲可再生能源发展进入一个新阶段，法律政策不再是通过积极扶持来加强可再

---

[1] 参见郭珺、孙海萍：《弃风限电，现象背后是规制缺陷?》，载《环境经济》2015年第18期，第20-21页。

生能源的规模性。相反，欧盟国家认识到可再生能源的发展应更多地利用市场机制，对不同的可再生能源应采取不同的政策措施。基于欧盟国家在可再生能源上的法律政策的调整，中国也应适时地改变自己在新能源发展上的法律政策，分析已有的新能源法律政策中，哪些是真正推动新能源发展的，而哪些则给后期新能源发展带来桎梏，或者使新能源之间相互抵牾的。例如，在太阳能发展方面，由于前期的政策激励和补贴，国内涌现出大量的太阳能光伏企业，然而在欧美"双反"影响下，一批大型企业最终走向了破产。[1]国家本应在此基础上进行更为理性的反思，然而却并没有认真考虑相关的经济规律，只是简单地认为是产能过剩问题，将一些光伏中小企业勒令关闭。[2]而实际上，有些光伏生产的小型企业拥有某些核心技术，结果没有市场空间，而不得已只能与大企业合并，知识产权受到不同程度的破坏。又如云南省在支持水电和其他可再生能源生产上存在利益之争，新能源发展存在均衡失调的问题。[3]这些问题的产生均需要考虑是新能源政策引导上存在问题，还是缺乏一个统一的能源与市场的规划问题。

（二）未来新能源发展的制度重点是新能源发展常态化的制度设计

2014年6月13日，在中央财经领导小组第六次会议上，习近平同志发表了重要讲话，明确指出，能源安全是关系国家经济社会发展的全局性、战略性问题，对国家繁荣发展、人民生活改善、社会长治久安至关重要。面对能源供需格局新变化、国际能源发展新趋势，保障国家能源安全，必须推动能源生产和消费革命。推动能源生产和消费革命是长期战略，必须从当前做起，加快实施重点任务和重大举措。无疑，国家提出的能源生产和消费革命是对下一阶段能源发展基本方向的确立。

在此次会议上，习近平同志提出推动能源生产和消费的五点要求，其中，提出要建立多元供应体系，大力推进煤炭清洁高效利用，着力发展非煤能源，形成煤、油、气、核、新能源、可再生能源多轮驱动的能源供应体系。推动能源技术革命，以绿色低碳为方向，分类推动技术创新、产业创新、商业模式创新，把能源技术及其关联产业培育成带动我国产业升级的新增长点。因

---

[1]　参见张楚、黄涛、刘晶、沈家文：《新兴产业政府扶持政策反思——以光伏产业尚德和Solyndra的破产为例》，载《中国科技论坛》2014年第12期，第136-140页。

[2]　参见王辉、张月友：《战略性新兴产业存在产能过剩吗——以中国光伏产业为例》，载《产业经济研究》2015年第1期，第61-70页。

[3]　参见傅玥雯：《今年汛期，再议弃水》，载《中国能源报》2015年8月10日第16版。

此，未来新能源发展的制度重点应是新能源发展的常态化的制度设计。这就要求，不仅是大力发展可再生能源，而且应将煤炭清洁高效利用纳入进去，例如，碳捕获与封存技术（Carbon Capture and Storage，CCS），既体现了对煤炭的清洁高效利用，又能促进能源技术革命，这应是未来新能源发展所应考虑的重点内容之一。同时，新能源发展不应忽视对油气领域的低碳发展。因此，应加大对非常规油气资源的勘探和开发。然而，在国家出台的《煤层气（煤矿瓦斯）开发利用"十二五"规划》和《页岩气发展规划（2011—2015年）》都并未实现其中提到的具体目标。这就需要我们审视在制度设计方面是否存在不足，借鉴西方在非常规油气资源开发方面的法律政策，结合中国非常规油气资源的特点，相应地制定出加快其开发的制度性激励机制。

（三）未来新能源发展的制度要点是能源环境规则的科学设计

新能源产业的发展，除了从战略性产业的角度考虑以外，其强大的能源环境优势也是世界各国所着力的主要原因。然而，我们仍不应忽视新能源发展中也存在着环境破坏问题。但在未来能源法律政策的制度设计上，不应采取简单的法律或政策规定，要充分考虑环境规制的科学性，让新能源发展，一方面，不因环境问题而阻碍市场的作用；另一方面，也不应为只求新能源发展，而不顾环境影响。这是因为，从本质上说，能源与环境不是对立的，而是相协调的。之所以出现对立，往往是由于制度设计上的不科学，没有将能源的经济性与环境的保护性相结合。为此，未来新能源发展，应首先将环境制度的科学设计作为首先的制度设计问题，要在充分考虑市场作用的前提下，发挥环境规制的作用。同时，政府干预也应审慎，特别在新能源优惠政策和补贴政策上，应逐渐向市场靠拢，政府可积极运用招标、拍卖等一些经济手段来促进新能源发展，同时又不因环境问题而限制个体在新能源领域的准入。

第二章

国际法的实效：以国家新能源战略证成

自巴厘路线图重启气候变化谈判以来，制定一份具有法律拘束力的气候变化协议的愿景迟迟未能实现。[1] 对此，国际社会普遍存在一种悲观倾向。[2] 直到 2015 年《巴黎协定》的出台，这一气候政治形势才出现一定程度的好转，但不可否认的是，其未来仍存在不确定性值得关注。[3] 然而，在诸多不确定的同时，我们也应注意到国际气候制度与国家之间的积极互动，特别是它们对未来国际气候谈判动议及其重塑国际秩序的影响。毫无疑问，当前各国发起的新能源战略正直观地反映了这一趋势。从理论层面讲，它是国家遵守国际法的一种法律实效的体现，是对国际法效力的一种积极诠释，打破了仅能从"制裁"角度说明国际法效力的现实。[4] 更重要的是，这种从报复或战

---

[1] See The Bali Action Plan on UN FCCC/CP/2007/6/Add. 1; The Copenhagen Accord on UN FCCC/CP/2009/11/Add. 1; The Cancun Agreements on UN FCCC/CP/2010/7/Add. 1; The Durban Climate Change Conference Decisions on UN FCCC/CP/2011/L. 10, FCCC/CP/2011/L. 9, & FCCC/KP/AWG/2011/L. 3/Add. 5.

[2] 尽管德班气候变化会议对《京都议定书》第二期承诺做出安排，但加拿大于德班会议结束后第二天正式宣布退出《京都议定书》，成为第一个退出缔约国。此外，俄罗斯和日本均已明确表示不参加第二期承诺，而美国也拒绝强制减排；只有欧盟愿意接受第二期承诺，但许多细节仍须进一步谈判。因此，能否在 2050 年之前，将温室气体稳定在不升高 2℃ 的范围内，人们普遍持一种不乐观的态度。参见裴广江、苑基荣：《德班气候大会艰难通过决议》，载《人民日报》2011 年 12 月 12 日第 3 版。See Ian Austen, "Canada Announces Exit from Kyoto Climate Treaty," *The New York Times*, 2011-12-13, A10. See also John M. Broder, "Climate Talks Yield Limited Agreement to Work toward Replacing Kyoto Protocol," *The New York Times*, 2011-12-12, A9.

[3] 参见吕江：《〈巴黎协定〉：新的制度安排、不确定性及中国选择》，载《国际观察》2016 年第 3 期，第 93-104 页。

[4] 英国法学家奥斯丁开创了制裁理论之先河，纯粹法学代表人凯尔森则从国际法角度丰富了这一理论。参见［英］约翰·奥斯丁：《法理学的范围》，刘星译，中国法制出版社 2001 年版，第 148-203 页。［美］汉斯·凯尔森著：《国际法原理》，王铁崖译，华夏出版社 1989 年版，第 17-19 页。

争的制裁角度来理解国际法的法律性亦是存在疑问的，它的被动认知属性已不能完全适应对当代国际法的正确解读。❶ 因此，本章旨在从理论方面厘清何为国际法的实效，它与效力、有效性的关系如何，并通过实证的方式来例证国际气候制度与新能源的发展关系。

一、何为国际法的实效

国际法的实效（efficacy/effectiveness of international law），应是指国际法规范实现的程度和状态。它包括了国际法在立法、执法和司法三方面实现的程度和状态。❷ 从法理学角度而言，法律实效很大程度上与效力理论相关联。❸ 例如，凯尔森指出："法律效力的意思是法律规范是有约束力的，人们应当像法律规范所规定的那样行为，应当服从和适用法律规范。法律实效的意思是人们实际上就像根据法律规范规定的应当那样行为而行为，规范实际上被适用和服从。效力是法律的一种特性；所谓实效是人们实际行为的一种特性，而不是像日常语言似乎指的那样，是法律本身的一种特性。法律是有实效的说法仅意指人们的实际行为符合法律规范。"❹ 可见，法律效力追求的乃是一项规则是否应当被遵守，而法律实效追求的则是一项规则是否真正被遵守的问题，二者是一种应然与实然的关系。❺ 此外，随着当前法理学研究的深入，实效一语已与实用主义哲学、经济学中的博弈理论相结合，形成了法

---

❶ 例如，英国国际法学家肖（Shaw）认为，凯尔森提出的国家自助和报复的制裁方式并不能说明国际法的强制力，因为这种力量不是来自国际体系自身，而是来自国家。See Malcolm N. Shaw, *International Law* 6th ed., Cambridge：Cambridge University Press, 2008, p.5。

❷ See Conway W. Henderson, *Understanding International Law*, West Sussex：Wiley-Blackwell, 2010, pp.85-114.

❸ 关于法律效力理论目前来看，有四种观点，即实在法学观、自然法学观、社会法学观以及北欧现实主义的心理观；除此之外，博登海默及国内一些学者坚持了综合观。参见［美］博登海默著：《法理学：法律哲学与法律方法》，邓正来译，中国政法大学出版社1998年版，第332-340页。张根大：《论法律效力》，载《法学研究》1998年第2期，第16-19页。

❹ ［奥］凯尔森：《法与国家的一般理论》，沈宗灵译，中国大百科全书出版社1996年版，第42页。

❺ 尽管对于法律效力与法律实效这种应然与实然的划分是否科学是存在争议的，但为行文方便起见，笔者仍按实在法学派的观点予以阐述了。这种争议参见张根大：《论法律效力》，载《法学研究》1998年第2期，第3-19页。

学理论中的实效主义方法论。❶

就国际法实效问题的探讨而言，可以说自国际法学产生之际就已开始。❷18 世纪的约翰·雅科布·莫泽尔（1701—1785）是第一个起草了纯粹国际法经验论的人。按照莫泽尔，国际法学不必问各国相互间应当怎么行动，而只需纯粹经验地查明它们在其相互关系上惯常遵守哪些规则。为了这个目的，国际法必须让"各主权者及其文书本身"来发言。国际法学的唯一任务就是从这些文书做出国际惯例中实际上曾经遵守的那些规则。❸ 到了 19 世纪，奥斯汀的"主权命令说"无疑对"国际法是法"这一命题产生巨大冲击。❹ 这种从实效角度对国际法的否定直接影响到他之后国际法经典都须阐述"为何国际法具有法律效力"之问题。当然，真正涉及国际法实效这一术语的，则应从凯尔森开始。

在《国际法原理》一书中，凯尔森正式提出实效原则（the principle of efficacy/effectiveness）理论。❺ 他指出："人们应当遵照一个整个说来大体上有实效的强迫性秩序行为。这是一个实在国际法规范，在国际法内通行的实效原则。……正是这个一般的实效原则，国际法的一个实在规范，在其适用于一个国内法律秩序时，给这个国内法律秩序提供了基础规范。这样，各不同国内法律秩序的基础规范本身都是以国际法律秩序的一个一般规范为根据的。……国际法律秩序通过实效原则不仅决定国内法律秩序的效力范围，而且决定其效力理由。"❻ 由此可以得出，国内法律秩序的效力来源于国际法，而国内法与国际法之间效力的传递则是依靠实效原则这个基本规范完成的。很显然，凯尔森在此处用实效原则来证成其国内法与国际法的一元论观点。

---

❶ 需要强调的是，实效主义（pragmaticism）与法律中的实效（efficacy）的英文不同，但笔者认为，二者的基本理念是一致的，实效主义仅是更侧重强调方法论上的意义。参见柯华庆：《实效主义法学纲要》，载苏力主编：《法律与社会科学》（第 7 卷），法律出版社 2010 年版，第 71-107 页。柯华庆：《科思命题的博弈特征与法律实效主义》，载《中山大学学报（社会科学版）》2008 年第 2 期，第 158-165 页。

❷ 参见［英］劳特派特修订：《奥本海国际法》（上卷，第一分册），王铁崖、陈体强译，商务印书馆 1971 年版，第 4 页。

❸ 参见［奥］阿·菲德罗斯等著：《国际法》，李浩培译，商务印书馆 1981 年版，第 131-132 页。

❹ 参见［英］约翰·奥斯丁：《法理学的范围》，刘星译，中国法制出版社 2001 年版，第 148-203 页。

❺ 在凯尔森的其他著作中也涉及实效原则，例如在《法与国家的一般理论》《纯粹法理论》等著作中都有相关论述，但以《国际法原理》对这一原则与国际法关系的阐述最为详尽。

❻ ［美］汉斯·凯尔森著：《国际法原理》，王铁崖译，华夏出版社 1989 年版，第 345 页。

然而不解的是，书中没有过多涉及实效原则本身的概念属性，以及国际法实效原则的具体表述；换言之，尽管凯尔森提出了国际法实效原则，但其语焉不详。这不得不说是其理论上的一块"软肋"。

所幸的是，1966年凯尔森出版了第二版《国际法原理》。这一版是由凯尔森的学生、美国约翰霍普金斯大学的罗伯特·W. 塔克（Robert W. Tucker）修订和编辑的。❶ 其中在第三章中增加了有关实效原则一节的阐述，这无疑从理论架构上丰富了凯尔森的国际法实效原则。❷ 文中指出，从实在法角度而言，国际法实效原则具有两层意义。一个是作为原则来考虑；另一个则是作为规则来考虑。首先，作为原则来考虑，它是指法律秩序的实效性是整个法律秩序效力的必要条件。就其本身而论，实效原则乃是一个法律预设，而不是实在法规则。换言之，这层意义上的实效原则是从法律体系层面进行考虑的，而没有界定组成该法律体系的具体规则的有效性即效力。凯尔森举例言之："按照国际法，一个在实际上已经确立的权威就是合法政府，这个政府所制定的强迫性秩序就是法律秩序，即一个有效的法律秩序，而且这个秩序所构成的共同体，只要大体上有实效，就是国际法意义上的国家。按照国际法，只有依据一国的宪法确立的法律秩序是大体上有实效的，该国的宪法才是有效的。"❸ 可见，这一层面上的实效原则不仅是必要条件，而且是决定国内法律秩序的效力理由。

另外，倘若作为一个"实在法规则"来考虑，则国际法实效原则仅且只是适用于法律体系中的具体规则的效力判定。当然，这一层面的实效原则仍应放在凯尔森关于效力与实效的一般语境范畴下适用，即"它（实效）只是

---

❶ Hans Kelsen, *Principles of International Law*, 2nd ed., revised and edited by Robert W. Tucker, New York: Holt, Rinehart and Winston, Inc., 1966.

❷ 此处，极有必要对"实效"的英文表述予以解释。在凯尔森的著作中，出现"实效"一词由不同的两个英文单词表示，即efficacy和effectiveness。例如，在《国际法原理》中谈到实效原则是用the principle of effectiveness表示的，而同样是实效原则，在凯尔森的另一篇文章中则用的是the principle of efficacy。See Hans Kelsen, "Sovereignty and International Law," *Georgetown Law Journal*, Vol. 48, 1960, p. 631。从《国际法原理》的上下文来看，这两个单词是通用的。对于中文翻译而言，王铁崖先生和沈宗灵先生都将the principle of effectiveness翻译成了实效原则。参见沈宗灵先生翻译凯尔森的《法与国家的一般理论》，第135、138页。而近年来，一些国际法译著中将其译成"有效性"，如曾令良、余敏友等翻译布朗利的《国际公法原理》第32页，蔡从燕等翻译卡塞斯的《国际法》第16页。笔者认为，王、沈两位先生翻译的更具可取性，一方面，有效性一词难以表达英文在此处的真正含义；另一方面，有效性极易与效力（validity）一词发生混淆，例如，邓正来先生翻译博登海默的《法理学》（中国政法大学出版社1999年版，第332页），将validity翻译成"有效性"一词。所以，国际法实效原则与国际法有效性原则相较更能体现作者的用词含义。

❸ [美] 汉斯·凯尔森著：《国际法原理》，王铁崖译，华夏出版社1989年版，第345页。

（效力的）一个条件，而不是效力的理由"。❶ 这是何意？简单地说，当法律体系处于整体上有效时，并且某一规则是按法律规定所产生的，它就具有效力。仅当法律规定废止这一规则时，它才失去效力。按英国法学家莫里森的解读："没有实效就不能有效力，但没有效力可以有实效。因而，实效不是法律秩序效力的充分条件，但它是必要条件。"❷

基于此，在这一命题和语境范畴下来考虑国际法实效原则，可以得出：第一，国际法实效原则不能决定国际习惯的效力。因为习惯的效力本身就是一个法律预设：它的效果在于乃是一个创造法律的事实。况且，国际法实效原则本身就是一个习惯国际法规则，倘若由其来决定国际习惯，就会出现重言反复。

第二，与之相应的，实效原则却可以决定协定国际法（conventional international law）规则的持续效力（the continued validity）。也就是说，如果一个规制国家行为的国际法规则，在经历某一段时期之后不再具有实效，那么，这一国际法规则则丧失其法律效力。然而，这一过程中"偶然地"对国际法规则的违反并不构成不具法律效力的事实。它只是产生"实效情形"（effective situations），仅会促发实效原则。但是，倘若"成功地""连续地"违反，就会构成其不具法律效力的充分理由。当然，从某种程度上说，国际法实效原则决定协定国际法具体规则持续的效力，只是一个相对的界定，对于这些规则如何没有实效，以及何时没有实效的，尚没有一个明确和可靠的回答。

第三，国际法实效原则是经由国家行为来判定的。在国际法之下，谁有资格来判定那些关联到法律后果的事实呢？毫无疑问，国际法目前的"分权"（decentralization）属性，决定了这一资格只能被赋予国家本身。而这种决定法律相关事实的功能则经由"承认"这一术语来完成，即承认是由国际法所规定的，判定那些事实的一般程序，一经建立即具有了某种法律后果。例如，像国家、交战、封锁、不法行为、领土权益等均是经由承认来决定这些事实的法律存在和法律后果。但是，必须强调的是，承认只是决定这些事实的一般程序。至于何者才是具体标准，须取决于关联到这些事实的法律规则的实

---

❶ ［奥］凯尔森：《法与国家的一般理论》，沈宗灵译，中国大百科全书出版社 1996 年版，第 45 页。

❷ ［英］韦恩·莫里森著：《法理学：从古希腊到后现代》，李桂林、李清伟、侯健、郑云瑞译，武汉大学出版社 2003 年版，第 360 页。

际内容。总之，国家承认存在一个国际造法的可能性。

具体而言，国际法实效原则通过国家承认表现出两种情形：一种是国家通过合法行为来表示对国际法规则的承认，它更多地反映在国家对国际法的遵守上。另一种则是国家对国际不法行为的承认。毋庸讳言，它是一个真正的造法过程，但却引发了一个命题：在国际法上是否不法行为产生权利（*ex injuria jus oritur*）？显然，凯尔森的回答是肯定的。正如塔克教授所言："通过实效原则，一个法律秩序在某种程度上是允许不法行为创造新的权利和义务的，这被这一秩序的程序化的发展阶段所决定。"[1] 换言之，只要国际法依然是这种"分权"状态，只要它缺乏国家那种有效的程序化特征，那么，国际法实效原则就有其生存的实质空间。

因此，尽管国际法实效原则支持"不法行为产生权利"这一命题尚存在诸多争议[2]，但这并不减损其在整个国际法体系中的重要地位。正如意大利国际法学家卡塞斯所指出的："国际法是一个现实的法律体系。它关注现存的权力关系，并力图将其纳入到法律规则中。这很大程度上是基于实效原则。"[3] 所以，实效原则在国际法中，特别是在国家承认、领土变更方面居于最主要地位的这种态势几乎未曾改变。[4] 当然，在强调国际法实效原则重要性的同时，我们也应看到，实效原则所存在的界限，即"它只能在国际法本身所划定的范围内有效。如果实效原则无限制地有效，那么国际法本身就会因而失效"[5]。毋庸讳言，国际法实效原则涉及了权力与法之间的微妙关系，这种状态尽管是由于国际法自身的不发达程度所造成的，但这并不能排除实效原则不受到强行法（jus cogens）、史汀生主义及国际法内生进步（如国际刑事法院的建立等）的限制。因此，审慎地对待这一原则中的变与不变才是当前国

---

[1] Hans Kelsen, *Principles of International Law*, 2nd ed., revised and edited by Robert W. Tucker, New York: Holt, Rinehart and Winston, Inc., 1966, p. 425.

[2] See Hersch Lauterpacht, *Recognition in International Law*, Cambridge: Cambridge University Press, 1947, p. 413.

[3] Antonio Cassese, *International Law*, 2nd ed., Oxford: Oxford University Press, 2005, p. 12.

[4] 值得注意的是，近年来国际法院在科索沃独立咨询意见案、白礁岛判决案的观点都体现出适用国际法实效原则的观点。See Advisory Opinion on Accordance with International Law of the Unilateral Declaration of Independence in Respect of Kosovo, I. C. J. Report, 2010. Case Concerning Sovereignty over Pedra Branca/Pulau Batu Puteh, Middle Rocks and South Ledge (Malaysia *v.* Singapore), I. C. J. Report, 2008, pp. 12-102。

[5] [奥] 阿·菲德罗斯等著：《国际法》，李浩培译，商务印书馆1981年版，第167页。

际法学应有的立场。❶

二、国际气候制度中实效原则的体现——国家新能源战略

自联合国重启气候变化谈判以来，对于未来国际气候制度能走多远，一直是存在疑问的。很显然，由于气候变化科学的不确定，特别是对国家影响的不确定性，那种防止气候变暖的应然性观点已无法再说服国际社会接受新的气候变化协议。但是，如若我们换一种思维视角，从国际气候制度的实效原则出发，则可能更有助于认识到未来气候变化协议走向成熟的可能性。无疑，各国新能源的迅猛发展和国内立法实践就是实效原则的例证，它一方面体现了对现有国际气候制度的遵守，另一方面也提示着未来气候变化协议变成现实的希望。

（一）国际气候制度中对新能源的应然性规定

国际气候制度对新能源发展的应然性规定主要体现在国际气候制度发展的三个阶段，即《联合国气候变化框架公约》《京都议定书》、重启气候变化谈判以来的软法协议和《巴黎协定》。

1. 《联合国气候变化框架公约》

第 4 条第 1 款（c）项规定：所有缔约方应在所有有关部门，包括能源、运输、工业、农业、林业和废物管理部门，促进和合作发展、应用和传播（包括转让）各种用来控制、减少或防止《蒙特利尔议定书》未予管制的温室气体的人为排放的技术、做法和过程。

2. 《京都议定书》

第 2 条第 1 款第（2）项第四目规定：附件一所列每一缔约方，在实现关于其量化的限制和减少排放的承诺时，为促进可持续发展，应根据本国情况执行/或进一步制订与研究、促进、开发和增加使用新能源和可再生的能源、二氧化碳固碳技术和有益于环境的先进的创新技术的政策和措施。

---

❶　关于国际法实效原则的讨论，除参见以凯尔森为主的维也纳学派的观点以外，也可参阅法国国际法学家维舍尔、图斯科的著作。See Charles de Visscher, *Les Effectivites du Droit International Public*, Paris：Pedone, 1967. see also J. Touscoz, *Le Principe D'Effectivete Dans L'Ordre International*, Paris：R. Pichon et R. Durand-Auzias, 1964。

3. 重启气候变化谈判以来的软法协议

《哥本哈根协议》第 2 段和第 7 段规定：低排放发展战略是可持续发展所不可或缺的。我们决定推动各种方针，包括利用市场的机会，以加强缓解行动的成本效益，并推进这种行动。对于发展中国家，特别是对于低排放经济国家，应提供激励措施，使之能在低排放的道路上继续发展。《坎昆协议》第 10 条、第 45 条、第 65 条规定：处理气候变化需要实现一种范式的转变，着眼于建立低碳社会；决定发达国家应当制订低碳发展战略或计划；鼓励发展中国家结合可持续发展制订低碳发展战略或计划。

4. 《巴黎协定》

在通过《巴黎协定》的《巴黎决议》中明确提出，有必要通过加强可再生能源的利用，促进发展中国家，尤其是非洲国家普遍获得可持续的能源。

（二）各国新能源的战略发展和立法实践

如上所述，国际气候制度制订了一系列要求国家履行与新能源相关的义务。它们或是以与能源相关的新能源、可再生能源、低碳等术语出现，或是隐含在技术、政策以及资金等相应规定中。自《联合国气候变化框架公约》缔结以来，但更多的是自联合国重启气候变化谈判以来，为履行国际气候变化协议规定的义务，各国的新能源发展与立法实践日益凸显，这尤其表现在发达国家与新兴经济体中。

1. 美国

众所周知，美国在气候变化上一直采取消极态度。然而，尽管布什政府拒绝参加《京都议定书》，但却从没有放弃对新能源的发展。例如，2007 年布什政府通过了《2007 年能源自主与安全法》，一方面强制提高乙醇在交通燃料中的比例，另一方面加大对清洁能源的研发。❶ 2009 年美国众议院通过《2009 年美国清洁能源与安全法》，强调电力部门对新能源和可再生能源的利用。❷ 2010 年美国民主党参议员克里和独立参议员利伯曼又向国会提交了具有战略性意义的《2010 年美国能源法》草案，它囊括了排放贸易机制、清

---

❶ 这一法律的出台对美国在 2007 年之后二氧化碳排放下降、摆脱温室气体排放第一大国的位置具有重大意义。关于美国温室气体情况的变动，参见国际能源署的报告。See IEA, CO_2 Emissions from Fuel Combustion Highlights (2010 Edition), Paris：IEA, 2010, p. 13.

❷ 参见杨泽伟：《〈2009 年美国清洁能源与安全法〉及其对中国的启示》，载《中国石油大学学报（社会科学版）》2010 年第 1 期，第 1-6 页。

洁能源税收减免、核能以及碳捕获技术等多项低碳发展内容。❶ 2011 年 3 月美国白宫发布了《确保能源安全未来的蓝图》的政府战略性文件，再次强调新能源战略对美国能源安全的重大意义。❷ 2011 年 5 月美国能源部制定的《2011 年战略规划》继续重申将一如既往地加强新能源的战略部署。❸ 此外，据美国皮尤研究中心 2011 年统计，美国清洁能源投资已跃居全球第二位，❹ 特别是新能源发展中的碳捕获与封存项目则占据着世界第一的位置。❺

2. 欧盟

欧盟至今已发布了三次能源一揽子规划，特别是 2007 年的能源与气候一揽子规划更设定了到 2020 年欧盟温室气体减排 20%，可再生能源占能源消费的 20% 的"20-20-20"目标。2009 年欧盟出台的《可再生能源指令》，为所有欧盟成员国规定了具体的可再生能源消费比例，要求到 2020 年必须实现欧盟全境可再生能源消费 20% 的目标。❻ 这一指令的发布无疑为欧盟新能源战略的建立奠定了坚实的法律基础。2010 年欧盟《能源 2020——竞争、可持续和能源安全战略》全面提升了欧盟应对气候变化的新能源战略。❼ 2011 年 12 月欧盟又发布了《2050 能源路线图》，成为其长期应对气候变化的新能源行动指南。❽

3. 新兴经济体国家

中国、巴西、印度等这些新兴经济体国家近年来在新能源实践与立法上发展迅速。中国是目前世界上最大的新能源投资国，2010 年重新修订的《可再生能源法》生效；同年年底中国政府又出台了《关于加快培育和发展战略性新兴产业的决定》，将新能源产业列为七大战略性产业之一。而巴西是全球最大的乙醇燃料生产国，生物能源发展迅猛。印度则在风能、太阳能方面发

---

❶ 参见高翔、牛晨：《美国气候变化立法进展及启示》，载《美国研究》2010 年第 3 期，第 39-51 页。

❷ See US Whitehouse, *Blueprint for A Secure Energy Future*, Washington：US Whitehouse, March 30, 2011, pp. 5-8.

❸ See US Department of Energy, *Strategic Plan*, Washington：US DOE, May 2011, pp. 6-48.

❹ See The Pew Charitable Trusts, *Who's Winning the Clean Energy Race?* Washington：The PEW, 2011, pp. 2-3.

❺ See Global CCS Institute, *The Global Status of CCS*：2010, Canberra：Global CCS Institute, 2011, pp. 8-13.

❻ See EU DIRECTIVE 2009/28/EC.

❼ See EU COM（2010）639.

❽ See EU COM（2011）885/2.

展显著。❶

三、对国际气候制度中实效原则的反思

如前所述，国际气候制度中对新能源的规定与国家新能源战略的契合，充分例证了国际气候制度中实效原则的运作。具体而言，可以有三层递进式的解读：第一，国家新能源战略表明了对现存国际气候制度的遵守；第二，这种立法与实践本质上是国家应对气候变化的策略反映；第三，它也意味着国际法律秩序将出现一次具有重大意义的造法变化。

（一）新能源的战略性发展是国家对现存国际气候制度遵守的例证

"所有国家都遵循几乎所有国际法原则和几乎所有它们在所有时候的义务。"❷ 美国国际法学家亨金（Henkin）早在 20 世纪 60 年代就提出了这一几乎被所有学者所认同的观点。然而，这是为什么？为什么国家会遵守国际法？不同的国际法学者给出了不同的理由，但他们都始终无法绕开国际法实效原则的影响。❸

按照国际法实效原则理论，新能源的战略性发展无疑是国家对国际气候制度遵守的例证。首先，尽管这一国家实践没有涉及对国际法实效原则第一层意义上的解读，但这并不意味着国际法体系不存在依实效原则判定的可能。这表现在：一是对建构主义代表人温特提出的三种文化的判定，即霍布斯文化、洛克文化和康德文化的判定。❹ 通过国际法实效原则，可以判定出当前我们正处于温特所言的洛克文化中，即既没有出现霍布斯式的战争为主的情形，也没有出现康德式的永久和平为主的情形，而是一种"以战为辅，以和为贵"的洛克文化。二是对洛克文化中不同国际法体系的判定。很显然，通过国际法实效原则（法律秩序的实效性是整个法律秩序有效力的必要条件）来看，

---

❶ See Renewable Energy Policy Network for the 21st Century, *Renewables* 2010 *Global Status Report*, Paris: REN21, 2010, p. 13.

❷ Louis Henkin, *How Native Behave*, 2nd ed., New York: Columbia University Press, 1979, p. 47.

❸ 例如，政策定向学派认为，权威的决定是国际法得以遵守的关键。法律过程学派认为，国际法规则只有内化到国内法律体系中，国际法才能得以遵守。See Harold Hongju Koh, "Why do Nations Obey International Law?" *Yale Law Journal*, Vol. 106, 1997, pp. 2599-2659。

❹ 关于温特提出的国际社会演进的三种文化，参见［美］亚历山大·温特著：《国际政治的社会理论》，秦亚青译，上海人民出版社 2001 年版，第六章三种无政府文化。

凡尔赛体系已不具实效性，因而是被联合国体系所取代。新的国际法体系可以通过实效原则得以证明。

其次，新能源战略是对国际法实效原则第二层意义上的解读。也就是说，将国际法实效原则作为一个实在法规则来运用，即它可以判定协定国际法的效力。国家大力发展新能源的实践行为，代表着一种"承认"，一种按国际法，国家通过合法行为对国际气候变化协议的"承认"。不言而喻，国际法实效原则通过国家承认实践，例证了国际气候制度中这些协议的国际法效力；但更重要的是，这种国际法被遵守的价值评定无疑要更优于其他理论上的说教。

（二）新能源战略是国家应对国际气候变化谈判的策略反映

从更深一层来考虑，国际法实效原则能够在国际气候制度的新能源领域得以实现，还得益于它与国家利益的基本吻合。首先，在遵守与违反之间，国家从来没有无视国际气候制度中的规定，遵守总是放在第一位来考虑的。只要有可遵守的余地，任何一国都不会轻易去违反国际法。新能源战略体现的正是这样一种思路，它不仅能够达到实现条约目的，而且国家也会从中受益，或者退一步讲，至少国家利益不会受到减损。

其次，气候变化谈判之所以步履维艰，从根本上讲是因为人类不得不面临两个基本桎梏。一是全球气候变化远不同于其他环境问题。因为二氧化碳的排放（气候变暖的主要原因）是整个现代社会得以存续的基础，它直接与国家财富相联系。❶ 而缔结一份限制温室气体排放的协议，无异于将从根本上改变人类的生产方式和文明模式。因此，没有哪一个国家敢轻易地冒如此之大的风险。二是人自身的问题决定了我们对待气候变化问题时，乃是存在局限性的。美国康奈尔法学院赖奇林斯基（Jeffrey J. Rachlinski）教授认为，从心理学角度而言，人类理性的局限性使其永远无法校准不确定的未来。缔结气候变化协议的困难性不仅是来自科学的不确定，也来自人性中的"骨化"，像文化、信仰等都对此有着重要影响，而人类本性中挑战风险的偏好又远远

---

❶ 人类社会可以简单地划分成三个发展阶段，即前农耕社会、农耕社会和工业社会三个发展阶段，而工业社会即我们当下的社会正是由于工业革命才使人类进入新的文明。很显然，工业革命的基础正是大量使用化石燃料所带来的结果。参见 E. A. 里格利：《探问工业革命》，俞金尧译，载《历史研究》2006 年第 2 期，第 61-77 页。

大于获取收益。❶因此，在国家无法看到一份具有法律拘束力的协议将带来什么样的后果时，新能源战略无疑是国家在这一过程中应对气候变化最为理想的选择。

最后，事实上国家的新能源战略已表明各国开始进入后京都温室气体的减排。❷哈贝马斯曾指出："有效性和经验效果是互为前提的。"❸可以预见到，如果新能源发展能凸显一定成效，国家势必会看到减排的可行性，如此这般，缔约一份具有法律拘束力的协议将是一件水到渠成的事情。

因此，基于以上三点，从理性选择的角度出发，国家必然会加强新能源的战略性发展。特别是这种循序渐进的方法远胜于判断是否缔结一份具有法律拘束力的协议；或者说，乃是谈判的复杂性和对国家影响的不确定性，最终决定了国家采取新能源战略的路径。❹

（三）新能源战略将开启国家重塑国际法秩序的造法过程

"一超多极"是当下我们所面临的一个基本的国际态势。尽管美国国际地位有所下降，但并没有从根本上改变这种格局。从理论上讲，"一极"的存在为国际社会提供公共产品带来了可能性。❺然而，新能源在各国的迅猛发展却对当前的国际秩序形成新的挑战。这是因为：

新能源的战略性发展揭示的乃是一种权力变化的过程。根据霸权稳定论，霸权就是一种物质资源上的优势。它包括原料、资本、市场以及生产竞争优势。其中对原料资源的控制是霸权得以保证的关键。美国对国际石油资源的控制正体现于此。然而，当前新能源的发展无疑是对这种控制权的挑战，并进而影响到资本、市场以及生产竞争优势等一系列霸权所依仗的物质资源。为此，欧盟积极主导气候变化谈判一方面在于限制美国的权力优势，另一方

---

❶ See Jeffrey J. Rachlinski, "The Psychology of Global Climate Change," *University of Illinois Law Review*, Vol. 2000, No. 1, 2000, pp. 299-319.

❷ See Lanvanya Rajamani, "The Cancun Climate Agreement: Reading the Text, Subtext and Tea Leaves," *International & Comparative Law Quarterly*, Vol. 60, No. 2, 2011, pp. 499-519.

❸ ［德］哈贝马斯著：《交往行为理论》（第一卷），曹卫东译，上海人民出版社2004年版，第6页。

❹ See Jeffrey J. Rachlinski, "The Psychology of Global Climate Change," *University of Illinois Law Review*, Vol. 2000, No. 1, 2000, pp. 299-319.

❺ 国际政治理论中的霸权稳定论、诺思的制度变迁理论都揭示出霸权对国际秩序的稳定作用。参见倪世雄等著：《当代西方国际关系理论》，复旦大学出版社2001年版，第292-305页。［美］道格拉斯·C. 诺思著：《经济史中的结构与变迁》，陈郁、罗华平等译，上海人民出版社1994年版，第20-34页。

面也通过加速其新能源发展，与美国争夺霸权地位；而美国亦不甘心于这种资源控制的失去，因此，尽管在国际气候变化谈判中表现出消极的态度，却不失时机地将主要精力放在了新能源发展上，以期继续维护美国的霸权国地位。

总之，从微观而言，新能源的战略性发展是国家应对气候变化谈判的直接策略。从宏观而言，它体现的是国家间对现有国际法律秩序的挑战与应对的过程。倘若未来某一国家在新能源发展上出现重大突破，势必存在改变整个现有国际法秩序的可能性。那么，一个原先仅是环境问题的气候变化谈判，就会演变成一场争夺未来国际秩序话语权的竞技场。

结　语

自威斯特伐里亚和会、主权国家产生以来，国际法一直处于一种尴尬的境地。甚至黑格尔直言不讳地指出，国际法只是一种应然的东西。❶ 但自 20 世纪后期，全球化的兴起，这种局面大为改观，国际制度主义旗帜鲜明地指出，规则对整个国际社会的构建具有重要的意义。然而，也应看到这种影响仍局限在 19 世纪奥本海等国际法学家的实证主义的立场上，即条约的影响。而对国际习惯所产生的拘束力的解读仍是不明或模糊的。温特提出建构主义理论后，对国际法的默示规则具有的拘束力提供了极佳的方法论解读。但是正如哈贝马斯所说，"任何一种带有社会理论要求的社会学如果想进行较为彻底的研究，就必须同时把合理性问题放到元理论、方法论和经验等三个层面上"。❷ 毫无疑问，新能源的战略性发展正是从经验层面上对国际法拘束力的解读，并有力地证明了国际法实效原则在国际法中的应有地位。❸

---

❶　黑格尔解释道，"至于国与之间的关系的确也应该自在地合乎法，但在尘世中，自在存在的东西还应该拥有权力。由于现在还没有任何权力来对国家作出裁判，决定什么是自在的法，并执行这种裁判，所以就国与国之间的关系说，我们必须一直停留在应然上"。[德] 黑格尔：《法哲学原理》，范扬、张企泰译，商务印书馆 1961 年版，第 346 页。

❷　[德] 哈贝马斯著：《交往行为理论》（第一卷），曹卫东译，上海人民出版社 2004 年版，第 7 页。

❸　值得注意的是，国际关系中的许多理论并没有在当代得到经验的证伪，例如基欧汉本人也承认，《霸权之后》一书中关于国际制度主义的论证并没有在实践得到检验。这也成为现实主义对其诟病的地方。因此，理论在没有被证伪前，它的科学性总是存在疑问的，尽管许多人不愿承认这一点。[美] 基欧汉著：《霸权之后：世界政治经济中的合作与纷争》，苏长和、信强、保曜译，上海人民出版社 2001 年版，中文版序言第 23 页。

第三章

风能安全退出机制:
以欧美应对"弃风"的法律实践为视角

"弃风"问题乃是当前中国新能源发展最为严峻的现实问题。2014 年3 月12 日,国家能源局发布了《国家能源局关于做好 2014 年风电并网和消纳工作的通知》,其中明确提出"要深入分析和研究弃风的根本性原因,提出针对性的整体解决方案,切实采取有效措施,力争尽快解决弃风限电问题"的指示。❶毫无疑问,"弃风"问题的解决关系到国家新能源产业,特别是风能产业的可持续发展。因此,解决"弃风"问题,建立起风能安全退出机制已迫在眉睫,而采取何种策略、运用何种机制也将决定着中国"弃风"问题解决路径的优劣。

然而,"弃风"问题并非中国独有。美国 2012 年平均弃风 7000MW,2013 年下降至 1700MW;2012 年爱尔兰可利用风能仅为 2.1%;意大利 2012年弃风量达到总发电量的 1.24%。❷根据非政府组织"21 世纪可再生能源政策网络"发布的《2013 年全球可再生能源统计报告》❸,我们发现,2012 年末全球风电装机最大的五个国家(中国、美国、德国、西班牙、印度)中,有四个国家都出现了"弃风"问题,这说明"弃风"与风能规模是成一定比例的;但同时我们也发现,2012 年风能投资赶超西班牙的英国根本就没有发生"弃风"问题,这又表明"弃风"问题并非是无法解决的难题。因此,我

---

❶ 参见国家能源局:《国家能源局关于做好 2014 年风电并网消纳工作的通知》,国家能源局官网,http://zfxxgk.nea.gov.cn/auto87/201303/t20130319_ 1587.htm(访问日期:2015-11-16)。

❷ See National Renewable Energy Laboratory, *Wind and Solar Curtailment Preprint*, http://www.nrel.gov/docs/fy13osti/60245.pdf, pp. 2-5.

❸ See Renewable Energy Policy Network for the 21st Century, *Renewables 2013 Global Status Report*, Paris: REN21 Secretariat, p. 17.

们有必要去了解，弃风少甚至是没有弃风的国家是通过何种策略来解决"弃风"问题的？电网建设的优劣对"弃风"问题有无更直接的影响？法律与政策在其中扮演了何种角色，是否起到了保证风能安全的作用？同时，我们也应当分析我国"弃风"问题的独特性，以此去判断这些国家风能安全退出机制的经验能否运用到我国"弃风"问题的解决路径之上。所以，审慎借鉴他国的经验和教训，有助于解决中国"弃风"问题，特别是建立起科学合理的风能安全退出机制，将进一步提高中国应对能源安全与气候变化双重挑战的能力。

一、各国应对"弃风"的风能安全退出机制

风能安全退出机制，是当前世界各国普遍采用的一种应对风能安全的法律救济机制。它是指通过运用法律或政策等主要手段，将有损于市场竞争和环境保护的不良风能产业有序地退出市场或被市场所消纳。当然，在解决"弃风"问题上，各国采取了不同的策略路径，进而形成不同的风能安全退出机制。

（一）英国风能安全退出机制的规定

英国拥有欧洲最好的风力资源。内陆风能是欧洲最具成本效益和最大规模的可再生能源。英国政府致力于将内陆风能作为本国多元化能源结构的一部分，旨在促进能源安全供应和碳减排目标的实现。为此，2011 年 7 月至 2012 年 6 月底，英国陆上风电装机容量的增加超过了 1GW，总风电装机容量超过 5.3GW。❶

英国《2008 年能源法》（*Energy Act 2008*）规定，从事能源开发的企业必须获得在某一地区进行生产活动的许可，如果在此之前没有获得许可，或者未遵守许可证的特定条款，作业者将被处以罚款或者监禁的处罚；此外，许可机关也可指导许可证持有人采取相应措施，补救其违反许可证的行为，或者通过第三方采取必要措施补救违法行为，而由许可证持有人来承担相应的费用；能源企业关闭风电场，须提出申请，国务大臣可决定是否准许企业关

---

❶ See Department of Energy & Climate Change （DECC）, *UK Renewable Energy Roadmap：update*, p. 36. https://www.gov.uk/government/uploads/system/uploads/attachment_ data/file/80246/11 – 02 – 13_ UK_ Renewable_ Energy_ Roadmap_ Update_ FINAL_ DRAFT.pdf.

闭风电场；若批准企业退出，企业有义务将相关设备拆除。❶ 《2011 年能源法》(*Energy Act 2011*) 规定，对于企业提交上来的退出申请，国务大臣必须采取行动，可以批准或拒绝，但不得无故拖延批准或拒绝的程序。❷

英国能源与气候变化部在 2011 年 7 月 12 日发布了《可再生能源路线图》，针对陆上风电通过了以下计划，即通过电力市场改革为投资者提供长期的安全性保证；改革规划系统，更新可再生能源基础设施，以确保其支持经济增长并为社区提供发展贡献；签订雷达谅解备忘录，克服航空雷达和飞机起落等对风电场的干扰，建立新的雷达预警系统；提升陆上输电能力，并确保开发商能够及时高效地安全并入电网，同时制定监控输电程序，并采取必要的纠正措施。❸ 毫无疑问，这些举措有力地保障了英国风电安全。

(二) 德国风能安全退出机制的规定

1998 年德国修改《强制购电法》，规定风力和水力发电的上网价格为电力销售价格的 90%；公共电力公司必须让风电上网，并以电力销售价格的 90% 这一固定价格收购风电生产商生产的全部电量。❹

《可再生能源法》是德国关于可再生能源电力的主要立法。该法于 2000 年颁布，并分别于 2004 年、2008 年和 2011 年进行了大规模的修订。2000 年的《可再生能源优先法》规定，可再生能源可具有优先接入电网的权利，电网营运商在其供电范围内，必须无条件地以政府颁布的最低价格购买可再生能源发电生产的电力，同时有义务以一定价格向用户提供可再生能源电力；能源企业有责任优先推广可再生能源，政府根据运营成本的不同向开发可再生能源的企业提供金额不等的补贴。❺ 在全德国范围内，均衡不同区域电网接纳可再生能源发电量的不同所导致的成本差别。为促使技术进步和不断降低可再

---

❶ See Energy Act 2008, http://www.legislation.gov.uk/ukpga/2008/32/enacted (last visited on2017-03-30).

❷ See Energy Act 2011, http://www.legislation.gov.uk/ukpga/2011/16/enacted (last visited on2017-03-30).

❸ See Department of Energy & Climate Change (DECC), *Renewable Energy Roadmap*, p. 30. https://www.gov.uk/government/uploads/system/uploads/attachment_ data/file/48128/2167-uk-renewable-energy-roadmap.pdf.

❹ See German Electricity Feed Law, http://www.loy-energie.de/gesetze/feed-law.htm (last visited on 2017-03-30).

❺ See *Act on granting priority to renewable energy sources* (*Renewable Energy Sources Act*, *EEG*), http://www.bmu.de/fileadmin/bmu-import/files/pdfs/allgemein/application/pdf/res-act.pdf .

生能源生产成本，对于可再生能源发电补贴每年递减。❶

2004 年的《可再生能源法》规定，电网经营商应当优先接收和运输可再生能源生产的电力并支付相应的电价；电网经营商有扩建电网的义务，以保证能够足额优先地接收可再生能源生产的电力；对利用风能获取的电力进行偿付做出了详细的规定。❷

2008 年修订的《可再生能源法》（Renewable Energy Sources Act，EEG），于 2009 年 1 月 1 日生效，规定应当对建立发电场的地方的环境进行监测，确定该地建立风电场是适当的；产出的电力不得转移或者出售给第三方国家；规范了可再生能源发电商和输电商应承担的并网设施和电网扩建费用，发电商有义务支付联网费用，输电商承担电网扩建费用；要求新的风电机组必须满足输电导则和中压电网技术规范的要求；已经并网运行且不能满足新并网导则要求的老旧机组，限期进行改造。❸

2011 年修订的《可再生能源法》于 2012 年 1 月 1 日生效，规定可再生能源产生的电力 100%以保证的最低的价格输送到公共电网；《可再生能源法》给风能等能源提供了一个特殊的补偿方案，它允许电网系统运营商优先购买、传输和分配，以及支付可再生能源产生的电力。❹

为了缓解风电产业的发展对环境和生态造成的负面影响，如风机噪声污染、辐射电波干扰、破坏风景区景观等，德国于 2002 年制定了《环境相容性监测法》，规定自 2002 年开始，应当选择在符合环境和生态要求的合适地点安装和使用风力发电设备。❺ 这样有利于保护生态环境，即使企业退出，也不会在过程中过度破坏环境。

（三）美国风能安全退出机制的规定

美国《能源政策法案（1992）》（Energy Policy Act of 1992）废除了一些

---

❶　参见侯建朝、谭忠富、谢品杰、王绵斌：《世界风能资源开发现状和政策分析及对我国的启示》，载《中国电力》2008 年第 9 期，第 65 页。

❷　See Act revising the legislation on renewable energy sources in the electricity sector of 21 July 2004，http://www.futurepolicy.org/fileadmin/user_ upload/PACT/Laws/Germany_ 2004.pdf.

❸　See Renewable Energy Sources Act（EEG）2009，http://www.bmu.de/en/service/publications/downloads/details/artikel/renewable-energy-sources-act-eeg-2009/, eeg_ 2009_ en_ bf.pdf.

❹　See The German Renewable Energy Act of 2012，http://www.mayerbrown.com/publications/the-german-renewable-energy-act-of-2012-12-08-2011/（last visited on 2017-03-30）.

❺　参见蔡祥玉：《德国风能发电成功经验及对我国的启示》，http://www.chinaqking.com/yc/2010/79867.html（访问日期：2017-03-30）。

规模较小的生产商的替代性最低税，并提供财政激励措施。❶

美国《能源政策法案（2005）》（*Energy Policy Act of 2005*），规定要加强输电线路的建设；环境保护局的管理员要保护环境安全；处理使可再生能源生产商处于不公平的劣势的障碍；60%的财政拨款运用到太阳能、风能、海洋能（包括潮汐、波浪）、地热的技术来发电；要按照要求进行环境审查；实行税收抵免（tax credit）与税收扣除（tax deduction）两种优惠。❷能源部可以授权州机构负责发展该州的能源保护计划，或者，如果此类机构不存在的话，由州长任命的州机构来帮助当地政府单位来促进低能耗公共建筑和设施。❸

美国的风能资源主要集中在中部高原和西部沿海地区，而美国东部的人口最为集中，使得风电场建设远离负荷中心，给电网造成了极大的负担。美国的输电线老化和不足使得美国无法进行长距离输电，要维修和扩大能源基础设施。为了解决跨州的区域电力传输问题，美国提出了"符合国家利益的电力走廊"计划，即根据可再生能源的分布状况和现有电网系统中潜在瓶颈的位置，划定若干"输电走廊"，能源部及其授权机构有权受理并批准在"输电走廊"上修建新输电线路的申请，即使输电项目未能获得州通过，美国联邦能源管制委员会（FERC）也可以授予项目申请者开发许可，一旦批准即可开始工程建设。❹

（四）其他国家和地区风能安全退出机制的规定

《欧盟可再生能源电力指令》（*Directive 2001/77/EC*），指出开采可再生能源能够对环境保护和可持续发展做出巨大贡献，要优先促进可再生能源的发展；各成员国有不同的对可再生能源的支持机制，包括绿色证书、投资援助、免税或减税、退税和直接的价格支持计划，要保证这些机制的正常运作，维持投资者的信心；减少对可再生能源在电力生产中的监管和非监管的障碍；要求各成员国采取切实措施，简化与可再生能源生产有关的行政审批程序，

---

❶ See *Energy Policy Act of 1992*, http://www.eia.gov/oil_ gas/natural_ gas/analysis_ publications/ngmajorleg/enrgypolicy.html（last visited on 2017-03-30）.

❷ See *Energy Policy Act of 2005*, http://www1.eere.energy.gov/femp/pdfs/epact_ 2005.pdf.

❸ 参见《美国2005能源政策法案》，http://www.twwtn.com/Policy/60_ 107560.html（访问日期：2017-03-30）。

❹ 参见张芳：《美国风电现状观察》，http://news.hexun.com/2013-03-26/152499299.html（访问日期：2017-03-30）。

使中小型企业也有机会从事清洁能源的生产；在不影响电网的可靠性和安全性前提下，各会员国应采取必要的措施，以确保传输系统运营商和分销系统运营商在其领土上保证来自可再生能源产生的电力的传输和分配。❶ 各电网运营商不得对可再生能源发电设置过高的入网费等进入壁垒；实行固定价格法或配额制。❷

欧盟《能源最终使用效率和能源服务指令》（*Directive 2006/32/EC*），允许成员国当局，特别是对新产能进行招标或选择能源效率和需求方的措施，包括白色证书制度；要求会员国确保家庭客户、小企业能够享受普遍的服务，对其领土内的电力供应制定合理、透明的价格；在技术，行为和/或经济变化的基础上追求能源效率，避免对环境的负面影；规定在必要的时候，对企业进行资格审核。❸

2009 年 4 月 23 日，欧盟发布《可再生能源指令》（*Directive 2009/28/EC*），规定可再生能源优先接入电网；经授权的主管部门批准，可安装小型的分散的可再生能源发电设备；要简化行政审批程序；应当在适合的地区建立风电场，不能对周围环境造成污染。❹

建立风电站要考虑环境的可接受性，对环境影响进行评估研究；风力发电机不应过于接近居民区，否则将会对市容产生不合理的影响；当地的规划部门应当允许开发商适当的咨询，并给予回应；评估应包括风能项目的建议退役，应考虑恢复措施，包括去除地面设备，让土地恢复到原始状态。❺

毫无疑问，尽管各国的风能安全退出机制的具体规定不同，但它们的目的都是通过法律或政策的形式，解决"弃风"问题，强化风能安全；其中的"安全退出"也不仅仅是风能产业的直接退出，而是包括了风能发电的消纳内容。

---

❶ See *Directive 2001/77/EC of the European Parliament and of the Council of 27 September 2001 on the promotion of electricity produced from renewable energy sources in the internal electricity market*, http://eur-lex. europa.eu/LexUriServ/LexUriServ.do?uri=CELEX: 32001L0077: en: NOT (last visited on 2017-03-30).

❷ 参见黄速建、郭朝先：《欧盟发展可再生能源的主要做法及对我国的启示》，http://www.lwlm. com/html/2008-10/161462.htm （访问日期：2017-03-30）。

❸ See Official Journal of the European Union, *Directive 2006/32/EC of the European Parliament and of the Council of 5 April 2006 on energy end-use efficiency and energy services and repealing Council Directive 93/76/EEC*, http://eur-lex.europa.eu/LexUriServ/LexUriServ.do?uri=OJ: L: 2006: 114: 0064: 0064: en: pdf.

❹ See *Directive 2009/28/EC of the European Parliament and of the Council of 23 April 2009*, http://eur-lex.europa.eu/LexUriServ/LexUriServ.do?uri=Oj: L: 2009: 140: 0016: 0062: en: PDF.

❺ See The European Wind Energy Association, *European best practice guidelines for Wind Energy development*, http://ec.europa.eu/energy/res/sectors/doc/wind_ energy/best_ practice.pdf.

——以欧美新能源立法的制度性设计为视角

二、中国 "弃风" 问题的独特性

中国出现明显的 "弃风" 现象始于 2010 年。2011 年度全国风电弃风限电总量超过 100 亿千瓦时。[1] 2012 年部分地区弃风限电现象严重, 全国弃风电量约 200 亿千瓦时。[2] 中国的 "弃风" 问题远比其他国家的严重, 究其原因, 是因为中国的 "弃风" 问题有其自身的独特性。

(1) 风电场高度集中, 远离高负荷地区。风电项目的开发以及风电场的建设, 通常都会选择风能资源丰富的地区进行, 这样有利于风电产能的提高。然而, 风能资源丰富的地区通常都位于比较偏远的地区, 经济不发达, 人口稀少, 电网的建设较落后, 难以消纳过多的风电。高负荷地区是经济较发达人口密集的地区, 离风电场较远, 这就增加了电能运输的负担, 影响电能的质量和电网的稳定。

(2) 风电上网价格偏低, 风电场项目收益不高。《可再生能源发电价格和费用分摊管理试行办法》第 6 条规定: "风力发电项目的上网电价实行政府指导价, 电价标准由国务院价格主管部门按照招标形成的价格确定。" 政府在风能上网电价的制定上采取的 "最低上网电价者中标" 的政策大大地打击了企业的热情, 企业为了能够中标而不断压低自己的报价, 导致恶性竞争出现。上网电价过低使得大多数风电项目不能盈利, 整个风电行业处于亏损状态, 许多企业不得不退出市场, 而且过低的上网电价也压低了风电设备和风电建设成本, 影响了风电设备和工程的质量, 抑制了整个风电产业的健康发展。

(3) 风电行业大规模发展使得产能过剩, 难以接入电网, "弃风" 现象严重。中国的风能资源呈地域式分布, 为了追随资源, 风电场建设扎堆, 企业总是大规模的、集中的建设风电场, 发展风能发电, 导致产能过剩, 风电在当地难以消纳。风电项目前期工作流程周期短, 核准快, 建设周期短, 而相应配套送出电网工程的前期工作周期较长, 核准程序复杂, 建设周期长, 同时, 一些发电企业将大型风电项目分拆成多个小于 5 万千瓦的小项目 (多为 4.95 万千瓦) 进行申报, 获得核准后, 形成多个风电场分期接入电网、局

---

[1] 参见国家能源局:《国家能源局关于加强风电并网和消纳工作有关要求的通知》, http://www. nea.gov.cn/2012-06/01/c_ 131624884.htm (访问日期: 2017-03-30)。

[2] 参见国家能源局:《关于做好 2013 年风电并网和消纳相关工作的通知》, http://www.gov.cn/ zwgk/2013-03/19/content_ 2357397.htm (访问日期: 2017-03-30)。

部地区风电接入过于集中的局面。❶ 有些风电项目还不同程度地存在提前开工的"先建后批"现象。这些原因造成风电场建设与电网送出工程建设不同步，致使大量风电项目建成后无法及时接入电网，在电网接入系统工程完成之前，只能停机或部分停机，风能资源被白白浪费，导致"弃风"现象越来越严重。由于弃风限电严重，风电场的运营困难，早期投资风电运营的公司纷纷选择退出。

（4）风电场选址不当，破坏环境。目前许多政府部门和发电集团只追求增加风电装机容量，对风能资源、风电场可供利用的土地等因素考量不够。为了追求政绩与利益，不对周围环境做出评估就兴建风电场。有的风电场修建在候鸟迁徙的路线上，对候鸟迁徙产生了负面影响；有的风电场建造在居民区附近，对居民的日常生活造成了噪声污染和电磁干扰等问题；大规模建设风电场，占用了大量的土地资源，造成耕地林地大面积减少，企业退出后，若地面上的建筑不拆除，会使土地再利用消耗更多资金。

（5）风电设备质量不达标准，各种事故频繁发生。近年来，随着众多大型风电项目通过审批，对风电设备的需求量越来越大，除国内几家大型风电设备制造企业外，越来越多的中小企业也进入风电设备制造领域。但是，由于企业的质量参差不齐，生产出来的设备有许多缺陷，导致风电场中电机损坏、断裂等事故时有发生，造成较大的风电损失，严重影响了风电场的正常运营。

此外，各种新能源之间的竞争也是形成"弃风"问题的一个隐性因素。❷

三、中国风能安全退出机制的具体制度设计

我国风电发展起步较晚，但由于风能资源充足，风电产业发展十分迅速。然而也正是由于这样，在可再生能源，尤其是风能方面，各项法律法规与配套措施还不够完善，甚至很多关键制度有所缺失。我们应当借鉴国外风能安全退出机制方面的成功经验，与我国的实际相结合，建立起适合我国国情的风能安全退出机制。

---

❶ 参见电监会：《重点区域风电消纳监管报告》，http://news.bjx.com.cn/html/20120803/377820-2.shtml（访问日期：2017-03-30）。

❷ 据报道，云南省在风电发展中，由于与其他新能源，特别是水电存在着产业竞争问题，因此风电发展也受到不同程度的限制。参见肖蔷：《云南风电开发为何叫停》，载《中国能源报》2013年12月30日第3版。

（一）对上网电价制定合理的价格体系

合理的价格机制和政府的政策支持是风电行业健康发展的关键。目前我国实行的是"最低上网电价者中标"的定价政策，这会减少企业盈利，降低企业投资的热情，不利于风电行业发展。我们可以借鉴国外的经验，制定固定的电价，按照风能资源的多少，在不同的区域制定不同的电价，此固定电价可以取招标时最高电价和最低电价的平均值，这样既可以给投资企业盈利的空间，又可以避免恶性竞争。❶ 减少价格在招标中的比重，禁止价格战的恶性竞争，加强技术、管理等在招标中的比重。❷

（二）做好环境评测，建立风电场不应破坏周围环境

开发利用风能资源发电的目的就是为了减少环境污染，保护生态环境。然而，政府和企业为了政绩和抢占资源，未经过仔细选址和环境监测，在许多不适宜建风电场的地方修建风电场。有的风电场修建在候鸟迁徙的路线上，对候鸟迁徙产生了负面影响；有的风电场建造在居民区附近，对居民的日常生活造成了噪声污染和电磁干扰等问题；有的风电场为了追求资源，大规模的扩建，减少了大量的林地和耕地，这些企业通常会忽略风电机脚下的土地也是能够用于农业生产的。这会严重破坏风电场周围的环境，影响居民的日常生活。这些企业应当给予周围居民适当补偿，且在被批准可以退出时应当拆除地上的发电设备，尽可能地将土地恢复原样。在拆除相关设施时不应破坏周围环境，若是对环境造成了负面影响，应当立即采取补救措施并承担赔偿责任。

根据《可再生能源发电有关管理规定》的规定，在风电场建设前应当对环境进行评测，做出环境影响报告。❸ 按照《辐射环境保护管理导则 电磁辐射环境影响评价方法与标准》的要求，加强工程电磁辐射控制措施。❹ 按照

---

❶ 参见谭忠富、邓强、龙海：《我国风力发电存在的问题分析》，载《华北电力大学学报（社会科学版）》2009 年第 6 期，第 10 页。

❷ 参见李杰超：《我国风力发电政策及其对上网电价的影响》，载《广东科技》2008 年第 10 期，第 9 页。

❸ 参见国家发展改革委：《关于印发可再生能源发电有关管理规定的通知》，http://www.chinaacc.com/new/63/73/157/2006/3/lu774352136172360022425-0.htm（访问日期：2017-03-30）。

❹ 参见中华人民共和国环境保护部：《辐射环境保护管理导则 电磁辐射环境影响评价方法与标准》，http://www.mep.gov.cn/image20010518/5446.pdf（访问日期：2015-11-16）。

《风电场噪声限值及测量方法》（DL/T 1084—2008）❶ 中 4 类区域风电场噪声限值的要求，对电机等主要噪声源采取隔声降噪措施。环保局对风电项目环境保护措施的落实进行验收，经验收合格后，风电场方可正式投入使用。环保局应定期对风电场环保措施进行监测，确保风电场周围环境不会遭到破坏。

（三）更加高度重视风电的消纳和利用，加快电网建设，优化电网运行管理

目前，电网的建设速度远远滞后于风电的发展速度，应加快风电跨区调动。"三北"（东北、华北、西北）地区地形平坦，交通方便，是我国连成一片的最大风能资源区，有利于大规模的开发风电场，但是当地电网建设相对薄弱，电力需求相对较小，而且距离负荷中心远，需要长距离输电，而东南沿海地区电力需求大，风电场接入系统方便，但沿海土地资源紧张，大部分已开发成水产养殖场或建成防护林带，可用于建设风电场的面积有限。❷《重点区域风电消纳监管报告》指出，2011 年，全国风电发电量为 731.74 亿千瓦时，其中"三北"地区风电发电量为 635.37 亿千瓦时，占比为 86.8%。❸ 因此，中国要实现风电发展的长远规划，主要还是依赖三北的风电基地来实现。要加快电网建设，合理安排风电项目建设进度，要协调好风电项目开发与配套电网建设的进度。且国家电网要进一步优化电网运行调度，科学安排风电场运行，统筹协调系统内调峰电源配置，采取有效措施缓解夜间负荷低谷时段风电并网运行困难。❹

（四）经批准可以退出的企业应支付一定的费用，以补偿给国家造成的损失

由于国家鼓励开发利用可再生能源，并在一系列政策法规中规定了许多激励机制和政策。为了使更多的企业投入到运营项目中，政府提供了大量资

---

❶　DL/T 1084-2008 风电场噪声限值及测量方法，http://www.doc88.com/p-872813098946.html（访问日期：2017-03-30）。

❷　中国风力发电网：《中国风能及风电发展未来展望》，http://www.fenglifadian.com/news/fengdianzhishi/32547776G.html（访问日期：2017-03-30）。

❸　参见电监会：《重点区域风电消纳监管报告》，http://news.bjx.com.cn/html/20120803/377820.shtml（访问日期：2017-03-30）。

❹　参见国家能源局：《关于加强风电并网和消纳工作有关要求的通知》，http://www.nea.gov.cn/2012-06/01/c_131624884.htm（访问日期：2017-03-30）。

金补贴和支持，如果企业因无法盈利等原因而中途退出，则会造成政府投入的资金浪费，使国家利益受到损害。因此，若企业中途退出，应支付一定的费用来补偿国家的损失。另外，企业可将与政府共同购买的各种设备以适当的价格卖回给主管部门，由主管部门再提供给其他运营企业，以减小国家的损失。退出企业可将风电场包括风电设施一并转让给其他企业，但该转让应经过有关部门的审查和批准。经批准后，受让企业应当监测维修各相关设施，确保没有损坏后再进行运作。

（五）建立风电保险制度，保护退出企业的利益

所谓"安全"退出，不仅要保障国家的安全，也要保护退出企业的安全。在风电行业蓬勃发展的同时，也面临着巨大的风险。在风电场的运行过程中存在着自然灾害、意外事故等种种风险。风电保险是针对风电行业的一种商业保险行为，风电场一旦发生风电机组脱网等重大事故，企业将遭受重大损失，甚至被迫关闭、停业。保险作为分散风险的一种有效手段，在促进风电行业健康发展方面能够起到重要的作用。因此，有必要建立风电保险制度，以此来保护企业的利益，保障企业的安全。

结　语

"弃风"现象已成为国内外普遍存在的问题，这一问题大大打击了企业对风电行业的投资热情，严重阻碍了风能产业的健康发展，损害了企业和国家的利益。中国应当借鉴国外的成功经验，建立本国的风能安全退出机制，最大限度地减少"弃风"，提高风电的利用率，规制企业的行为，减少企业不当退出造成的损失，使中国的风电行业更加健康、安全、快速地发展。

第四章

英国碳捕获与封存的安全制度机制

碳捕获与封存是一种应对气候变化的技术手段。这种技术可以使碳排放趋近于零，有利于防止全球气候变暖。然而，这一技术同样也存在着高风险的问题。因此，世界各国都将法律作为一种应对碳捕获与封存安全的制度机制，特别是在商业化运作中更具有特别重要的实践意义。在世界各国碳捕获与封存安全机制规定中，英国是较为特殊的一个国家，它不仅是世界上第一个用法律形式确定碳捕获与封存技术的国家，而且也是最早用法律强制规定碳捕获与封存技术安全机制的国家。这无疑为英国在全球新能源技术竞争中占据有利地位提供了制度上的保障，同时也加强了英国在联合国气候变化谈判中的话语权。

中国是一个能源禀赋以煤炭为主的国家，这就造成中国的温室气体减排比世界上其他国家都要更为困难。而碳捕获与封存技术却具有能使煤炭资源既被继续利用，又能减少温室气体排放的优势，这对于中国而言无疑具有特别重要的意义。更值得关注的是，2013 年 4 月 27 日，国家发改委下发了《关于推动碳捕集、利用和封存试验示范的通知》，提出加强对碳捕集、利用和封存在我国的风险与安全评估的政策取向。❶ 由此可见，中国亟待将碳捕获与封存技术安全机制纳入到国家规制范畴内，以便尽早完成碳捕获与封存技术的商业化运作。毫无疑问，借鉴和吸收英国碳捕获与封存安全机制的立法实践和具体操作，势必有助于中国在该技术方面的全面而稳妥地推进，从而提高中国应对气候变化、减少温室气体排放的能力。因此，对英国碳捕获与封存

---

❶ 参见国家发改委：《关于推动碳捕集、利用和封存试验示范的通知》，发改委网站，http://www.sdpc.gov.cn/zcfb/zcfbtz/2013tz/t20130509_ 540617.htm（访问日期：2017-03-30）。

安全机制的研究就具有非常重大的现实意义。

一、碳捕获与封存的安全风险问题

政府间气候变化专门委员会于 2005 年发布的《二氧化碳捕获与封存》特别报告中将碳捕获与封存技术定义为：二氧化碳捕获与封存（CO_2 Capture and Storage，碳捕获与封存），是指二氧化碳从工业或相关能源的源点分离出来，输送到一个封存地点，并长期与大气隔绝的一个过程。[1] 碳捕获与封存包括三个阶段，即捕获、运输和安全的地下储存。

碳捕获，是将二氧化碳从燃料（煤、天然气）或其他物质中分离出来。包括燃烧前捕获、燃烧后捕获和富氧捕获。碳捕获技术可以捕获二氧化碳排放量的 90%。碳运输，指二氧化碳被压缩和运送到一个合适的存储地点。通常是进行管道运输，但在进行离岸二氧化碳运输时，也可以选择船舶运输。碳存储，将二氧化碳注入深入地下的深层地质中，存储地必须保证安全和永久性存储。二氧化碳可以储存于枯竭的石油、天然气领域或深盐水地层，也可以直接注入深海。[2]

作为一种带有窒息特性的酸性物质，二氧化碳的捕获和存储会对自然、环境和人类生命健康安全造成一定的风险。二氧化碳运输、存储是一个长期的过程，一旦发生地质灾害引发紧急泄漏事故，大量被存放在地下的二氧化碳将会快速释放出来，这种高浓度的二氧化碳对人类的生命健康安全会造成毁灭性的打击。1986 年，喀麦隆的尼奥斯湖发生地震，湖底天然积累的大约 120 万吨二氧化碳被释放出来，导致邻近村庄 1746 人窒息死亡。[3] 即使没有发生紧急泄漏事故，二氧化碳从封存地缓慢向外泄漏，到达靠近地表的浅水层后与水发生化学反应生成碳酸，从而使地下水质发生改变，将不适合饮用或工农业生产。在海洋封存的情况下，二氧化碳如果在近海大陆架中泄漏，除直接伤害海洋生物之外，还有可能导致海水的逐步酸化，从而彻底改变海洋环境。即便只是少量二氧化碳泄漏到空气中，释放出来的二氧化碳仍然可能

---

[1] See IPCC, *IPCC Special Report on Carbon Dioxide Capture and Storage*, London：Cambridge University Press，2005，p. 3.

[2] See Carbon Capture and Storage Association（CCSA），*Frequently Asked Questions*，http://www.ccs association.org/faqs/ccs-general/#_ ftn1（last visited on 2017-03-30）.

[3] 参见吴益民：《论碳捕获与封存及其国际法律问题》，载《上海大学学报（社科版）》2012 年第 5 期，第 127-128 页。

会引起明显的气候变化。

综上所述，碳捕获与封存技术在二氧化碳减排方面具有很大的优势，但其可能引起的环境安全问题也不容小觑。

二、全球碳捕获与封存安全机制规则的现状

针对碳捕获与封存中存在的各种环境风险，世界主要国家对其的环境风险评价、封存场地选择、监测安全、场地关闭和后关闭条件、安全退出等问题进行了相关规定，以规避可能存在的风险。

（一）欧盟

欧盟《二氧化碳地质封存指令》于 2009 年 4 月 6 日通过❶，各成员国到 2011 年 6 月 25 日将其纳入各自的国家法律。该指令的目标是建立二氧化碳地质封存的法律框架，为应对气候变化做出贡献。

《二氧化碳地质封存指令》对封存许可证的申请、内容、签发、修改和撤销做出了明确的规定，指出只有获得封存许可，才可以运行封存项目，而且一个封存地点只能运行一个项目。该指令强调对封存过程的环境风险评价，完善对封存场地选择的管理，明确许可证的申请和颁发程序，对发放储存许可证所需条件以及这类许可证的具体内容进行了详细规定。当允许的场地关闭工程状态达到，或者运营商请求权利部门授权时，可以进行场地关闭。指令还规定了场地关闭后运营商的责任，包括监测、报告、补救措施等。二氧化碳的注入明确停止后，运营商可向主管机关提交退出申请，运营商退出后应当承担密封封存地和拆除相关设备的义务。场地关闭后 20 年内，运营商应当继续监测封存地，当所有可用的证据表明二氧化碳已完全的、永久的被封存，经由主管机关批准，运营商将对碳捕获与封存项目的所有责任转移给主管机关或其他运营商。在主管机关撤销运营商许可证的情况下，封存地的法律责任由主管机关接管，发生二氧化碳泄漏造成危害，运营商应采取纠正措施；若运营商不采取纠正措施，主管机关有责任采取必要的纠正措施，由此产生的费用由运营商承担。

---

❶ See Global CCS Institute, *EU Directive 2009/31/EC on the geological storage of carbon dioxide*, http://www.globalccsinstitute.com/networks/cclp/legal-resources/dedicated-ccs-legislation/europe (last visited on 2017-03-30).

（二）美国

美国《二氧化碳捕获、运输与封存指南》要求对于所有的封存项目，必须进行风险评价。❶ 碳捕获与封存项目应该优先选择风险很低的场地；应该远离新鲜水和饮用水源地区。应当制定管道和封存二氧化碳的安全标准。项目运营商应该将制定的运行和执行计划透明化。风险评价应该提供不可预料的事故的减缓或补救计划，这些计划应该提交到主管机关。场地关闭要关闭整个项目并且确保不再注入二氧化碳。运营商应当向主管机关提交场地关闭的相关信息，场地关闭前未发生危害环境和人类健康的情形。场地关闭期间运营商应当对封存地进行连续的监测，证明该封存地是无危害的。一旦证明存储项目没有危害环境和人类健康，项目运营商应该有资格获得主管部门对其场地关闭申请的批准。

（三）澳大利亚

澳大利亚《二氧化碳捕获与地质封存环境指南》要求所有的碳捕获与封存项目在相关法律制度框架下的立法阶段必须进行环境评价和核准。❷ 环境风险评价将贯穿于项目的整个生命周期。封存场地必须接受风险评价，提供封存地址详细的地质特征和储备模型，以支持满足核准条件的评价和认定。核准过程必须对公众公开、透明。运营商申请退出碳捕获与封存项目，必须符合场地关闭的标准，包括承担碳捕获与封存项目各方面的费用以及场地关闭后的监控和检测的花费。

此外，《海洋石油修正案（温室气体存储）法案》（OPGGS法案）中规定了"场地关闭证书"的申请条件：二氧化碳的注入已经停止；有吊销牌照的理由；注入执照已不再有生产许可证。此外，该法案还规定了至少15年的场所关闭证书，即通过责任长官宣布一个"关闭保证期间"，一经宣布，将使负债转移给联邦政府。在此之前，可能至少是申请场地关闭之日起的20年，

---

❶ See World Resource Institute, *Guidelines for carbon dioxide capture, transport and storage*, http://www.wri.org/publication/ccs-guidelines, ccs-guidelines.pdf. (last visited on 2017-03-30).
❷ See Environment Protection and Heritage Council (EPHC), *Climate Change-Environmental Guidelines for Carbon Dioxide Capture and Geological Storage-May 2009*. http://www.ephc.gov.au/sites/default/files/Climate_ GL_ _ Environmental_ Guidelines_ for_ CCS_ 200905_ 0.pdf (last visited on 2017-03-30).

运营商应对业务许可下所产生的潜在的索赔承担责任。❶

（四）加拿大

阿尔伯塔《碳捕获和存储章程的修订法案 2010》详细规定了在加拿大阿尔伯塔省碳捕获与封存项目开展的条件。❷ 值得一提的是，该法案修正了之前其他法规，如《能源资源保护法》《石油和天然气保护法》等的不当规定，以阐明碳捕获与封存在阿尔伯塔省的监管架构。该法案规定，一旦部长将关闭证书发给承租人，则二氧化碳的所有权归属官方，且官方要承担承租人的义务。承租人必须在关闭证书发放前，为封闭管理基金支付款项，这将为覆盖全省的责任承担、监测站点成本和碳捕获与封存技术设施的管理费用做出贡献。

三、英国碳捕获与封存安全机制的规定

英国制定了一系列的法律政策来推动碳捕获与封存的发展，其中不乏一些资助政策和激励机制，❸ 目的便是为了使更多的企业投资碳捕获与封存运营项目，发展碳捕获与封存技术，减少空气中的二氧化碳排放量，从而更好地应对气候变化。许多企业也认为投资碳捕获与封存可以获得巨大的利益，因而纷纷投入。但发展碳捕获与封存的成本高、技术难度大，且投入后短时间内很难收到效益，使得许多企业半途而废；或因项目运营失败，为避免受到责任追究而逃离。这些随意退出的行为不但对环境造成了污染和危害，而且给国家和社会的利益造成了重大的损失。因此，建立碳捕获与封存安全机制是非常必要的。

---

❶ See Offshore Petroleum Amendment（Greenhouse Gas Storage）Act 2008（OPGGS Act），http：//www. globalccsinstitute. com/networks/cclp/legal - resources/offshore - co2 - storage/australia（last visited on 2017-03-30）.

❷ See Alberta Carbon Capture and Storage Statutes Amendments Act 2010，http：//www.globalccsinstitute. com/networks/cclp/legal-resources/dedicated-ccs-legislation/canada（last visited on 2017-03-30）.

❸ 参见英国一系列的政策和法律文件：《走向 CCS》《能源白皮书——迎接能源挑战》《2008 年能源法》《2010 年能源法》。

(一) 英国《2008 年能源法》中的相关规定❶

2008 年 11 月 26 日，英国《2008 年能源法》(Energy Act 2008) 的颁布是为了落实英国政府 2007 年 5 月发布的《能源白皮书——迎接能源挑战》中提出的有关能源政策，旨在使英国的立法能够为英国政府的长期能源与气候变化战略打下基础。碳捕获与封存可降低空气中二氧化碳的排放量，对气候变化的改善具有很大的潜力。但是在《2008 年能源法》制定之前，英国的法律框架中并未对二氧化碳存储项目进行调整。该法确立了海上进行二氧化碳储存的新的监管体制，将过去有关海上设施抛弃的管理体制扩展适用于二氧化碳储存设施的管理体制，从而鼓励私人部门投资 CCS 项目。《2008 年能源法》主要解决的是碳捕获与封存的市场准入问题，在英国领海或者气体进口和储存区内存储二氧化碳或进行相关勘探以及对与此相关的设施的建立与维护，都需要获得许可，由英国政府的能源与气候变化大臣和苏格兰政府的有关许可机关的部长发放许可证。如果在实施规定活动之前没有获得许可，或者未能遵守许可证的特定条款，作业者需要被处以罚款或者监禁的处罚。许可机关也可指导许可证持有人采取措施补救其违反许可证的行为，或让第三方采取必要措施补救违法行为而由许可证持有人来承担相应的费用。由此对碳捕获与封存的市场准入进行了严格的规定。

(二) 英国《2011 年能源法》中的相关规定❷

英国《2011 年能源法》(Energy Act 2011) 于 2011 年 10 月 18 日获得御准。规定国务卿对于运营商提交上来的退出申请，必须采取行动，可以批准或拒绝，但不得无故拖延批准或拒绝的程序。由国家自由裁量，将海上符合 CCS 条件的负责石油和天然气退役的基础设施和管道用于 CCS 项目。可强制收购安装管道的土地，除非该管道被放弃或是停止运输二氧化碳，或是拥有管道的运营商申请撤销命令。

---

❶ See Energy Act 2008, http://www.legislation.gov.uk/ukpga/2008/32/enacted (last visited on 2017-03-30).

❷ See Energy Act 2011, http://www.legislation.gov.uk/ukpga/2011/16/enacted (last visited on 2017-03-30).

（三）英国《2010 年二氧化碳封存许可条例》的相关规定❶

英国《2010 年二氧化碳封存许可条例》是一项具体的封存许可规定，它对封存许可证的申请、内容、签发、修改和撤销等都做出了明确的规定。封存许可的申请必须包含建议的补救措施方案。申请储存执照，应当包含建议的监测方案和补救措施方案；建议地点不存在泄漏及对环境和人类健康造成明显风险的，可签发储存执照。当封存地点关闭之后，运营商必须密封封存地点，运营商必须继续监测封存地点，履行规定的采取补救措施的义务。

（四）苏格兰《2010 年二氧化碳封存许可条例》的相关规定❷

苏格兰《2010 年二氧化碳封存许可条例》规定，运营商要退出项目必须符合场地关闭条件，且向有关部门提交退出申请书，经主管部门批准后可退出项目。封存场地关闭后，运营商有义务密封封存点并拆除相关设施和管道；运营商应当继续对封存地点进行监测，对监测情况定期向主管部门申报和通知；发生二氧化碳泄漏，运营商应当采取补救措施，费用由运营商承担；运营商不能提取储存的二氧化碳，也不能允许他人提取储存的二氧化碳。

四、英国碳捕获与封存安全机制的评价

（一）英国碳捕获与封存安全机制规定的优点

英国立法规定了申请退出、封存场地关闭后运营商应当承担的责任和义务，有以下优点：

第一，有利于保护环境，减少污染。英国碳捕获与封存的任何一个环节都可能发生事故，没有一个阶段是保障安全的，封存阶段的风险和问题尤其难以预知和控制，运营商退出项目后将封存场地密封，能够有效地防止二氧化碳泄漏。二氧化碳是酸性气体，管道在运输二氧化碳时可能被腐蚀毁坏，若不拆除清理，将会污染土壤，拆除相关设施和管道能减少环境污染。

第二，有利于节省国家的人力、物力、财力。碳捕获与封存项目虽然关

---

❶　See The Storage of Carbon Dioxide（Licensing etc.）Regulations 2010, http://www.legislation.gov.uk/uksi/2010/2221/pdfs/uksi_ 20102221_ en.pdf（last visited on 2017-03-30）.

❷　See The Storage of Carbon Dioxide（Licensing etc.）（Scotland）Regulations 2011, http://www.legislation.gov.uk/ssi/2011/24/made/data.pdf（last visited on 2017-03-30）.

闭,但二氧化碳已被封存于地下,若没有定期监测,一旦发生二氧化碳泄漏很难及时采取补救措施。运营商退出项目后在一定期限内继续承担监测义务,并定期向主管部门报告,这样就解决了国家因封存地点无人管理而不得不投入大量人力、物力、财力对封存地点进行监管的问题,在二氧化碳泄漏时也能及时应对。

第三,有利于保障国家和社会的利益。二氧化碳的泄漏会造成各种环境问题发生,全球变暖、海洋污染、生态环境破坏,甚至会侵害人类的生命安全,若运营商随意退出逃避责任,那所造成的损失就会由国家承担,从而损害了国家利益。法律规定运营商退出后在规定期限内继续承担责任,发生二氧化碳泄漏后及时采取措施并承担一切费用,并且对泄漏造成的各种损失承担赔偿责任。这样就保障了国家的利益不会因运营商的逃避而受损。

(二) 英国碳捕获与封存安全机制规定的缺点

英国关于碳捕获与封存安全机制的规定虽然能够保障国家利益不受损失,保护环境减少污染,但仍然存在以下缺点:

第一,缺少法律责任转移的相关规定。运营商在退出碳捕获与封存项目后,为保障国家利益不受损,应当承担各种责任和义务,但这种责任是有时间限制的,不是无期限的。义务存续期间一旦结束,碳捕获与封存项目应该交给谁,之后由谁承担监测、补救、赔偿等义务,法律并未规定。而且对运营商是否可以将碳捕获与封存项目在关闭前转让他人,也无明确规定。

第二,对碳捕获与封存相关设备的处置未作出具体规定。碳捕获与封存技术的成本高、难度大,国家为了鼓励运营商投资碳捕获与封存项目,对其投入了大量的资金支持,一旦运营商退出,就会导致资金浪费,国家利益受损。其技术设备十分昂贵,国家可以适当价格购买,继续用于其他碳捕获与封存项目。

第三,仅规定了如何使国家"安全",未规定如何使运营商"安全"。安全机制不应仅保护国家利益不受损,也要保障运营商的安全。二氧化碳一旦泄漏,所造成的损失往往不可估量,运营商即使倾家荡产也未必能够弥补。应规定具体措施,使运营商能够真正实现安全退出。

五、英国碳捕获与封存安全机制对中国的启示

（一）中国碳捕获与封存技术规制的现状

中国是一个煤炭大国，电力供应大部分来自使用化石燃料的火力发电，二氧化碳的排放已跃居世界首位。面对环境压力，既要减少二氧化碳的排放量，又不能降低人们的生活水平，这使得我国可选择的减排方法十分有限。碳捕获与封存技术对中国来说是一种十分有效的减排方法。中国的碳捕获和封存技术虽然比较落后，还处于起步阶段，但是近年来中国在碳捕获与封存技术的研究上做了很多的工作，从 2003 年开始政府就参加了相关的领导人论坛。2006 年，二氧化碳强化驱油技术究被列入"973"计划；2008 年，碳捕获与封存技术作为资源环境技术领域的重点项目被列入国"863"计划，研究各种技术路线的可行性。❶ 我国已将碳捕获与封存技术列入《国家中长期科学和技术发展规划纲要（2006—2020 年）》。

据北京大学清洁能源研究院院长张东晓教授的统计，按时间顺序，中国碳捕获与封存技术的现场实验在国际上排在第四位。❷ 这表明，中国碳捕获技术居于世界前列。而中国的地质封存潜力巨大，中美研究者已确认在中国超过 1600 个大型二氧化碳点源，其中有 91% 距离未来的地质封存地点只有或者不到 160 公里，一半以上就在候选封存地点上方。❸ 而且我国理论上的地质封存容量可达到 30000 亿吨以上，尽管考虑到其他因素（例如内射性，即压力增加后，注入二氧化碳会减少），碳捕获与封存技术仍可发挥较大作用。❹

2008 年 7 月，中国建成首个燃煤电厂烟气二氧化碳捕获示范工程——华能北京热电厂二氧化碳捕获示范工程。该项目具有年捕获二氧化碳 3000 吨的

---

❶ 参见张卫东、张栋、田克忠：《碳捕集与封存技术的现状与未来》，载《中外能源》2009 年第 11 期，第 11 页。

❷ 参见胡珺：《CCS 或成减排份额最大单项技术——专访北京大学清洁能源研究院院长张东晓》，载《中国能源报》2010 年 11 月 8 日第 4 版。

❸ 参见美国自然资源保护委员会：《CCS：中国煤炭依赖的补救之路》，王海霞摘编，载《中国能源报》2010 年 8 月 9 日第 9 版。

❹ 参见李小春、魏宁、方志明、李琦：《碳捕集与封存技术有助于提升我国的履约能力》，载《中国科学院院刊》2010 年第 2 期，第 170 页。

能力。❶ 2009 年华能集团在上海石洞口第二热电厂启动了二氧化碳捕获项目，碳捕获能力达到 10 万吨。2010 年 1 月，中国在重庆建立起首个万吨级碳捕获装置正式投产运行。❷ 2010 年 12 月，中国首个神华集团碳捕获与封存全流程项目正式投产，它也是世界上第一个进行碳捕获与封存技术全流程的项目。

　　低碳经济是我国未来发展的方向，但是，碳捕获与封存的成本高，技术难度大，很难实现商业化，除了可减少空气中的二氧化碳外，其安全性值得研究，又几乎没有经济效益可言，许多因国家激励政策和资金补贴而投入到碳捕获与封存项目的企业纷纷选择退出，高价买来的设备被丢弃在地面上，地下被腐蚀和毁坏的管道严重污染了土壤，被封存至地下的二氧化碳无人监测，泄漏危害无时不在，国家将不得不投入更多的人力、物力、财力来进行后续的监管，这势必将给国家造成重大的损失。所以，为防止出现以上的负面影响，碳捕获与封存安全机制的建立迫在眉睫。

（二）　中国碳捕获与封存的立法诉求

　　当前，中国对清洁能源技术，特别是碳的捕获与封存技术的商业化应用是最为紧迫的。正如国际能源署在《2010 年能源技术展望》中所言，"由于煤炭的主导地位，中国必须大力投资洁净煤技术，如二氧化碳捕获和封存，提高煤炭在发电和工业中的使用效率"。❸ 此外，国内学者也认为在诸多的新能源技术中，清洁能源技术应是当前中国最主要考虑的技术创新。❹

　　基于世界各国对碳捕获与封存的立法经验及中国能源发展的需要，中国应尽快出台碳捕获与封存技术的立法。可以考虑分三步走的模式：第一步，制定相关碳捕获与封存的技术路线图。将碳捕获与封存技术纳入到规范体系中。第二步，制定碳捕获与封存技术的能源示范法，加强电厂对碳捕获与封存技术的准备应用。第三步，制定全面的碳捕获与封存技术法，从能源结构和科技战略角度规划碳捕获与封存技术的未来发展图景。

　　当然，在中国进行碳捕获与封存技术的立法时，不仅要考虑到从制度上

---

❶　参见孟为：《国内首座燃煤电厂二氧化碳捕集示范工程投产》，载《北京日报》2008 年 7 月 17 日第 4 版。

❷　参见汪时锋：《中国首个万吨级碳捕集装置正式投运》，载《第一财经日报》2010 年 1 月 22 日第 A03 版。

❸　参见国际能源署：《2011 年能源展望（执行摘要）》，巴黎，2010 年，第 13 页。

❹　参见刘强、姜克隽、胡秀莲：《中国能源领域低碳技术发展路线图》，载《气候变化研究进展》2010 年第 5 期，第 374 页。

刺激或激励碳捕获与技术的推广，同时又要看到碳捕获与封存技术本身所存在的风险。作为一种高科技，碳捕获与封存技术也具有高风险性。例如，在碳捕获时，需要大量的化学物质参与其中，如果没有严格的操作流程，可能造成严重的化学物质泄漏，造成环境污染。同样，在碳封存中安全性更是受到质疑，如果在碳封存过程中出现泄漏，则不仅仅是环境污染，而且可能引发爆炸等突发事件。例如，在非洲就曾发生过天然二氧化碳泄漏，造成人畜死亡的事例。因此，加强碳捕获与封存技术的安全制度设计，就成为此项立法的关键所在。或言之，碳捕获与封存安全退出机制的构建，将是碳捕获与封存技术立法的最后一环，也是最重要的一环。根据发达国家在此方面的实践以及国际能源署的相关研究，中国未来的碳捕获与封存技术应在其安全退出机制方面进行详细的规定，例如对于监控主体的规定，对于市场主体的退出，都应建立起相应的审批机制。

中国在"十一五"期间已明确提出发展新能源产业，而碳捕获与封存技术是这一产业中最具高端性的技术，中国富有的煤炭资源又使其在未来中国能源发展中具有决定性的意义。一旦中国在碳捕获与封存技术上实现真正的突破，中国在未来全球气候变化政治中就能占据有利的形势，同时中国的资源优势也能得到最好地体现和充分利用。基于以上的考虑，加强碳捕获与封存各个环节的制度设计，就成为未来中国能源立法的关键所在。

（三）中国借鉴英国机制的具体制度设计

我国目前对碳捕获与封存安全机制方面尚未做出相关法律规定，因此，我们应当借鉴在碳捕获与封存技术已有相当成果的国家的各项法律制度，填补对碳捕获与封存监管和安全退出等方面没有相关规定的空白。

第一，审查企业及其投资的运营项目各项条件是否合格。企业自身符合准入条件且投资运营的项目没有问题、未造成任何危害，是项目安全运行的必要前提。若是企业本身不符合准入条件，未得到授权许可便运营碳捕获与封存项目，或者二氧化碳封存场所未经过许可便对二氧化碳进行封存，那么其投资本身就属违法。另外，若是其运营的碳捕获与封存项目不符合环境保护要求，对环境和人类生命健康造成了危害，如发生重大事故、管道腐蚀、毁坏等原因造成二氧化碳泄漏、污染环境、破坏生态系统或使人类生命健康受损，则必须采取补救措施并须承担赔偿责任；若未采取补救措施或承担赔偿责任，则应禁止其退出，强制其承担责任。

第二，经批准可以退出的企业在一定期限内应当继续承担相应责任。经批准可以退出的企业，在退出前要将封存点密封，并拆除运输、注入等相关设施；在一定期限内要继续对封存点进行监测，并定期向主管部门报告。若在拆除相关设施时破坏了环境，或在监测时发生重大事故等原因导致二氧化碳泄漏，应立即向主管部门报告，采取补救措施并承担一切费用，另外，还要对二氧化碳泄漏造成的危害承担赔偿责任。若对封存地进行了密封、安全拆除了相关设施、监测封存地达到规定期限后，所有可用证据表明封存的二氧化碳已被控制，能够被长期的甚至永久性的安全的封存，经主管机关核准后，可将封存场地转交给主管机关或者主管机关许可的有运营资格的其他企业。封存场地转交后，即使再发生泄漏等事故，责任由主管机关或后接收企业承担，退出企业不再承担责任。

第三，经批准可以退出的企业应支付一定的费用，以补偿给国家造成的损失。由于英国对发展碳捕获与封存技术持积极态度，在一系列政策法规中规定了许多激励机制和支持政策。而不论是碳捕获与封存技术还是各种相关设备的成本都很高，所以要开展碳捕获与封存运营项目需要大量的资金支持。为了使更多的企业投入到运营项目中，政府提供了大量资金补贴和支持，如果企业因无法盈利等原因而中途退出，则会造成政府投入的资金浪费，使国家利益受到损害。因此，若企业中途退出，应支付一定的费用来补偿国家的损失。另外，企业可将与政府共同购买的各种设备以适当的价格卖回给主管部门，由主管部门再提供给其他运营企业，以减小国家的损失。

第四，创立具有充足资金保障的强制责任保险制度，保护退出企业的利益。所谓"安全"退出，不仅要保障国家的安全，也要保护退出企业的安全。在碳捕获与封存项目中，二氧化碳可能在捕获、运输、封存任何一个环节发生泄漏，没有一个环节是保障安全的。一旦发生事故导致二氧化碳泄漏，可能会污染环境、引发气候变化、污染地下水、破坏生态环境甚至危害人类生命健康，造成的经济损失将是不可估计的。一旦项目运营失败，巨额的赔偿可能导致企业破产，企业被迫关闭、停业，二氧化碳泄漏造成的损失更是难以得到救济。因此，有必要创立具有充足资金保障的强制责任保险制度，由社会共同分担二氧化碳泄漏造成的巨额赔偿，以此来保护企业的利益，保障企业的安全。

第五章

德国新能源立法的制度性设计：
政府主导与社区共进

在西方大国中，德国的新能源发展最为凸显。它很大程度上代表了欧盟在可再生能源发展上的一种成功模式。这从与英国可再生能源发展上的对比上就可窥见一斑，因为尽管二者几乎同时起步，但德国可再生能源发展更为强劲和稳健。那么，为何同为西方大国，同样在气候变化问题上居于领导地位，在新能源发展上，二者却存在迥异的结果。无疑，除欧陆文化传统上的不同以外，造成今天此种新能源格局的，更多地乃是源于德国在能源领域特有的制度性设计，即政府主导与社区共进的制度安排。为此，本章旨在经由一种历史演进的维度来揆度这一制度的生成、演变及其产生的影响。

一、德国新能源发展现状

在 1990 年时，德国电力的 1% 来自可再生能源（其主要是指水电），到 2000 年时，这一数字扩大到 6%。接下来的十多年，是德国可再生能源发展的黄金期，其可再生能源在发电等能源消费中的比重逐渐上升，到 2010 年，德国可再生能源发电已占到 17%，到 2013 年增长到 23%，风能与光伏发电成为其可再生能源利用的主要能源类型。截至 2013 年 6 月，德国风电的装机总量达到 32479 兆瓦，预计 2020 年风电装机总量将达到全国电力装机总量的 45%。❶

与其他国家相比，德国早在 2004 年之际，已以 1.7 万兆瓦的风电装机容量雄居全球第一，比当时排在第二位的西班牙高出近 1 万兆瓦。在光伏发电

---

❶ 参见杨岳涛：《德国风电上网法律制度研究》，载《世界环境》2014 年第 5 期，第 75-76 页。

方面，2004 年德国就有超过 16 万户的家庭在屋顶安装了太阳能光伏发电设备。在生物质能方面，德国在 2004 年时已与法国一样，给予 100% 的免税优惠，其生物质柴油的产量增长了 50%。2004 年之际，德国在可再生能源方面提供的就业机会达 13 万个之多。❶ 2004—2005 年，德国在可再生能源的投资与中国相同，达到 70 亿美元，并列全球第一。2005 年，其太阳能光伏并网发电量和生物柴油产量、风电都位居全球第一。❷ 到 2013 年，德国的可再生能源发电总量仅在中国、美国之后，位列全球第三，在人均光伏发电量方面，则仍保持全球第一。❸ 2014 年之际，尽管在风电、生物质能源等方面，像中国、美国等纷纷超过德国，但在光伏发电方面，不论是总量，还是人均，德国仍遥遥领先于其他国家。❹

二、当前德国新能源政策的新规定及其治理结构的变化

当前德国新能源政策的主要规定及其治理结构的变化，主要体现在以下几个方面。

第一，德国可再生能源发展目标的新规定。德国于 2010 年提出了最新的可再生能源目标：到 2025 年，可再生能源发电应占到 40% ~ 45%，2035 年占到 55% ~ 60%，到 2050 年，将使可再生能源中获得 80% 的电力，同时占总能源消费的 60%。

第二，德国新能源治理结构的新规定。2011 年起，德国政府将可再生能源发展的任务，从原来的环境部转移到了经济和能源部，而环境部只保留了气候变化、城市规划以及建筑方面的职能，并更名为环境、自然保护、建设与核安全部。这种能源治理结构上的变化表明，德国将更多地考虑从原先对可再生能源的保护性发展，逐步形成以市场为依托的可再生能源的经济发展。

第三，德国要求进一步淘汰核能。自 2010 年福岛核事故之后，德国原先在"弃核"上的犹豫不决已完全转变。其已明确提出，2022 年实现德国核电

---

❶ 参见 Eric Martinot、21 世纪可再生能源政策网络：《全球可再生能源状况报告》，巴黎，2005 年 10 月，第 iv、2-3、17、26 页。

❷ 参见 21 世纪可再生能源政策网络：《全球可再生能源发展报告（2006 年修订版）》，巴黎：REN21，2006 年 8 月，第 v、2 页。

❸ 参见 21 世纪可再生能源政策网络：《可再生能源全球现状报告 2014》，巴黎：REN21，第 26、47 页。

❹ 参见 21 世纪可再生能源政策网络：《可再生能源全球现状报告 2015：主要发现》，巴黎：REN21，第 10 页。

站的全面关闭。因此，对于德国而言，不仅是扩大新能源发展，而且是将新能源作为整个能源体系的主要支持力量。

第四，德国出台新的《可再生能源法》。德国《可再生能源法》自 2000 年公布以来，经历了多次修改，于 2004 年、2009 年、2012 年修订之后，又于 2014 年进行了重新修订。新的《可再生能源法》主要在控制发展规模、退坡财政支持、引入市场化机制，以及合理分摊可再生能源附加费等方面进行了规定。❶

三、德国新能源发展的制度特点

德国新能源发展的制度特点可以从三个方面来认识：一是其特殊的社区推动力；二是其政府的宏观指导力；三是其紧密依托的上网电价制度。

（一）社区的能源转型是推动德国新能源发展的主要力量

德国能源专家施罗伊尔斯曾指出，"德国能源转型很大程度上可以被认为是自下而上发生并展开的过渡"。❷ 这种自下而上的能源转型，正是指德国社区在推动新能源发展上的主要贡献。德国在能源结构上呈现的是一种联邦—州—社区的治理模式。到 2013 年德国共有 700 多个社区，这些社区在新能源发展上采取了具有灵活多变的发展模式。其中，大多数社区是围绕着风能展开，而另一些缺乏风能资源的社区则以太阳能的光伏发电为依托，开展新能源建设。这种将新能源发展建立在社区的发展模式，其优势之一在于将能源的规模化发展转化为一种以中小型能源投资者涉入的发展模式。这种新能源发展模式的优势在于，由于资金投入并不需要过多，能有更多的投资者进入，从而促进新能源的革新发展，有更多的新能源创新的机会，并能结合本区域的特点发展新能源。这使其可再生能源的 50% 为私人所有，2013 年近 2000 万名德国居民的生活环境是由 100% 的可再生能源提供。❸

---

❶　参见张国昀：《德国可再生能源法案（2014 年版）新举措及其对中国发展可再生能源的启示》，载《中外能源》2015 年第 7 期，第 28-33 页。

❷　米兰达·施罗伊尔斯：《德国能源转型及其对新治理形式的需求》，李庆译，载《南京工业大学学报（社会科学版）》2015 年第 2 期，第 12 页。

❸　参见 21 世纪可再生能源政策网络：《可再生能源全球现状报告 2014》，巴黎：REN21，第 27 页。

(二) 政府主导仅是政策方向上的指引

德国是一个典型的联邦主义国家。因此，在能源政策上奉行的是严格的地方能源治理的模式。这一模式的特点在于，作为宪法层面的《联邦德国基本法》只要没有规定或允许的事项，均由州一级政府来管理和执行。换言之，联邦政府的权力仅限于《联邦德国基本法》中明确规定的事项。这一联邦主义的治理结构形成了州在能源政策上具有更大的主动性，而联邦政府在能源法律与政策上，仅能在州一级达成共识的前提下发挥作用，或者仅为一种宣示性的政策表述。无疑，这种政府主导的能源政策模式的优势在于将开展能源行动的权力交给了更具灵活性的地方政府，从而有助于新能源在国内得到一种自下而上的扩散，其根基更为稳定。

(三) 上网电价制度是德国可再生能源发电的优势制度

德国在 2004 年之际，并没有向英国一样，在可再生能源方面，通过可再生能源证书来推动可再生能源发展，而且也没有可再生能源的公开竞价，只是开展了上网电价制度，但这一制度却是德国可再生能源发电的主要推动力，使其在 2004 年的可再生能源发电比 2000 年增加了一倍。❶ 事实证明这一制度是有利于投资者对可再生能源进行投资与创新的。此外，需要指出的是，各区的上网电价制度是存在差异的，德国的上网电价是与政府收入无关的，它是由大众用户自己支付的，而不是来自政府的税收。到 2013 年，可再生能源证书和电力配额义务并没有在德国实行，自愿购买可再生能源电力仍是其主要特色。❷

四、对德国新能源发展的制度性设计的反思

作为一个欧洲国家，德国是最先开始发展新能源的。到目前为止，德国仍是全球新能源发展的领导者。德国新能源发展的路径有其历史必然性，同时，在未来新能源发展道路上，德国也面临着一些更严峻的考验和挑战。

---

❶ 参见 Eric Martinot、21 世纪可再生能源政策网络：《全球可再生能源状况报告》，巴黎，2005年 10 月，第 19、23–24 页。

❷ 参见 21 世纪可再生能源政策网络：《可再生能源全球现状报告 2014》，巴黎：REN21，第 89页。

（一）德国新能源发展路径选择的必然性

德国新能源的发展兴盛，很大程度上是建立在自身对能源转型这一诉求之上。因为这一能源转型目标旨在摆脱对核能及对进口化石能源之依赖，构建起一条以可再生能源为基础的新能源发展道路。然而，对这一能源转型定位的选择，却是德国不得不选择的一条能源之路。这是因为：第一，从能源安全角度来看，德国的能源禀赋决定了其只能选择可再生能源发展。德国是一个富煤、少油、缺气的国家。第一次工业革命时期，正是倚仗着丰富的煤炭资源，德国迅速超越其他国家，成为称霸一方的欧洲强国。然而同样是因为仅有煤炭，德国在两次世界大战中在能源上都输掉了保障供应的能力。❶ 可见，一个建立在以煤为基础的能源安全上，不仅是在战争，更是在其他方面都不能实现德国未来的强国之梦。尽管德国开始之时并未放弃以煤为基础的一系列改进，重视煤炭研发，但却发现这并不是一条可行之路。此外，不建立在煤炭之上，将国家能源安全的未来建立在进口油气方面，则更不能实现国家真正的能源安全，这从俄罗斯与其他天然气过境国的争端，影响到德国能源安全就可知晓。因此，德国意欲实现本国能源安全，就必须建立在国内能源基础上，而可再生能源则成为一种必然选择。

第二，德国国内环境政治力量逐渐强大，为可再生能源发展奠定了自己的政治基础。德国与其他大国在能源政治上的不同之处在于，其环境政治的力量不可小觑。早在 20 世纪 70 年代末，德国环境主义就已在国内形成气候，包括绿党在内的多元政治力量逐渐在德国政治舞台占有了一定席位。而当前执政的德国总理默克尔，早年也曾任德国统一后的环境部部长。因此，其执政理念中环境因素是不可抹掉的。而且，德国积极推动联合国各项环境议题，特别是在联合国气候变化问题上，更是不遗余力，联合国气候变化的办公机构总部就设在德国波恩。这些政治上的倾环境主义的背景，为可再生能源发展奠定了较为理想的政治基础。

第三，历史机缘也促进德国开始专注于可再生能源发展。1979 年美国三里岛核事故使德国开始考虑停止修建大型的核电站，而 1986 年切尔诺贝利核事故则使德国开始制定分阶段淘汰核能的规定，并于 2000 年修订的《能源法》中明确了这一点。尽管如此，国内保守势力仍不肯放弃核能，特别是

---

❶　参见 ［美］ 科尔布著：《天然气革命：页岩气掀起新能源之战》，杨帆译，机械工业出版社 2015 年版，第 6 页。

2010 年政府提出延长核电站的使用年限，到 2034 年实现最后核电站的关闭。然而，2011 年的福岛核事故则彻底改变了德国在核能上的立场，提出到 2022 年提前关闭所有的核电站。正是核能在德国产生的负面影响，最终使德国政府决定抛弃核能，将未来德国能源的希望建立在可再生能源上。

（二）未来德国新能源发展对制度性设计的挑战

德国新能源发展最终选择了可再生能源，那么，也就意味着德国的能源体制必须在可再生能源上提高制度性设计的质量，否则将无退路可循。然而，德国却不得不面临一系列新的挑战。

首先，德国在可再生能源电网和贮能设备方面仍有待制度性设计。在可再生能源方面，德国的政策主要集中在对可再生能源发电的鼓励支持上，例如对可再生能源上网电价的税收优惠与补贴。但是在电网的基础设施建设方面，则缺乏有效地投入。随着可再生能源发电量的激增，未来德国电网改造将是一项较为紧迫的新能源发展任务。此外，可再生能源的贮能问题也变得更为现实，因为可再生能源发电的间歇性，需要存在一个辅助性的持续性能源，例如传统能源仍是其当前发电所不可或缺的。因此，可再生能源若要进一步发展，就需要加强自身贮能建设，逐步摆脱受传统能源束缚的地位。而无论是对电网基础设施的改造，还是对贮能力量的研发，都需要在制度性设计方面予以更多的关注，这是因为前期德国在社区推进的制度性设计无法完全将电网改造与贮能建设纳入，而这很大程度上需要联邦一级的统一协调。因此，在这两方面的制度性设计将是未来德国新能源是否能更进一步发展的关键。

其次，新的欧盟碳排放目标对德国可再生能源提出更高要求。德国是欧盟最大的经济体，尽管其积极主导欧盟在全球气候变化政治上的领先地位，但不可忽视的是，其仍是欧盟最大的碳排放国。相比另一重要的气候变化领导者英国而言，德国的减排任务更任重而道远。由于欧盟内部在碳减排承诺方面实行分享机制，不同的成员国碳减排比例是不一样的，而德国将占到所有成员国的 22% 的减排任务。欧盟在联合国哥本哈根会议之前，已提出 20-20-20 目标，即在 2020 年之前实现碳减排 20%，可再生能源利用 20% 的目标。随着联合国气候变化德班会议的结束，欧盟再次提高了目标，旨在 2050 年之前温室气体减排目标达到 1990 年水平的 85%~95% 的。因此，对德国而言，由于自身对核能的摒弃，实现欧盟温室气体减排所分配的任务，就需要加大对国内可再生能源的利用比例，而德国当前的能源转型正处于一个关键的十字路口，即如何从政府的保护性政策过渡到以市场为基础的可再生能源发展。

再次，德国对传统能源的依赖仍是其新能源发展的束缚。可再生能源利用，特别是在发电方面所具有的间歇性特点，使德国目前无法完全摆脱对传统能源的依赖，特别是天然气。为此，德国提出建立区域化的网络连接，当德国面临可再生能源短缺之时，可以从其他欧洲国家，如丹麦、挪威等国进口这些国家的可再生能源发电，发挥欧洲各国在可再生能源上的比较优势。然而，这一举措并未能从根本上解决德国的能源安全问题。一旦其他国家出现能源波动，必将影响到德国，为此，一方面，德国仍须获得俄罗斯天然气的充足供应；另一方面，国内其他传统能源，特别是煤炭，仍是其最后一步的能源保障。而在可再生能源进口方面，则需要进一步扩大多元化。

最后，德国新能源市场化的步伐受到强有力的抵抗，亟待制度性设计缓和这一矛盾。德国的能源转型已完成了第一步，即将核能淘汰出能源结构中；第二步则步履维艰。因为其要从政府支持型向市场为主型转变，这一过程的关键在于削减政府补贴。从德国国内来看，这一削减过程受到了可再生能源利益相关者的强烈抵触。因此，要实现新能源的市场化转变，就需要将新能源补贴取消，而如何取消，既不会受到可再生能源利益相关者的阻挠，又完成市场转向，将是未来德国新能源制度性设计的出发点。

五、德国新能源制度设计对中国的启示

中国，一定意义上是新能源发展的后起国家。但在新能源发展过程中，却着力最为显著，发展最为迅猛。但这种力量更多地来自政府的大力支持。然而，政府不可能永远处于新能源发展的中心，市场必将代替政府，成为新能源发展的主导。德国在新能源发展方面的成功经验，有力地证明了政府与市场应处于一种什么样的作用和角色才是合理的，为此，德国新能源在立法的制度设计方面，对中国的启示可以解读为以下几点。

第一，开发本国资源是能源安全的根本保障。选择可再生能源作为德国未来能源安全的保障，这表明只有建立在自己能源禀赋基础上的能源发展才是安全的。因此，对于中国而言，尽管可以通过从中亚国家、俄罗斯等国进口天然气，缓解国内能源紧张，但这却无法从根本上保障中国未来的能源安

全。唯有建立在本国基础上的能源发展才是真正的安全。从传统能源观点来看，中国如同德国一样，是一个富煤、少油、缺气的国家。因此，在追求自身能源发展时，中国应积极参考德国能源的发展路径。换言之，在一定意义上，中国在 2010 年后，大力发展新能源产业是一个正确的选择。但是我们也应注意到两国之间的不同点，一方面，中国是一个地域面积更广阔的国家，在能源发展上存在更多的能源差异，因此，简单地照搬德国的发展模式未必能实现真正的能源安全。另一方面，从现有的地质勘查来看，中国并不是一个严格意义上的"少油、缺气"的国家。仅页岩气一项，中国就具有全球第一的储量。❶ 而煤层气，仅山西一省就与美国大致相当。所以，中国更应注重未来能源发展的多样性。

第二，中国应更多地借鉴德国在新能源发展中的制度性设计。在新能源发展中，德国采取的是一种政府主导与社区推进的制度路径。尽管这一路径并没有使人们看到德国新能源已取得完全的成功，但从多年来其可再生能源利用的不断扩大，表明这一制度路径是具有一定积极作用的。特别是其社区推进这一制度的发展，有力地结合了市场和政府两种手段。因此，未来中国新能源发展，不是更多地强调政府主导的问题，而是应更多地考虑社区推进新能源发展这一路径。当前，中国正在向城镇化方向发展，而未来农村和中小型城镇将是中国体制结构中的重要组成部分。如何发挥农村和中小型城镇在新能源发展上的优势，就应很大程度上参考德国在社区推进这一模式的具体制度设计。只有强化新能源发展的灵活性、便捷性，才有可能取得与传统能源相抗衡的市场地位，而单纯的政府主导并不能真正实现新能源内生化的发展。例如，西班牙在政府撤出对可再生能源的支持时，整个可再生能源系统面临着不可避免的崩溃。因此，中国应更加注重地方在结合本地区新能源发展过程中的优势，而形成一个自下而上的发展格局。

第三，中国新能源发展的制度性设计仍应考虑围绕市场展开。在中国新能源发展上须时刻谨慎的是，在认同德国新能源发展上取得成绩的同时，亦

---

❶ 2013 年，美国能源信息署对全球 41 个国家的 137 块页岩层的可开采油气进行了评估，该报告指出，美国可开采的页岩气资源位于世界第四，而前三位分别是中国、阿根廷和阿尔及利亚。See U. S. Energy Information Administration, *Technically Recoverable Shale Oil and Shale Gas Resources: An Assessment of 137 Shale Formations in 41 Countries Outside the United States*, Washington DC: U. S. EIA, 2013, p. 10。另据中国国土资源部 2012 年发布的《全国页岩气资源潜力调查评价及有利区优选出成果》，全国页岩气可采资源潜力为 25.08 万亿立方米。尽管此数字低于美国的研究统计，但仍牢牢排在全球第一。参见王少勇：《我国页岩气可采资源潜力为 25 万亿方》，载《中国国土资源报》2012 年 3 月 2 日第 001 版。

不应忘记其在发展上的不足与挑战。因为德国新能源发展仍是一个正在进行的事件，它的成功只是体现在这一时期，并且仍存在着诸多需要在未来解决的问题。对此，可以发现德国在政府主导下，仍存在着一个如何围绕市场运作的问题。比如基础设施建设、新能源定价以及补贴等问题，特别是随着可再生能源利益集团在德国州一级形成之后，要求扩大可再生能源比例的呼声已转变为州际之间的一种协调，德国式的"弃风"问题有可能进一步上演。❶因此，在未来中国新能源制度性设计方面，我们的主要任务应是考虑如何实现新能源的市场化发展，如何用市场的制度性设计来解决新能源发展的补贴、定价等相关问题。

---

❶ 参见［德］多尔特·欧豪斯特：《德国能源转型：民主与和谐维度下的多重管治》，王聪聪译，载《南京工业大学学（社会科学版）》2015年第2期，第19—25页。

第六章

美国的碳捕获与封存制度

前　言

全球变暖是我们面临的巨大挑战，[❶] 其根本原因是温室气体特别是二氧化碳的过量排放。[❷] 因此，减排温室气体就成为世界各国的紧迫而严峻的共同任务。从长远来看，减少二氧化碳排放的最直接也是最理想的途径是发展新能源和可再生能源，以代替化石燃料，从源头上减少二氧化碳的排放量。[❸] 然

---

❶　从国际层面而言，政府间气候变化专门委员会发布的《第五次评估报告》指出：全球气候变暖带来的挑战包括：气温升高、冰川融化、海平面上升、海洋酸化、极端气候如高温、干旱、台风和洪水将更加频繁且持续时间更长，全球也将面临巨大的粮食安全风险和疾病增加。参见政府间气候变化专门委员会：《政府间气候变化专门委员会第五次评估报告——气候变化 2014 综合报告》，http：//www.ipcc.ch/pdf/assessment-report/ar5/syr/SYR_ AR5_ LONGERREPORT_ Corr2.pdf（最后访问日期：2017-03-31）。从国家层面而言，气候变化对中国的国家核心利益造成的影响亦是剧烈的，这不仅包括了领土完整和国家主权，而且包括了国家安全和经济可持续发展等方面。参见吕江、梁晓菲：《国家核心利益与气候变化立法：在原则与规范之间》，载《吉首大学学报（社科版）》2014 年第 4 期，第 34-40 页。

❷　自工业革命以来，人类向大气中排放的二氧化碳成为全球变暖的主要原因。参见政府间气候变化专门委员会：《政府间气候变化专门委员会第五次评估报告——气候变化 2014 综合报告》，http：//www.ipcc.ch/pdf/assessment-report/ar5/syr/SYR_ AR5_ LONGERREPORT_ Corr2.pdf（最后访问日期：2017-03-31）。

❸　所有的化石燃料都是由碳氢化合物组成的，所以燃烧时均会释放二氧化碳。人为二氧化碳排放的主要来源是能源生产和交通运输的化石燃料燃烧。化石燃料可分为气体燃料（如天然气）、液体燃料（如石油）、固体燃料（如煤炭）。其中煤炭、石油、天然气使用的最为广泛，也是二氧化碳的主要来源。煤炭是一种混合物，有机质元素主要是碳，其次是氢，还有氧、氮和硫等。由于含碳量非常丰富，煤炭的燃烧会排放大量的二氧化碳。我国煤炭燃料排放的二氧化碳量占矿物燃料排放二氧化碳量的八成以上，占中国温室气体总量的一半多，充分说明了煤炭燃烧在温室气体和二氧化碳排放中的显著地位。参见李志平：《化石燃料——二氧化碳排放的元凶》，载《生命世界》2009 年第 2 期，第 14-15 页。

而，新能源和可再生能源的发展不可能一蹴而就，且风能、太阳能等可再生能源由于其本身特质的局限性，短时期内在数量上无法代替化石燃料，也无法满足人类的需求。❶ 因此，在相当长的时期内，仍然需要以煤炭等化石燃料为主要能源，可再生能源在短时期内的减排贡献有限。

碳捕获与封存技术，是一种将化石燃料中的碳"捕捉"并将其深埋于地下的一种技术，它具有减少二氧化碳排放和降低空气中二氧化碳浓度的潜力，并能使人们在未来继续使用煤炭和其他化石燃料。作为一种针对化石燃料发电的二氧化碳减排的方法，碳捕获与封存为较短时间内大规模减少二氧化碳的排放提供了一种可能的战略性技术选择，是一种短时期内实现温室气体减排的有效途径。然而，这一技术在减排的同时却存在着高风险、高成本等问题，因此，包括中国在内的世界各国都希冀通过立法的方式解决这些问题。

美国早在 20 世纪 80 年代就开始了碳捕获与封存的技术研发，在全球碳捕获与封存技术方面处于领先地位，更需要指出的是，该技术的商业化和环境风险规避的立法则紧随其后，并已形成相对成熟的法律制度。

中国是一个能源禀赋以煤炭为主的国家，这就造成中国的温室气体减排十分困难。而碳捕获与封存技术却具有能使煤炭资源既被继续利用，又能减少温室气体排放的优势，这对于中国而言无疑具有特别重要的意义。特别是，2013 年 4 月，国家发改委正式下发了《关于推动碳捕集、利用和封存试验示范的通知》，提出加强对碳捕集、利用和封存在我国的风险与安全评估的政策取向；要求尽快制定碳捕获与封存的技术路线图，出台与其相关的制度激励机制。❷ 2013 年 10 月，环保部下发《关于加强碳捕集、利用和封存试验示范项目环境保护工作的通知》，对碳捕获与封存的环境保护提出要求。❸ 由此可见，中国亟待将碳捕获与封存法律制度纳入国家规制范畴内，以便尽早完成

---

❶ 风能、太阳能存在供应波动问题，总是不断地随着季节、气候、温差，甚至地域的不同，而波动性地提供能源，具有间歇性和不稳定性。煤炭作为中国主体能源的地位在短期内难以改变，燃煤发电厂的发电成本约为太阳能和风能的一半。如果使用更多的风能、太阳能等可再生能源替代燃煤发电，将会导致发电成本过高。"目前，煤炭在全球一次能源消费中的比重约为 27%，石油为 33%，天然气为 21%，化石能源合计为 81%。而包括水电、核电、风能、太阳能、生物质能在内的非化石能源等仅占 19%。"参见李毅中：《2020 年中国石油对外依存度将达 69%》，http://finance.sina.com.cn/chanjing/cyxw/20130630/082315964770.shtml（最后访问日期：2017-03-31）。

❷ 参见国家发改委：《关于推动碳捕集、利用和封存试验示范的通知》，发改委网站，http://qhs.ndrc.gov.cn/zcfg/201305/t20130509_ 540621.html（最后访问日期：2011-03-31）。

❸ 参见环境保护部：《关于加强碳捕集、利用和封存试验示范项目环境保护工作的通知》，环境保护部网站，http://www.mep.gov.cn/gkml/hbb/bgt/201311/t20131104_ 262804.htm（最后访问日期：2017-03-31）。

碳捕获与封存技术的商业化运作。

那么，美国碳捕获与封存法律制度的经验能否运用到我国碳捕获与封存法律制度的发展路径之上？美国作为发达国家，其在法律及相关规定的制定上有一定的优势，这是否意味着其立法一定适合于中国？这就需要对美国碳捕获与封存立法的规定进行研究和梳理，审慎借鉴美国碳捕获与封存立法的经验和教训，以便我国在碳捕获与封存技术方面全面而稳妥地推进，特别是建立起科学合理的碳捕获与封存法律制度，从而提高我国应对气候变化、减少温室气体排放的能力。

一、美国碳捕获与封存立法的历史沿革

（一）美国能源发展现状和碳捕获与封存的立法背景

美国是世界上能源最为富庶的国家。其煤炭储量居于世界第一，而其每年的煤炭产量也排在世界各国的前列。美国是世界上最早从事油气生产的国家。1821 年美国就开始了天然气的商业化生产。但限于技术条件和运输设备的匮乏，在"二战"前，美国的天然气生产并未在全国铺开，直到"二战"后，随着技术突破和管道运输能力的增强，美国的天然气使用量才开始激增。1859 年，美国最先开始石油的商业化生产。尽管当时的石油生产并不像今天一样，被作为重要的运输燃料来使用，而是作为照明灯的燃料，其适用范围有一定局限，但即便如此，美国仍是当时世界上最大的石油生产国。而柴油机和内燃机的发明，使石油有了更广泛的用途，美国的石油开采急剧增加，到第二次世界大战之时，美国都是全球最大的石油生产国。因此，"二战"后，美国一度一直认为自己有充足的能源资源。然而，20 世纪 60 年代末，美国油气资源出现供不应求的势头，特别是 1973—1974 年的石油禁运敲响了美国能源危机的警钟，美国自此进入一个能源安全面临严峻挑战的时代。

从尼克松总统开始，美国政府均将美国能源独立作为国家的重要方针战略。但是历届美国政府并没有完全处理好能源独立问题，直到里根政府执政后，对能源领域采取了自由主义的放任态度，美国国内能源市场出现一度繁荣，但仅是一定程度缓解了美国的能源安全问题，并没有从根本上解决。而之后的老布什、克林顿时期，都延续了美国之前的传统能源政策。"9·11"恐惧事件后，小布什加强了美国对获取海外能源的保障，并制定相关能源政策法律，加强国内能源建设，但其能源政策却受到支持环保的国内人士的不

满，认为其对传统能源的大规模开发损害了美国环境。奥巴马上台之后，立志改变美国传统能源政策，将能源政策的重点放在了可再生能源上，凭借2008年金融危机，大力发展国内可再生能源。然而，改变美国能源现状的却不是可再生能源，2009年美国国内页岩气产量进入一个井喷时代，美国于2009年成为全球最大的天然气生产国，2014年则一跃超过沙特，成为全球最大的石油生产国。无疑，这一变化对美国可再生能源生产带来了新的挑战，对可再生能源的投资是否能继续下去，仍是一个拭目以待的问题。但是，在任期内的最后时间奥巴马并没有放弃机会，美国政府最终于2014年通过了《电力清洁计划》，力图实现美国的清洁能源未来。

2014年《BP世界能源统计年鉴》显示，2013年年底美国的煤炭储量为2372.95亿吨，占世界储量的26.6%，是世界上煤炭储存量最大的国家；天然气储量为9.3万亿立方米，占世界储量的5.0%；石油储量为442亿桶，占世界储量的2.6%；从消费量来看，2013年美国煤炭、石油、天然气的消费量分别是455.7百万吨油当量、831百万吨、671百万吨油当量，2013年美国核能的消费量为187.9百万吨油当量，水电消费量为61.5百万吨油当量，其他可再生能源消费量58.6百万吨油当量。❶ 由此可见，美国的主要能源是煤炭、石油、天然气等化石能源，特别是储量丰富的煤炭，自2000年起，美国电量约一半以上来自煤电，且自2006年起，煤炭消费量的90%以上用于发电。❷化石燃料是温室气体排放的元凶，是造成全球变暖的最主要原因。为了应对气候变化这一严峻挑战，从二氧化碳减排的角度来考虑，美国在加重可再生能源比例以减少化石能源使用的同时，已将碳捕获与封存技术作为重点技术来研发。

碳捕获与封存技术具有极高的战略价值，既能继续使用煤炭等化石燃料，又能减少温室气体排放，并且，碳捕获与封存技术的研发、推广和应用能够为美国创造大量的就业机会，捕获的二氧化碳可用于提高石油采收率，而且在碳捕获与封存上的技术优势能够提高美国应对气候变化和能源危机的能力。因此，美国对碳捕获与封存技术采取积极推动的态度，美国制定的相关法律政策大都体现出积极研发、推广、加快商业化运作的趋势，除此之外，也重点考虑到了碳捕获与封存技术的应用对相关环境产生的影响、二氧化碳在注入和封存阶段的风险管理、场地监测以及补救措施等问题。美国政府针对碳

---

❶ See BP Group, *BP Statistical Review of World Energy*, London：BP, June 2014, pp.6-38.
❷ 参见胡德胜著：《美国能源法律与政策》，郑州大学出版社2010年版，第95页。

捕获与封存技术开展了大量的研发工作，碳捕获与封存法律制度也已相对成熟，但这一切并不是一蹴而就的。梳理美国碳捕获与封存立法的历史发展，总结碳捕获与封存立法发展过程中的成功经验，对研究和完善现有法律以及制定新的法律都具有十分重要的意义。

（二）美国碳捕获与封存立法的历史进程

美国对碳捕获与封存的立法主要分为以下两个时期：

1. 2005—2008 年：小布什政府对气候变化政策的调整时期

2001 年 3 月，小布什宣布美国拒绝接受《京都议定书》，这使得美国的国际气候政策陷入了停滞甚至是倒退的状态。[1] 但是，这并不代表小布什政府不重视气候变化问题，随着全球气候问题的日益严重，美国自身也面临着温室气体减排的巨大压力，碳捕获与封存技术作为温室气体减排的重要技术手段，受到美国的高度重视，在美国气候政策的讨论中，碳捕获与封存也成为一个十分重要的要素。所以，尽管美国在国际气候变化谈判中裹足不前，但对待碳捕获与封存技术却是比较积极的。

美国国会第 109 次会议上通过了《2005 年能源政策法》（The Energy Policy Act of 2005），该法案详细规定了美国政府在未来将会采取的各种能源措施，包括能源利用效率、可再生能源、节能技术的研究和利用、能源政策税激励以及气候变化等方面。《2005 能源政策法》重视碳捕获技术的研发，在化石能源一章中对碳捕获研究与发展计划进行了详细的规定，第 963 条第一款规定要进行为期 10 年的碳捕获研究与发展计划，以发展二氧化碳捕获技术在以燃烧为基础的系统中的使用，第三款规定将第 961 条第二款规定的开展化石能源研究、开发、示范和商业应用活动的金额的一部分用于进行碳捕获研究与发展计划。[2] 在《2005 年能源政策法》中规定了"碳捕获"的相关内容，尽管所占内容较少，也仅是对碳捕获技术的研究与发展计划进行了规定，但是从提供资金以进行碳捕获的研究发展计划这一点，仍能体现出美国政府已经开始重视碳捕获与封存技术，这为美国之后制定碳捕获与封存的相关法律政策奠定了基础。

2006 年 9 月，美国公布了美国气候变化技术计划（Climate Change Tech-

---

[1] 参见赵庆寺著：《美国能源法律政策与能源安全》，北京大学出版社 2012 年版，第 164 页。

[2] See *The Energy Policy Act of 2005*, http://energy.gov/sites/prod/files/2013/10/f3/epact_2005.pdf (last visited on 2017-03-31).

nology Program，CCTP），在该计划中详细描述了一个全面的气候变化战略，包括开展短期行动以减少温室气体排放，推进气候科学以及促进国际合作。碳捕获、存储和封存技术已经成为美国气候变化技术计划的一个优先级的研发重点，因为它们有潜力减少大气中的二氧化碳排放量，并可以在未来继续使用煤炭和其他化石燃料；近期研发的问题，包括优化陆地生态系统中碳封存和管理的技术和实践，加快二氧化碳捕获和地质封存技术的开发以提高石油采收率（EOR）。❶

2007 年《能源部碳捕获与封存研究、开发和示范法》（Department of Energy Carbon Capture and Storage Research，Development，and Demonstration Act of 2007）修订了《2005 年能源政策法》，重新授权和完善能源部碳捕获与封存的研究、开发和示范项目；开展基础科学和工程研究，开发和记录新的方法来捕获和封存二氧化碳；能源部部长颁布政策、程序、要求和指导原则，以确保本节中由能源部资助的碳捕获与封存大规模测试和部署活动的目标得以实现。❷

2007 年美国正式通过《2007 年能源自主和安全法》（The Energy Independence and Security Act of 2007），标志着美国新能源法案的诞生。美国《2007 年能源自主和安全法》由 16 个部分组成，第七部分为碳捕获与封存专章，提出扩大碳捕获与封存技术的研发，对《2005 年能源政策法》第 963 条（碳捕获研究与发展计划）进行了修改，同时对碳捕获与封存的研究、开发和示范，地质封存培训和研究，碳捕获与封存评估和框架等部分进行了详细的规定。❸ 在"扩大碳捕获与封存技术的研究、开发和示范"部分中规定，美国能源部将加大对碳捕获与封存技术的研究与开发，充分利用美国国家科学院和高校的力量，同时，由内政部进行二氧化碳地质封存的国家潜力评估，建立碳捕获与封存的评估与框架。❹ 可以认为，由于《2007 年能源自主和安全法》的制定，将在碳捕获与封存技术研发计划中的重点和经费转向了大规

---

❶ See DOE, *U. S. Climate Change Technology Program Strategic Plan*，2006：114. http://www.climatechnology.gov/stratplan/final/CCTP-StratPlan-Sep-2006.pdf（last visited on 2017-03-31）.

❷ See *Text*：*S. 962—110th Congress（2007-2008）*，http://beta.congress.gov/bill/110th-congress/senate-bill/962/text（last visited on 2017-03-31）.

❸ See *The Energy Independence and Security Act of 2007*，http://www.gpo.gov/fdsys/pkg/BILLS-110hr6enr/pdf/BILLS-110hr6enr.pdf（last visited on 2017-03-31）.

❹ 参见吕江著：《气候变化与能源转型：一种法律的语境范式》，法律出版社 2013 年版，第 162页。

模的捕捉技术的发展。[1]

2008 年美国国会启动了《碳捕获与封存早期部署法案》（Carbon Capture and Storage Early Deployment Act）的起草，规定要加快捕获和封存来自化石燃料、发电设施或其他目的排放的二氧化碳的系统开发和早期部署；对碳封存研究公司的建立、终止、管理等内容作了详细规定；加快研究二氧化碳捕获与封存技术和方法的商业示范及可用性。[2]

《2008 年碳减排技术桥梁法》（Carbon Reduction Technology Bridge Act of 2008）对二氧化碳的捕集、运输和封存设备的安装以及二氧化碳的封存等项目进行税收抵免，目的在于鼓励企业对碳捕获与封存技术的投资与研发。[3]

2. 2009 年至今：奥巴马执政时期

奥巴马政府重视环境的保护，提出要加强温室气体减排。为了建立良好的国际形象，重塑美国在气候变化谈判中的领导地位，奥巴马政府在气候政策上采取了一些积极的措施。碳捕获与封存技术作为温室气体减排的重要技术手段，自然受到了美国的高度重视。

2009 年 2 月 17 日，美国国会通过了《2009 年美国复苏及再投资法》（American Recovery and Reinvestment Act of 2009），对碳捕获与封存技术的研发和示范进行财政拨款，以促进和支持联邦碳捕获与封存技术研发和示范项目活动的开展，规定向工业碳捕获与封存技术提供 34 亿美元的研发资金，扩大和加速商业碳捕获与封存项目的部署力度。[4]

2009 年 6 月 26 日，美国众议院通过了《2009 年美国清洁能源与安全法案》（American Clean Energy and Security Act of 2009），该法案重视碳捕获与封存技术，在第一章清洁能源中对碳捕获与封存进行了规定。该法案规定环境保护署将出台碳捕获与封存监管条例，防止地下存储的二氧化碳泄漏；授权一家碳储存研究公司开发并示范新的碳捕获与封存技术；2009 年到 2015 年新

---

[1] See Congressional Research Service, *Carbon Capture and Sequestration: Research, Development, and Demonstration at the U. S. Department of Energy*, http://www.fas.org/sgp/crs/misc/R42496.pdf (last visited on 2017-03-31).

[2] See *Text: H. R. 6258—110th Congress (2007 - 2008)*, http://beta.congress.gov/bill/110th-congress/house-bill/6258/text (last visited on 2017-03-31).

[3] See *H. R. 6756 - Carbon Reduction Technology Bridge Act of 2008*, https://www.congress.gov/bill/110th-congress/house-bill/6756/text?q = %7B%22search%22%3A%5B%22Carbon+Reducyion+Technology+Bridge+Act+of+2008%22%5D%7D (last visited on 2017-03-31).

[4] See *American Recovery and Reinvestment Act of 2009*, http://www.gpo.gov/fdsys/pkg/BILLS-111hr1enr/pdf/BILLS-111hr1enr.pdf (last visited on 2017-03-31).

建的电厂必须采用碳捕获与封存技术。❶ 提倡并支持碳捕获与封存技术的商业化应用，对碳捕获与封存示范和早期部署计划以及商业部署等内容做出了详细的规定，并在《清洁空气法案》中增加新的规定，确定了协调认证和许可程序，要求环境保护署署长建立一个协调方式来认证和许可地质封存。❷

《2011年美国能源部碳捕获与封存规划修正案》（Department of Energy Carbon Capture and Sequestration Program Amendments Act of 2011）修订了《2005年能源政策法》和《2007年能源自主和安全法》，除了规定要为大型碳捕获与封存示范项目提供财政和技术援助，加快碳捕获与封存技术的商业市场的可用性之外，更主要的是强调了运营商的监测和补救责任，规定对二氧化碳封存场地进行长期监测，并采取补救措施，以保证封存场地的地质完整性和防止对公众健康和安全造成任何危害。❸

《2011年二氧化碳捕集技术奖励法案》（Carbon Dioxide Capture Technology Prize Act of 2011）鼓励直接从空气中捕捉二氧化碳技术的发展和实施，为发展和实施减少大气中二氧化碳的技术建立一个经济奖励系统。❹ 该法案重视对技术创新和应用的奖励，而非惩罚，能够鼓励碳捕获与封存技术的创新和应用。

《2014年碳捕获与封存部署法案》（Carbon Capture and Sequestration Deployment Act of 2014）要求能源部对现有程序进行年度评估，支持碳捕获与封存技术，直到碳捕获与封存技术的商业化。修订国内税收法典，对二氧化碳封存进行税收抵免；修订《2005年能源政策法》，授权能源部进行贷款担保（金额不超过200亿美元）；为运输二氧化碳到封存场地建设管道，封存场地的二氧化碳将被用于油气开采；扩大符合条件的先进的煤炭项目投资的税收抵免，包括建设和改造这些设施的成本增加额。❺ 该法案重点强调的是对碳捕获与封存的税收激励政策，有助于推动对碳捕获与封存技术的应用。

---

❶　See Natural Resources Defense Council, *Analysis of H. R. 2454, the American Clean Energy and Security Act (ACES)*, http://www.nrdc.org/globalwarming/files/ACESLegFS.pdf (last visited on 2017-03-31).

❷　See *American Clean Energy and Security Act of 2009*, http://www.gpo.gov/fdsys/pkg/BILLS-111hr2454pcs/pdf/BILLS-111hr2454pcs.pdf (last visited on 2017-03-31).

❸　See *S. 699-Department of Energy Carbon Capture and Sequestration Program Amendments Act of 2011*, http://beta.congress.gov/112/bills/s699/BILLS-112s699is.pdf (last visited on 2017-03-31).

❹　See *S. 757-Carbon Dioxide Capture Technology Prize Act of 2011*, http://beta.congress.gov/112/bills/s757/BILLS-112s757rs.pdf (last visited on 2017-03-31).

❺　See *S. 2287-Carbon Capture and Sequestration Deployment Act of 2014*, https://www.congress.gov/113/bills/s2287/BILLS-113s2287is.pdf (last visited on 2017-03-31).

《2014 年通过提高石油采收率扩大碳捕获法案》（Expanding Carbon Capture through Enhanced Oil Recovery Act of 2014），修订了国内税收法典，以扩大现有的税收优惠，鼓励对二氧化碳的捕获、利用和封存；通过对二氧化碳的捕获、压缩和传输来减少二氧化碳的成本增加；加速部署和发展二氧化碳的捕捉技术；利用捕获的二氧化碳扩大采油生产，以显著增加国内石油；联邦政府在合理的时间内，通过合格的强化油气开采项目增加税收和特许权使用费的收取，来产生收入的净增长。❶

二、美国碳捕获与封存的立法内容及其特点

（一）美国碳捕获与封存立法及其他相关规定

作为以化石燃料为主要能源的国家，美国为了应对气候变化和保障能源安全，对碳捕获与封存技术给予了足够的重视，不仅对碳捕获与封存技术的研发进行了大量投资，而且对碳捕获与封存的相关问题进行了法律规制。

1. 《2007 年能源自主和安全法》❷

美国《2007 年能源自主和安全法》第七部分为碳捕获与封存专章，提出扩大碳捕获与封存技术的研发，对《2005 年能源政策法》第 963 条（碳捕获研究与发展计划）进行了修改，同时对碳捕获与封存的研究、开发和示范，地质封存的研究，碳捕获与封存评估和框架等部分进行了详细的规定。

（1）碳捕获与封存技术的研究、开发和示范

能源部部长应当开展基础科学和工程研究（包括实验室规模实验，数字建模和模拟），制定和记录捕获、封存或者利用二氧化碳导致的二氧化碳排放总量减少的新方法。能源部部长应确保基础研究能够适当地应用于能源技术的开发活动、碳封存的现场测试和碳利用活动，包括：对二氧化碳的捕获和封存的新技术或先进技术的开发，对降低成本、增加封存二氧化碳需要的先进的压缩效果的新技术或先进技术的开发，对地质封存现场示范进行建模与模拟，对有关特定场地的封存技术测试的风险定量评估，对二氧化碳的回收

---

❶ See S. 2288-Expanding Carbon Capture through Enhanced Oil Recovery Act of 2014, https://www.congress.gov/113/bills/s2288/BILLS-113s2288is.pdf（last visited on 2017-03-31）.

❷ See H. R. 6-Energy Independence and Security Act of 2007, https://www.congress.gov/bill/110th-congress/house-bill/6/text?q=%7B%22search%22%3A%5B%22The+Energy+Independence+and+Security+Act+of+2007%22%5D%7D（last visited to 2017-03-31）.

和再利用的新技术或先进技术的研究和开发以及对从空气中分离氧气的新技术和先进技术的研究和开发。（SEC.702）

对封存场地进行验证与测试活动。能源部部长应当促进区域碳封存合作，对涉及二氧化碳注入和监测，减缓和验证操作的各种候选地质环境进行地质封存测试，包括运营的石油和天然气田、枯竭的石油和天然气田、深咸水层、不可开采的煤层等。测试的目标应当是：监测、预测并验证二氧化碳的储存容量；对地质构造的验证建模；评估，并确保相关的二氧化碳地质封存操作的安全；允许能源部部长颁布政策、程序、要求和指导，以确保本项的目标能够满足由美国能源部资助的碳捕获与封存大规模的测试和部署活动；将这些信息提供给各州、环境保护署以及其他适当的实体，以支持确保保护人类健康和环境的商业规模封存运营的监管框架的发展。能源部应当对以上活动进行审查，并对这些活动的后续提出建议。从 2008 年到 2012 年，每年可以为本条规定的活动拨款 2.4 亿美元。（SEC.702）

能源部部长应当进行一个项目，以展示来自工业来源的二氧化碳的大规模捕获技术。部长应当对工业来源二氧化碳进行大规模捕获（包括净化和压缩），提供用于运输和注入的二氧化碳并对一个全面的测量、监控和验证程序进行奖励。对于碳捕获与封存项目中将要被封存的二氧化碳，该二氧化碳流体应当有足够的纯度，以允许安全运输和封存。（SEC.703）

对大规模项目的审查。从 2011 年开始，能源部应当与美国国家科学院合作，针对大规模的碳捕获与封存项目进行独立的审查和监督，确保这些项目的效益最大化。不迟于 2012 年 1 月 1 日，能源部部长应当向国会提交这些审查和监督结果的报告。（SEC.704）

地质封存的研究。要求能源部部长安排美国国家科学院进行一项研究，开发地质、工程、水文、环境科学和相关学科的跨学科计划，以支持国家捕获和封存人为来源的二氧化碳的能力。（SEC.705）

运营商在进行二氧化碳的注入和地质封存活动时，要注重对地下饮用水资源的保护。（SEC.706）

环境保护署署长应当进行一个研究项目，以解决公共健康、安全以及可能与在地质储层中的二氧化碳的捕获、注入与封存相关的环境影响，并为该项目提供财政拨款。（SEC.707）

（2）碳捕获与封存评估和框架

内政部进行二氧化碳地质封存的国家潜力评估。评估完成后 180 天内，内政部部长应当向参议院能源和自然资源委员会和众议院自然资源委员会提交一份描述评估结果的报告；国家潜力评估应当定期更新（至少每 5 年），以支持公共和私营部门的决策。（SEC. 711）

本法颁布之日起 1 年内，内政部部长应当向众议院自然资源委员会、参议院能源和自然资源委员会提交一份关于在公共土地上管理地质碳封存活动的建议框架的报告，在准备报告时，内政部部长应与美国环境保护署署长、能源部部长和其他有关机构的负责人协调；要注重保护公共土地上地质封存场地的自然和文化资源的质量。内政部长应确保本条中的建议符合所有的联邦环境法律。（SEC. 714）

2. 《2009 年美国清洁能源与安全法案》 ●

《2009 年美国清洁能源与安全法案》在第一章清洁能源中对碳捕获与封存进行了规定，包括地质封存场地的规定、碳捕获与封存示范和早期部署计划、碳捕获与封存技术商业部署以及燃煤发电厂的性能标准。该法案要求环境保护署署长、能源部部长、内政部部长和其他相关的联邦机构的负责人协商，向国会提交一份统一的、全面的战略报告，以解决碳捕获与封存技术的商业规模部署的主要法律、法规及其他的障碍。

（1）地质封存场地的规定

《2009 年美国清洁能源与安全法案》修订了《清洁空气法案》，确定了协调认证和许可程序。规定环境保护署署长应当建立一个协调方式来认证和许可地质封存，同时要考虑到所有相关的法定机构。修订了《安全饮用水法案》，要求环境保护署署长颁布二氧化碳地质封存井法规，法规应当包括保障应急和补救反应、注入井封堵、场地关闭以及注入后场地护理的财务责任的证据，在切实可行的范围内，减少对认证机构和实施机构的负担。（SEC. 112）

环境保护署署长应当颁布法规，通过将注入地质封存中的二氧化碳泄漏到大气中的风险最小化，来保护人类健康和环境。该规定应包括：获得地质封存认证的程序；对二氧化碳的注入和排放以及二氧化碳从地质封存场地泄漏的情况进行监测和记录；公众参与认证过程，最大限度地提高透明度；各州、印第安部落和环境保护署之间的数据共享；能达到保护人类健康和环境

● See *H. R. 2454-American Clean Energy and Security Act of 2009*, https://www.congress.gov/bill/111th-congress/house-bill/2454/text/7592?q={%22search%22：[%22American%20Clean%20Energy%20and%20Security%20Act%20of%202009%22]}（last visited on 2017-03-31）.

这一目的的其他保障措施。不迟于法规颁布后的两年，且每隔三年，环境保护署署长应当提交给能源委员会、众议院商务部、参议院环境和公共工程委员会以及有关范围内的北美的其他国家一份关于美国地质封存的报告，该报告应当包括：关于运营的和关闭的地质封存场地（包括那些提高油气采收率作业发生的场地）中注入以及排放到大气中的二氧化碳的相关数据，有关联邦环境的规定和确保对环境保护地质封存实践的程序性能的评估以及怎样改进这些程序和法规或使之更有效的建议。（SEC. 112）

修订了《安全饮用水法案》，在第 1421 条增加二氧化碳地质封存井的财务责任的规定，包括维持财务责任的证据要求。根据环境保护署署长颁布的规定，以下方法中的任意一个或任意组合，可以为二氧化碳地质封存井建立财务责任。方法包括：保险，担保，信托，保证金，信用证，自我保险的方式，或令署长满意的任何其他方法。（SEC. 112）

（2）地质封存场地法律框架的研究

成立一个工作小组，对以下问题进行研究：适用于二氧化碳地质封存场地的现行的联邦环境法规、州环境法规和州的普通法，包括这些法律作为风险管理工具的能力；适用于二氧化碳注入已被用于提高油气采收率的关闭的场地给环境或公共安全造成的伤害和损害的现有的法律框架，包括联邦和各州的法律；联邦、州或私人部门对关闭的地质封存场地的负债和财务责任的潜在的金融影响的法定框架；可以管理来自关闭的地质封存场地的环境、健康和安全风险的私人部门的机构，包括保险机构和担保机构；与二氧化碳地质封存相关的地下矿权、水权或财产权问题，包括具体的联邦土地问题。在工作小组成立后的 18 个月内，要向国会提交研究结果的报告。（SEC. 113）

环境保护署署长应当进行一项研究，探讨如何以及在什么情况下，美国环境保护署的环境法规的责任规定将适用于二氧化碳的注入和地质封存活动。法规颁布之日起 1 年内，环境保护署署长要向国会提交研究结果的报告。（SEC. 113）

（3）碳捕获与封存示范和早期部署计划

授权一家碳储存研究公司建立并管理一个碳捕获与封存项目，以加快二氧化碳捕获与封存的技术和方法的商业可用性的开发和示范，并向符合条件的机构提供财政援助。碳储存研究公司应当搜集关于配电公司所有的直接输送到零售消费者的以化石燃料为基础的电的评估。要求能源部发行一个规则，以确定美国的每个配电公司直接送到零售消费者的以化石燃料为基础的电的

等级和类型。（SEC. 114）

（4）碳捕获与封存技术的商业部署

修订了《清洁空气法案》，在第七部分第 785 条之后增加第 786 条（碳捕获与封存技术的商业部署）。本条规定了碳捕获与封存项目的所有者或运营商获得排放配额的资格条件。首先，该项目必须实施碳捕获与封存技术，包含一个发电单元（具有 200 兆瓦或更大的额定功率；在改进应用的情况下，适用碳捕获与封存技术；源自煤炭、石油焦，或这两种燃料的任何组合的燃料至少要达到总燃料比例的 50%；实行碳捕获与封存技术，将实现一个排放限制，即产生的二氧化碳排放量至少减少 50%）或一个工业排放源（没有应用碳捕获与封存技术，每年将排放超过 5 万吨的二氧化碳；实施碳捕获与封存技术，将实现一个排放限制，即产生的二氧化碳排放量至少减少 50%）；其次，地质封存二氧化碳的场地，要满足所有适用地质封存的许可和认证要求，或者，环境保护署署长可以通过监管规定等要求，将捕获的二氧化碳转换成一个稳定的形式，使之能够安全、永久地被封存；再次，该项目要满足其他所有适用的州、部落和联邦政府的许可要求；最后，该项目应当位于美国。除此之外，该法还要求环境保护署署长为以吨计的碳捕获与封存设施提供奖金津贴，二氧化碳的捕获比例不同奖金也不同，从最低的 50% 的捕获比例每吨 50 美元到最高的 85% 的捕获比例每吨 90 美元。通过这些奖励性的规定，能够积极推动企业应用碳捕获与封存技术，以便早日实现商业化运作。（SEC. 115）

（5）燃煤发电厂的性能标准

修订《清洁空气法案》，在第 811 条之后增加第 812 条（燃煤发电厂的性能标准）。2009 年到 2015 年被批准修建的燃煤发电厂必须采用碳捕获与封存技术。要求燃煤发电厂达到新的二氧化碳排放执行标准，燃煤发电厂如果要在 2020 年 1 月 1 日之后获得大气污染许可证，必须实现二氧化碳排放量减少65%；在 2009 年 1 月 1 日到 2020 年 1 月 1 日之前获得许可证的，要实现二氧化碳排放量减少 50%。这一标准适用于 2009 年 1 月 1 日之后被批准的燃煤发电厂，要求煤炭或石油至少要达到这些燃煤发电厂燃料比例的 30%。环境保护署署长每半年报告一次美国碳捕获与封存技术商业运行设备单位的额定功率。（SEC. 116）

3.《2011 年美国能源部碳捕获与封存规划修正案》❶

《2011 年美国能源部碳捕获与封存规划修正案》修订了《2005 年能源政策法》，规定为符合条件的大型示范项目提供财政和技术援助，并对项目的选择、场地的关闭和监测等内容进行了规定。除了规定运营商要对二氧化碳封存场地进行长期监测并采取补救措施，以保证封存场地的地质完整性和防止对公众健康和安全造成任何危害之外，还规定了封存项目所有权转移的问题。

在项目的选择方面，部长应当根据申请人提供的信息来选择更有竞争力的申请人。申请人应当给部长提供足够的地质封存场地的信息，证明所提出的地质封存场地能够长期封存注入其中的二氧化碳。这些信息包括：地质封存单元的位置、范围以及可注入的二氧化碳的容量；地质封存单元拥有注入二氧化碳的能力；测量、监测并验证注入与封存二氧化碳所需的要求，以确保在二氧化碳地质封存过程中和在注入二氧化碳后的运营过程中有充分的信息；运营商拥有土地或土地所需要的全部利益；在建议的地质封存单元进行二氧化碳的注入和储存；针对地质封存单元的关闭、监测和长期管理制定的相关计划；拥有或获得根据适用的联邦和州的法律（包括法规）的所有必要的许可和授权；同意遵守可以获得财政援助的各项要求。(SEC. 2（d）)

符合以下条件的运营商可以获得财政援助：为保护饮用水的供应，应当遵守所有适用的联邦和各州的法律（包括法规），包括联邦和各州的要求；遵守《清洁空气法案》，在地质封存活动中仅注入捕获自工业源的二氧化碳；符合深注入井适用的建设和运营的所有要求；测量、监控和测试，以验证二氧化碳是否注入到注入区域（逃避或迁移超出限制区域，或危害地下饮用水资源）；遵守适用注入井封堵、注入后的场地护理以及场地关闭的要求（在注入后封闭和监测阶段期间要保持财务保障，直到部长签发关闭证书；对来自地质封存单元的将危及公众健康安全或自然资源的任何泄漏，要及时进行补救活动）；遵守适用符合场地关闭以及长期护理的要求；在可接受的金额范围内保持财务保障的形式。(SEC. 2（e）)

对二氧化碳注入后的场地关闭和监测的规定。评估一个项目是否符合场地关闭的要求，应当由能源部部长与美国环境保护署署长协商，确定是否财政援助的接受者表明在经过一段不少于连续十年后的时期，地质构造内的二

---

❶ See *S. 699−Department of Energy Carbon Capture and Sequestration Program Amendments Act of 2011*, https://www.congress.gov/bill/112th−congress/senate−bill/699/text? q =% 7B% 22search% 22% 3A% 5B% 22carbon+capture+and+storage%22%5D%7D (last visited on 2017−03−31).

氧化碳已趋于稳定，地质封存单元内的注入活动已停止，并符合以下要求：碳捕获与封存项目的估计位置和范围并没有实质性的改变，并且被包含在地质封存单元内；停止将二氧化碳注入地质封存单元后，注入区形成的压力不再增加；地质封存单元的二氧化碳和移位的二氧化碳流体没有泄漏，且未对公众健康和安全（包括地下饮用水资源和自然资源）造成危害；注入或移位的二氧化碳流体不预期在将来以迁移的方式遇到一个潜在的泄漏途径；根据联邦或州法律规定的注入井的适用要求，封存场地中完成二氧化碳注入的注入井，或通过注入区、封闭区的注入井都已经被封堵和遗弃。（SEC. 2 (f)）

本法中对损害赔偿责任进行了规定。其中，"责任"是指任何法律责任，包括人身伤害、疾病或死亡；财产损失；自然资源的损害或者破坏，包括鱼类、野生动物和饮用水供应。能源部部长应当建立一个标准来确定赔偿金额，但赔偿金额有限制，不得超过 100 亿美元（每 5 年至少进行一次调整）。所有赔偿事项，包括法律费用，都要经过部长的批准。（SEC. 2 (g)）

所有权的接受和长期监测。根据本条的规定，能源部部长可能接受项目的所有权，或从另一个联邦机构转移过来的行政管辖权，对项目场地的土地或土地利益进行必要的监测、补救或长期管理。长期监测活动：根据本条的规定，在封存场地关闭，能源部接受所有权后，能源部部长应当对封存场地进行监测，并实施任何的补救活动，以确保封存场地的地质完整性和预防公众健康或安全的任何危害的发生。给能源部划拨用来进行长期监测活动的资金。（SEC. 2 (i)）

能源部部长、环境保护署署长和运输部部长协商，应制定一项计划，提供赠款用于员工培训，涉及碳捕获、运输和封存项目的许可、管理、检查和监督。授权拨给能源部部长 1000 万美元开展该计划。（SEC. 3）

能源部的报告要求。能源部部长应当在报告中详细描述现有的项目，包括每个主要项目区域进行或支持的研究，技术的开发、示范和部署。防止从来源（包括以化石燃料为基础的发电厂）捕获的二氧化碳的排放；二氧化碳的运输；对捕获的二氧化碳的储存或永久封存；将捕获的二氧化碳有利使用。能源部部长需要从时间和成本的评估中合理地得出碳捕获与封存技术将提供给商业市场这一结论。（SEC. 4）

（二）美国碳捕获与封存立法及其他相关规定的特点

1. 美国碳捕获与封存的立法及其他相关规定以标准化为主

美国碳捕获与封存的立法及其他相关规定注重标准化，这些标准是限制，是门槛，也是要求。只有达到标准规定的要求，符合标准规定的条件，才能够进行相应的活动或取得相应的资格。

《2009 年美国清洁能源与安全法案》第 112 条通过修订《清洁空气法案》和《安全饮用水法案》，确立了包括有关注入的二氧化碳的财务责任、监测并记录二氧化碳泄漏的报告、公众参与及协调认证和许可等规则，这些规则是对地质封存场地的具体规定。第 115 条规定了能够获得激励措施的资格标准，包括使用煤炭、石油燃料至少 50%，额定功率超过 200 兆瓦，采用碳捕获与封存技术能实现二氧化碳减排至少 50% 的发电单元，和每年排放二氧化碳超过 5 万吨，采用碳捕获与封存技术能实现二氧化碳减排至少 50% 的工业排放源，只要符合这些资格标准，就能够获得排放配额。地质封存二氧化碳的场地，要满足所有适用地质封存的许可和认证要求，否则便不能进行二氧化碳地质封存。第 116 条修订了《清洁空气法案》，规定燃煤发电厂如果要获得大气污染许可证，就必须达到规定的排放执行标准，在不同的阶段有不同的排放执行标准，这些与大气污染许可证有关的标准，要求燃煤发电厂只有达到减排标准才能够获得许可证，为了达到这一标准，燃煤发电厂就会积极采用碳捕获与封存技术；标准适用于 2009 年 1 月 1 日之后被批准的燃煤发电厂，要求煤炭或石油燃料至少要达到这些燃煤发电厂总燃料比例的 30%，符合这一条件的燃煤发电厂都要受到本条规定的限制。

2. 美国碳捕获与封存的立法及其他相关规定注重环境保护

煤炭的开采和使用都会造成生态环境的破坏，特别是燃煤发电排放的温室气体，更是造成全球变暖的罪魁祸首，同时，环境的破坏也会阻碍经济的发展。碳捕获与封存技术本身就是为了减少空气中的二氧化碳、应对气候变化、保护环境而存在的，对碳捕获与封存的立法贯彻了环境保护这一理念。然而，碳捕获与封存的安全性问题又决定了其本身存在着破坏环境的可能性，碳捕获与封存的任何一个环节都可能发生事故，没有一个阶段是保障安全的，封存阶段的风险和问题尤其难以预知和控制，因此，在碳捕获与封存的制度安排中始终体现了对保护人类健康和环境的重视。

在二氧化碳的运输过程中，一旦发生运输管道破裂的情况（因质量问题破裂或因二氧化碳腐蚀破裂），造成二氧化碳的泄漏，将会对环境造成巨大的危害，包括对土壤的腐蚀酸化。对此，美国碳捕获与封存立法中进行了详细规定。

此外，封存场地的选址对环境有着重要的影响。在二氧化碳封存场地的选择上，应当选择对环境影响最小的区域来作为二氧化碳的封存场地，并制定一套标准来减少二氧化碳泄漏的风险；二氧化碳的注入区域应当远离淡水含水层和地下饮用水资源；运营商必须确定一个封闭区域，并且确定这个封闭区域的完整性，以防止二氧化碳流体迁移到饮用水源；运营商应当在确定的注入场地进行注水试验，以确定二氧化碳地质封存并没有渗透的危险。

对项目进行风险评估是防范环境问题的有效方法，应当对所有的封存项目进行风险评估，以确保环境的完整性。风险评估应该包含通过注入井、断层、裂缝和地震事件移位的二氧化碳流体潜在的泄漏，以及这些二氧化碳流体对封闭区域的完整性和对人类健康和环境危害的潜在影响；风险评估应解决在项目运营过程中，以及在长期封存中二氧化碳泄漏的可能性。

场地关闭要关闭整个项目并且确保不再注入二氧化碳，以及在场地关闭前未发生危害环境和人类健康的情形，一旦证明封存项目没有危害环境和人类健康，项目运营商应该有资格获得主管部门对其场地关闭申请的批准。测量、监控和测试，以验证二氧化碳是否注入到注入区域；对来自地质封存单元的将危及公众健康安全或自然资源的任何泄漏，要及时进行补救活动。运营商要对封存场地进行监测，能够及时发现二氧化碳的泄漏，并采取补救措施以防止对环境的破坏。场地所有权转移到能源部后，能源部部长应监测场地，并进行一切补救活动，以确保场地的地质完整性和预防公众健康或安全免遭任何危害。

这些规定从管道安全、场地选择、风险评估、场地关闭等方面对碳捕获与封存项目运营过程中可能会出现的安全性问题和对环境造成的危害进行了预防、保护和补救，充分体现出美国碳捕获与封存立法注重对环境的保护。

3. 美国碳捕获与封存的立法及其他相关规定强调能源安全

能源安全是能源供应安全和能源使用安全的有机统一。[1] 为了保障能源供应安全，要开发国内的石油，减少石油的进口。而能源使用安全，则主要是减少对石油的依赖。

碳捕获与封存技术能够应对石油供应问题，通过向枯竭的油田注入二氧化碳，可以提高石油的采收率，扩大采油生产，从而能够在一定程度上保障美国的能源供应安全。在《2009 年美国清洁能源与安全法案》和《2014 年碳捕获与封存部署法案》中都有关于碳捕获与封存技术提高石油采收率的规定，

---

[1] 参见杨泽伟：《我国能源安全保障的法律问题研究》，载《法商研究》2005 年第 4 期，第 19 页。

《2014 年通过提高石油采收率扩大碳捕获法案》规定利用捕获的二氧化碳扩大采油生产，以显著增加国内石油。二氧化碳还可以注入枯竭的页岩气储层，以提高天然气的采收率。总之，二氧化碳的利用可以提高油气采收率，创造经济收益，能够有效地减少应用碳捕获与封存技术的成本。

美国有着非常丰富的煤炭储量，燃煤发电的成本也相对低廉，增加煤炭的使用量既能满足国内的需求，保障经济的发展和人们的生活水平，又能够减少对石油的依赖，从而保障能源安全。然而使用煤炭排放出的温室气体会对生态环境造成破坏，甚至会导致全球变暖，这将阻碍经济的发展。碳捕获与封存技术既能够保障煤炭的继续使用，又能够减少煤炭使用排放出的二氧化碳，对保障能源安全和应对气候变化具有战略意义。《2007 年能源自主和安全法》提出要扩大碳捕获与封存技术的研究、开发与示范。《2009 年美国复苏及再投资法》规定向工业碳捕获与封存技术提供 34 亿美元的研发资金，以促进和支持碳捕获与封存技术的研发和示范项目活动的开展。《2009 年美国清洁能源与安全法案》规定了碳捕获与封存技术的商业部署以及燃煤发电厂的减排要求。这些规定推动了对碳捕获与封存技术的研发和使用，能够在不减少煤炭使用量的情况下控制温室气体的排放，在应对气候变化的同时保障了能源使用安全。

三、对美国碳捕获与封存制度的评析

（一）美国碳捕获与封存法律制度的优点

第一，重视对碳捕获与封存技术的研发。碳捕获与封存技术具有高风险、高成本的特点，使其难以实现商业化运作。通过加强对碳捕获与封存技术的研究，包括碳捕获与封存的新技术的研究，增强二氧化碳的压缩效果以降低成本的研究，对特定地质封存场地的风险评估以及对二氧化碳注入油气田以提高油气采收率的技术的研究，有利于提高碳捕获与封存技术，而碳捕获与封存技术本身的提高可以降低技术应用的风险性，同时也能够有效地降低碳捕获与封存技术的成本，扩大其规模，从而推动碳捕获与封存的商业化。此外，在技术的研发和创新方面，美国重视与科研院校的合作，给学院和大学拨款，以开展碳捕获与封存的相关研究。随着碳捕获与封存示范项目的开展，能源部部长、环境保护署署长和运输部部长协商，提供赠款用于员工培训，涉及碳捕获、运输和封存项目的许可、管理、检查和监督等方面，培养出具有专业能力的碳捕获与封存技术人员。

第二，利用财税杠杆。美国强调采用财政手段促进碳捕获与封存技术的研发和引导企业对碳捕获与封存进行投资。对碳捕获与封存的基础科学和工程研究等活动给予财政支持（2008 年到 2012 年每年拨款 2.4 亿美元）；给碳捕获与封存大规模商业示范项目提供财政援助；向工业碳捕获与封存技术提供 34 亿美元的研发资金，扩大和加速商业碳捕获与封存项目的部署力度；为碳捕获与封存技术建立一个经济奖励系统，鼓励碳捕获与封存技术的创新和应用；对二氧化碳封存实行税收抵免政策；授权能源部进行贷款担保（金额不超过 200 亿美元）。这些激励措施和补贴政策有利于激励碳捕获与封存技术的改革和创新，有利于为社会各主体参与碳捕获与封存技术的实践活动提供必要的动力支持。

第三，重视碳捕获与封存项目的安全性问题。美国碳捕获与封存法律制度对碳捕获与封存安全问题的规制已经形成了较为完善的监管机制，对碳捕获与封存项目的各个环节都做出了规定，包括许可证申请、管道安全、封存场地选择、风险评估、场地关闭以及长期监测等方面，其目的是防止和减少风险发生的可能性。申请许可证时要提供全面的技术评估，提交详细的公共安全和应急预案、工人安全方案、腐蚀监测和预防计划、泄漏检测和监测计划；对管道的安全性和完整性进行监测，防止二氧化碳腐蚀管道造成泄漏和污染；应当优先选择风险很低的场地，远离新鲜水和饮用水资源地区，防止封存的二氧化碳泄漏导致地下饮用水资源酸化；对所有的封存项目必须进行风险评估，向主管机关提供不可预料的事故的减缓或补救计划，一旦发生泄漏要及时采取补救措施；场地关闭期间运营商应当对封存场地进行连续的监测，证明该封存场地是无危害的，一旦证明封存项目没有危害环境和人类健康，项目运营商应该有资格获得主管部门对其场地关闭申请的批准；运营商在封存场地关闭后的一段时间内有继续监测和补救的责任，在此期间造成的环境损害仍然由运营商承担责任，这是为了防止运营商随意退出，逃避责任承担，损害国家的利益；运营商退出后，监测和补救责任转移到主管机关。总之，美国碳捕获与封存法律制度将碳捕获与封存项目运营过程中可能出现安全问题的各个环节都做出了相应的规定，有利于保护环境，防止和减少风险发生。

第四，规定了财务责任，确保碳捕获与封存项目有充足的资金。财务责任的证明是许可申请的一部分。运营商可以通过保险、担保、信托、保证金、信用证和自我保险的方式，或令环境保护署署长满意的任何其他方法，为二氧化碳地质封存建立财务责任。根据具体场地的风险评估，项目运营商和所有者应当提供场地关闭估算费用的预期值作为许可申请的一部分，这些成本估算应当根据场地关闭前的需要进行更新；项目运营商和所有者应当为场地关闭需要的所有的活动提供财务保证，包括纠正措施、注入井封堵、场地关闭、注入后场地护理以及应急和补救措施。后关闭活动的长期管理责任要有充分的资金；在注入后封闭和监测阶段要保持财务保障，直到部长签发关闭证书。充足的资金是碳捕获与封存项目安全运营和关闭的重要金融保障，在许可申请时证明财务责任是整个项目得以正常进行的前提，若是没有充足的资金保障将会对封存场地关闭后的监测和补救活动造成严重的不利影响，同时，将会阻碍运营商的安全退出。

（二）美国碳捕获与封存法律制度的缺点

第一，对责任转移的相关规定不完善。运营商在碳捕获与封存项目关闭后，为保障国家利益不受损，应当承担各种监测和补救的责任，但这种责任是有时间限制的，不是无期限的。美国碳捕获与封存法律制度仅规定了义务存续期间一旦结束，碳捕获与封存项目的监测、补救、赔偿等义务转移到能源部，法律并未规定运营商的义务存续期间结束后，其承担的责任是否可以转移给其他的运营商，并且这种转移是否需要取得能源部部长的许可。同时，运营商是否可以将碳捕获与封存项目在关闭前转让他人，法律也无明确规定。

第二，缺少对国家承担责任的财务保障的规定。尽管法律规定了碳捕获与封存项目的运营商和所有者应当为场地关闭所需要的各项活动提供财务保证，但是运营商在封存场地关闭后的责任并不是无期限的，到了一定的期限后，场地的责任就被转移给了主管机关。此外，法律之所以要规定运营商关闭后继续承担监测和补救的责任，就是为了防止运营商匆忙退出，未做好封闭等工作，从而增加二氧化碳泄漏的风险，碳捕获与封存项目一旦发生重大泄漏将导致非常严重的后果，所造成的损失往往不可估量，运营商赔偿所需要的资金可能无法得到保证，甚至可能会导致运营商破产，那么最终赔偿责任将会落到国家头上。由此可见，二氧化碳泄漏造成的损失很大程度上是由国家来承担补救和赔偿责任的，而法律仅规定了要划拨资金给主管机关进行长期监测活动，并没有对发生泄漏后的赔偿资金作出规定，这不仅可能会导致补救与赔偿的延误，更会使国家的利益受到损失。

第三，缺少关于运营商安全退出的规定。美国碳捕获与封存法律制度对碳捕获与封存项目的安全问题进行了大量的规定，包括管道安全、封存场地选择、风险评估、运营商财务责任以及关闭后的场地监测。但是，所有的这些规定都是为了保障碳捕获与封存项目的安全，防止二氧化碳泄漏造成环境污染和危害人类健康，以及保障国家的利益而存在的，反而忽略了对运营商本身安全的保障。即使进行了大量的安全防护工作，也无法保障二氧化碳能够永远不泄漏，二氧化碳一旦泄漏，所造成的损失往往不可估量，运营商即使倾家荡产也未必能够弥补，尽管法律对赔偿金额进行了限制，但 100 亿美元也足以让运营商伤筋动骨了。因此，应当规定具体措施，使运营商能够真正实现安全退出，保障其自身的合法权益。

第四，美国碳捕获与封存法律制度规定了运营商要对二氧化碳泄漏造成的环境污染及时采取补救措施，但是却没有规定运营商采取措施不及时或不合理时应该承担什么样的责任。不及时或不合理的措施可能会导致污染进一步扩大，这将会给之后的补救工作造成困难或阻碍，因此，规定运营商采取补救措施不及时或不合理的责任是很有必要的。此外，也可能出现运营商无法及时采取补救措施的情况，应规定由主管部门采取有效的补救措施，在补救过程中产生的所有费用由运营商承担。碳捕获与封存技术的成本高、难度大，国家为了鼓励运营商投资碳捕获与封存项目，对其投入了大量的资金支持，其技术设备十分昂贵，运营商退出了，这些价格昂贵的设备该如何处置？对碳捕获与封存相关设备的处置应做出具体规定，以减少资金浪费，保护国家利益。

四、中国对美国碳捕获与封存立法的借鉴

中国对美国碳捕获与封存立法方面的借鉴，可从以下五个方面开展：

（一）法律制度安排应强调市场的作用

市场能够推动碳捕获与封存技术的进步。在完全竞争的情况下，一个企业必须找出成本最低的生产方法，否则就会陷于亏损，从而被市场淘汰。对碳捕获与封存项目来说，在投资初期成本高，周期长，短期内难以得到回报，这使得碳捕获与封存技术难以实现商业化。要解决高成本的问题，一是要加快碳捕获与封存的技术创新，以此来降低高成本；二是要通过政府进行补贴，

来补偿高成本。❶

美国非常重视对碳捕获与封存相关技术的研发，这一点值得我们借鉴。碳捕获与封存技术本身提高了，既可以降低技术的风险性，又可以减少技术应用过程中各环节所要支出的费用（通过对二氧化碳的捕获、压缩和传输来减少二氧化碳的成本增加）。此外，通过提高二氧化碳驱油技术，加强油气采收率，创造经济收益，与碳捕获与封存技术的成本相互折抵，从而降低成本。通过市场竞争从而选择最有竞争力的企业来开展碳捕获与封存项目，各企业通过展示自身的资金、技术、有专业技能的员工等条件来自由竞争，最终拥有最优条件的企业将会成功获得碳捕获与封存项目。毫无疑问，通过这种围绕市场进行的制度设计，会极大地促进碳捕获与封存技术的创新与进步，从而形成一个良性的循环，最终实现碳捕获与封存技术的商业化运作。

在强调市场作用的同时，不应忽视政府的调节作用。碳捕获与封存技术项目的投资具有高成本的特点，如果仅通过企业自身的活动来降低成本，而没有相应的激励政策和补贴措施，企业就会缺乏应用碳捕获与封存技术的动力，进一步制约了碳捕获与封存的商业化，最终将会导致碳捕获与封存技术被市场淘汰。我国尚未对碳捕获与封存制定相关的激励措施，在立法中缺乏明确具体的规定，在实践中难以落实优惠政策，无法为社会各主体参与碳捕获与封存的实践提供必要的动力支持。因此，我们应当建立完整、具体的激励机制，通过运用各种激励措施和补贴政策，引导企业对碳捕获与封存项目进行投资，对碳捕获与封存新技术的研发给予财政支持，对二氧化碳封存实行税收抵免政策，为碳捕获与封存技术的创新和应用提供经济奖励等。

（二）法律制度安排应关注安全退出机制❷

企业的安全退出是碳捕获与封存项目中非常重要的一环，我国有必要对碳捕获与封存安全退出机制做出相关法律规定，填补对碳捕获与封存监管和安全退出等方面没有相关规定的空白。

第一，审查企业及其投资的运营项目各项条件是否合格。企业自身符合准入条件且投资运营的项目没有问题、未造成任何危害，是项目安全运行的必要前提。一方面，若是企业本身不符合准入条件，未得到授权许可便运营

---

❶　参见赵庆寺著：《美国能源法律政策与能源安全》，北京大学出版社2012年版，第87页。

❷　参见吕江、杨清：《英国碳捕获与封存安全机制研究》，载王继军主编：《三晋法学》（第八辑），中国法制出版社2013年版，第310-311页。

碳捕获与封存项目，或者二氧化碳封存场所未经过许可便对二氧化碳进行封存，那么其投资本身就属违法。另一方面，若是其运营的碳捕获与封存项目不符合环境保护要求，对环境和人类生命健康造成了危害，如发生重大事故、管道腐蚀、毁坏等原因造成二氧化碳泄漏，污染环境、破坏生态系统或使人类生命健康受损，则必须采取补救措施并承担赔偿责任；若未采取补救措施或承担赔偿责任，则应禁止其退出，强制其承担责任。

第二，经批准可以退出的企业在一定期限内应当继续承担相应责任。经批准可以退出的企业，在退出前要将封存场地密封，并拆除运输、注入等相关设施；在一定期限内要继续对封存场地进行监测，并定期向主管部门报告。若在拆除相关设施时破坏了环境，或在监测时发生重大事故等原因导致二氧化碳泄漏，应立即向主管部门报告，采取补救措施并承担一切费用，另外，还要对二氧化碳泄漏造成的危害承担赔偿责任。若对封存地进行了密封、安全拆除了相关设施、监测封存地达到规定期限后，所有可用的证据表明封存的二氧化碳已被控制，能够被长期的甚至永久性的安全封存，经主管机关核准后，可将封存场地转交给主管机关。封存场地转交后，若再发生泄漏等事故，责任由主管机关承担，退出企业不再承担责任。

第三，经批准可以退出的企业应支付一定的费用，以补偿给国家造成的损失。美国对发展碳捕获与封存技术持积极态度，在一系列立法中规定了许多激励机制和支持政策。而不论是碳捕获与封存技术还是各种相关设备的成本都很高，所以要开展碳捕获与封存运营项目需要大量的资金支持。为了使更多的企业投入到运营项目中，政府提供了大量资金补贴和支持，如果企业因无法盈利等原因而中途退出，则会造成政府投入的资金浪费，使国家利益受到损害。因此，若企业中途退出，应支付一定的费用来补偿国家的损失。另外，企业可将购买的各种封存设施以适当的价格卖给主管部门，由主管部门再提供给其他企业，以减小国家的损失。

第四，创立具有充足资金保障的强制责任保险制度，并限制企业的赔偿数额，保护退出企业的利益。所谓"安全"，不仅要保障国家的安全，也要保护退出企业的安全。在碳捕获与封存项目中，二氧化碳可能在捕获、运输、封存任何一个环节发生泄漏，没有一个环节是保障安全的。一旦发生事故导致二氧化碳泄漏，可能会污染环境、引发气候变化、污染地下水、破坏生态环境甚至危害人类生命健康，造成的经济损失将是不可估量的。一旦项目运营失败，巨额的赔偿可能导致企业破产，企业被迫关闭、停业，二氧化碳泄漏造成的损失更是难以得到救济。因此，有必要创立具有充足资金保障的强制责任保险制度，并限制企业的最高赔偿数额，由社会共同分担二氧化碳泄漏造成的巨额赔偿，❶ 防止企业破产，以此来保护企业的利益，保障企业的安全。赔偿数额的限制能够推动企业对碳捕获与封存技术的应用，若是赔偿没有限制，会极大地降低企业的积极性。

（三）法律制度安排应加强环境评估和监管

碳捕获与封存技术的应用能够有效地减少温室气体的排放，但其本身存在着安全风险问题。运输环节可能发生的二氧化碳泄漏将导致土壤酸化、破坏局部地区的生态环境。封存场地发生的风险更加难以预测，无论是二氧化碳的突发性或缓慢性的泄漏，都会引起一系列的环境问题，包括地下饮用水资源污染、生态破坏等，甚至会危害周边地区人们的健康与安全。

十八届四中全会《关于全面推进依法治国若干重大问题的决定》提出要用严格的法律制度保护生态环境，加快建立生态文明法律制度。❷ 环保部《关于加强碳捕集、利用和封存试验示范项目环境保护工作的通知》要求有效降低和控制碳捕集、利用和封存全过程可能出现的各类环境影响与风险。❸ 由此可见，为了防范二氧化碳泄漏给环境造成的影响，有必要以立法的方式确立碳捕获与封存环境风险防范机制，加强对碳捕获与封存项目的环境评估和监管。首先，要加强对碳捕获与封存项目的环境影响评价，评估碳捕获与封存项目对周围生态环境的潜在影响，以及二氧化碳运输管道和封存场地选址是否适合二氧化碳的长期封存；其次，要对碳捕获与封存项目进行环境监测，对项目运行前、运行期间以及场地关闭后等阶段进行环境监测，并针对突发性事件，研究制定应急预案和响应机制以及具体的补救措施；最后，要对具有风险性的碳捕获与封存的设施进行重点监管，以防止风险发生，保护环境和人类健康。

---

❶ 参见张志慧、王淑敏、潘岳：《完善碳捕获与封存技术立法的思考》，载《党政干部学刊》2012 年第 12 期，第 46-47 页。

❷ 参见习近平. 中共中央关于全面推进依法治国若干重大问题的决定. 中共第十八届中央委员会第四次全体会议报告. 2014 年 10 月 23 日。

❸ 参见环境保护部：《关于加强碳捕集、利用和封存试验示范项目环境保护工作的通知》，环境保护部网站，http://www.mep.gov.cn/gkml/hbb/bgt/201311/t20131104_ 262804.htm（最后访问日期：2017-03-31）。

（四）法律制度安排应注重公众参与

公众的接受和认同是法律政策得以顺利推进和实施的前提。《2009 年美国清洁能源与安全法案》规定公众参与地质封存场地的认证过程，最大限度地提高透明度。国际能源署《碳捕获与封存技术路线图》中提到要加强公众教育和参与，扩大政府对碳捕获与封存的公众宣传、教育和参与活动，碳捕获与封存涉及大量复杂的基础设施，并可能对周围的环境产生负面影响，项目周围的居民对可能的风险和影响存在正当的关切，应当及时提供关于规划碳捕获与封存项目的信息，对于早期的项目计划要征询公众意见；政府需要提供足够的资金优先考虑公众参与和推广工作，监管机构进行碳捕获与封存项目的风险和收益之类的公众咨询和教育活动，有关计划要信息公开，提高透明度。❶

我国在制定碳捕获与封存相关立法时要重视公众参与，要运用多种形式对公民开展节能减排教育和普法宣传，树立公众的节能意识；对封存项目周边的居民定期开展安全防范知识宣传，提高公众的安全意识；要提高公众对碳捕获与封存技术的正确认识，既要强调碳捕获与封存技术对应对气候变化的作用，又要加强公众对碳捕获与封存项目安全风险的了解，同时要让公众明白应对风险的对策和措施，从而增强公众对碳捕获与封存技术的认同感和接受度。碳捕获与封存项目的规划和建设都要征求公众意见，要实行信息公开，并设立咨询处，接受公众的咨询，保障公民的知情权和监督权。公众可以通过各种方式，对企业是否遵守碳捕获与封存相关规定的行为进行监督，也可对执法主体的执法行为是否合法进行监督。

（五）法律制度安排应重视中美碳捕获与封存的双边合作

我国应当积极广泛地开展碳捕获与封存技术的国际合作，特别是与美国的双边合作。中美两国皆是化石能源使用大国，都面临着温室气体减排的重要任务，2009 年 11 月的《碳捕获与封存中美合作路线图》指出，"中美两国之间的合作最可能有效地减少全球温室气体的排放"，碳捕获与封存技术是两国的重要合作领域，碳捕获与封存的成功合作应包括对碳捕获与封存技术的

---

❶ See IEA. *Technology Roadmap：Carbon Capture and Storage*. Paris：IEA/OECD，2009，pp. 38-39.

长期研发和碳捕获与封存的商业规模推广应用。❶ 2014 年 11 月 12 日，中美双方在北京发布《中美气候变化联合声明》，提出要促进中美双方在碳捕获与封存技术方面的合作，推进碳捕获、利用和封存的重大示范。❷ 美国对碳捕获与封存技术的研发已经有了许多经验，中美进行碳捕获与封存的双边合作，中国可以直接应用美国已研发出的技术，同时，双方的合作有利于研发更为先进的碳捕获与封存技术，降低碳捕获与封存的成本。碳捕获与封存项目的开展也能为中美两国提供更多的就业机会，并且，如果碳捕获与封存项目失败，风险由两国共同承担，降低了单个国家的风险。由此可见，开展中美碳捕获与封存的双边合作对我国碳捕获与封存的发展有着十分重要的意义。

---

❶ See Asia Society, Center for American Progress, Monitor: *A Roadmap for U. S. - CHINA Collaboration on Carbon Capture and Sequestration*, 2009, pp. 6-7.

❷ "经由中美两国主导的公私联营体在中国建立一个重大的碳捕集新项目，对工业排放的二氧化碳的封存进行深入研究和监测利用，并就向深盐水层注入二氧化碳以获得淡水的提高采水率的新试验项目进行合作。"参见蓝澜:《中美发布应对气候变化联合声明，携手降低温室气体排放》，http://world.chinadaily.com.cn/2014-11/12/content_ 18902413.htm（最后访问日期：2017-03-31）。

第七章

美国页岩革命：新能源突破与制度意义

过去，我总是被事实所揭示出来的东西所震惊，因为事实所告诉我的常常与传统智慧相矛盾。

——美国科学家波特金《大国能源的未来》

前　言

页岩革命为何首发于美国，而不是其他国家？是由于美国拥有比其他国家更多的页岩气资源吗？[1] 美国页岩革命之后，为何世界各国都难以迅速跟进？仅仅是由于地质构造的不同吗？[2] 此外，更值得关注的是，作为页岩革命的关键因素，即技术突破，为何是在美国，而不是在其他国家？难道美国在

---

[1] 根据美国能源信息署的统计，美国页岩油气资源极为丰富，占到美国能源总量的近 1/3，其中页岩气在天然气资源中占到 27%，页岩油在石油资源中占到 26%。2015 年的最新页岩资源统计为，页岩气为 610 万亿立方英尺，页岩油为 590 亿桶。See U. S. Energy Information Administration, *Technically Recoverable Shale Oil and Shale Gas Resources: An Assessment of 137 Shale Formations in 41 Countries Outside the United States*, Washington DC: U. S. EIA, 2013, p. 3. See also EIA, *Shale in the United States*, http://www.eia.gov/energy_ in_ brief/article/shale_ in_ the_ united_ states.cfm（last visited on 2017-03-31）。

[2] 例如，波兰是欧盟成员国中开采页岩气最为积极的国家。See Justin P. Atkins, "Hydraulic Fracturing in Poland: A Regulatory Analysis," *Washington University Global Studies Law Review*, Vol. 12, 2013, pp. 349-353。然而，由于地质上的不同，美国技术并未在波兰成功开采出页岩气。这使得许多大型油气公司不得不退出波兰。See Joao Peixe, *Eni, Third to Give Up on Poland's Shale*, http://oilprice.com/Energy/Natural-Gas/Eni-Third-to-Give-Up-on-Polands-Shale.html（last visited on 2017-03-31）。再如中国，页岩气储藏于更深的地层，因此在开采方面，中国将面临更多的地质挑战。参见邹才能等：《中国页岩气形成机理、地质特征及资源潜力》，载《石油勘探与开发》2010 年第 6 期，第 641-653 页。

页岩气开发上有更多的研发投入吗?❶ 事实证明，上述理由的给出均难以成立或令人信服。美国并不是世界上页岩油气资源最丰富的国家;❷ 而且，与其地质构造相同的国家，也并没有在美国之后爆发同样的页岩革命;❸ 更值得一提的是，在页岩气技术突破方面，美国投入的研发资金亦不比给其他能源的多。❹ 那么，究竟是什么引发了美国的页岩革命，或者说，它的爆发点在哪里? 我们认为，美国页岩革命很大程度上与其能源领域特有的制度规则有着密切关联。正是这种制度规则，或言之，正是美国能源法律政策的独特性造就了页岩气革命。❺

毫无疑问，这种关联性极好地印证了哲学家罗尔斯所言的，"国家生活的如何，极其重要的因素在于其政治文化，而并非其资源水平"。❻ 这就迫使我

---

❶ 根据美国能源部的统计，美国在页岩气项目研发上 16 年间共投入经费为 9200 万美元。See U. S. National Energy Technology Laboratory & U. S. Strategic Center for Natural Gas and Oil, *DOE's Unconventional Gas Research Programs*, *1976-1995*: *An Archive of Important Results*, Washington, DC: U. S. Department of Energy, 2007, p. 17.

❷ 2013 年，美国能源信息署对全球 41 个国家的 137 块页岩层的可开采油气进行了评估，该报告指出，美国可开采的页岩气资源仅位于世界第四，而前三位分别是中国、阿根廷和阿尔及利亚。而在页岩油方面，美国也排在俄罗斯之后。See U. S. Energy Information Administration, *Technically Recoverable Shale Oil and Shale Gas Resources*: *An Assessment of 137 Shale Formations in 41 Countries Outside the United States*, Washington DC: U. S. EIA, 2013, p. 10. 另据中国国土资源部 2012 年发布的《全国页岩气资源潜力调查评价及有利区优选出成果》，全国页岩气可采资源潜力为 25.08 万亿立方米。尽管此数字低于美国的研究统计，但仍牢牢排在全球第一。参见王少勇：《我国页岩气可采资源潜力为 25 万亿方》，载《中国国土资源报》2012 年 3 月 2 日第 001 版。

❸ 例如，与美国地质构造相同的墨西哥并没有出现令人期待的本国页岩革命。See Juan Roberto Lonzano Maya, "The United States Experience as A Reference of Success for Shale Gas Development: The Case of Mexico," *Energy Policy*, Vol. 62, 2013, pp. 70-78.

❹ 美国在 1978—1999 年投入的能源研发经费为 915 亿美元，而 70 年代开始的东部页岩气项目（1976—1992）仅是能源部三个非常规天然气研发项目之一，其投入的经费仅占该项目的 42%，大致占全美能源研发经费的 0.1%。See U. S. National Energy Technology Laboratory & U. S. Strategic Center for Natural Gas and Oil, *DOE's Unconventional Gas Research Programs*, *1976-1995*: *An Archive of Important Results*, Washington, DC: U. S. Department of Energy, 2007, p. 3, p. 13, p. 17. See also Committee on Benefits of DOE R & D on Energy Efficiency and Fossil Energy, Board on Energy and Environmental Systems, Division on Engineering and Physical Sciences, and National Research Council, *Energy Research at DOE*: *Was It Worth It? Energy Efficiency and Fossil Energy Research 1978 to 2000*, Washington, DC: National Academy Press, 2001, p. 1.

❺ 当然，必须强调的是，这种制度安排的形成，并不是一蹴而就的；相反，在其创建伊始，甚至更多地反映在阻碍页岩气的发展上。只是在经历了一系列的制度调整之后，才最终引发了此种能源变革，而且到目前为止，这种制度调整仍在继续着（这尤其表现在当前页岩气开发与环境保护方面的立法论争方面）。

❻ [美] 罗尔斯著：《万民法》，张晓辉等译，吉林人民出版社 2001 年版，第 124-125 页。

们不得不去严肃地思考，这是一种什么样的制度安排，在这种规则背后到底蕴藏着什么样的立法机理与规律。更重要的是，当下中国（全球最大的能源生产消费国）在能源安全面临严峻挑战和压力的同时，[1] 如何能构建起科学的制度规则来促成和造就中国的能源革命，就具有特别重大的理论意义和现实意义。[2] 所以，本章旨在通过分析美国页岩革命中的制度因素，尤其是其能源法律与政策对页岩革命的促发作用，意在揭示能源规则背后的制度意蕴。并进而指出，能源革命的实现，不在于有更多的能源规则，不在于使能源发展顺应制度规则，而在于确立能源变革的元规则，在于构建尊重能源规律的规则。唯有如此，才能形成一种自洽的规则体系，才能实现中国能源进步的新常态。

一、美国页岩革命及其规则演变

美国页岩革命及其规则演变，大致经历了四个时期。它们分别是页岩开采初创期、发展曲折期、繁盛井喷期和规则调整期。具体体现在以下四个方面。

（一）美国页岩开采初创期及其规则

页岩是一种由粒级范围小于 1/256mm 的颗粒构成的粘土岩。在其中，以

---

　　[1]　这种压力和挑战反映突出地反映在两个方面：一方面，国内能源生产远远不能满足经济发展对能源的需求。1993 年中国即成为石油净进口国，仅 20 年之后，2014 年则成为全球最大的石油进口国。国际能源署的最新预测指出，2030 年中国将超越美国，成为全球最大的石油消费国。此外，2007 年中国成为天然气净进口国，天然气消费在国内不断攀升。2009 年中国首次成为煤炭净进口国，2012 年则一跃成为全球最大的煤炭净进口国。另一方面，全球气候变化的制度安排对中国能源结构形成严峻束缚。中国的自然禀赋决定了煤炭在中国能源结构中居主导地位，2013 年煤炭占能源消费的 66%。而煤炭是化石燃料中碳排放最高的能源。自 1992 年《联合国气候变化框架公约》缔结以来，全球致力于减缓气候变暖，要求各国降低碳排放，特别是 2016 年中国正式递交气候变化《巴黎协定》批准书，中国已被正式纳入温室气体减排行列，对中国现有能源结势必形成强有力的挑战。See International Energy Agency, *World Energy Outlook 2014*, Paris：IEA, 2014, p. 1. See also BP, *BP Statistical Review of World Energy 2014*, London：BP, 2014, p. 5. 参见国家发展与改革委员会：《中国应对气候变化的政策与行动 2014 年度报告》，2014 年，第 15-16 页。

　　[2]　2014 年 6 月 13 日，习近平同志在中央财经领导小组第六次会议上，明确提出"面对能源供需格局新变化、国际发展新趋势，保障国家能源安全，必须推动能源生产与消费革命"，为此，要积极"推动能源体制革命，建立健全能源法治体系"。可见，我们的能源发展就不仅仅是要实现页岩气革命，而是要实现比页岩气革命更广泛的能源革命。所以，如何将这种能源革命转换为一种不是依靠偶然因素，而是建立在一种能源规律之上的科学革命，就需要更多地倚重于制度规则的科学性。

吸附或游离状态，赋存于富有机质泥页岩及其夹层中的气体，则被称为页岩气。由于其具有低渗透性，以及在经济上开采成本较高等原因，而往往将它与煤层气、致密气和天然气水合物一起，纳入到非常规天然气范围内。早在17世纪，人们就已知晓页岩中存有天然气。❶ 1821年，纽约州弗里多尼亚（Fredonia）开采的美国第一口商业天然气井，喷出的就是页岩气。❷ 在开采之初，包括页岩气在内的天然气，只是被用来提供街道照明。❸ 1855年德国化学家本生（Bunsen）将天然气与空气相混合，获得了比其他化石燃料更高的热度，但成本却低得多，这促使其使用量大增。❹ 此外，值得一提的是，在石油开采过程中，天然气往往是一种伴生品，因此，在石油商业化的同时，天然气的商业化也开始被人们筹划。❺ 但是，19世纪的美国，天然气商业化最大问题不在于供应，而在于没有充分的管道设施和技术，进而束缚了其快速发展。❻

19世纪末20世纪初，美国迎来了管道建设的第一个高潮。❼ 以美孚石油

❶　1627—1669年，法国探险者和传教士就有了关于美国纽约西部泥盆纪页岩中存有天然气的记录。See U. S. Geological Survey National Assessment of Oil and Gas Resources Team & Laura R. H. Biewick, *Map of Assessed Shale Gas in the United States*, 2012, Denver, CO: USGS Denver Federal Center, 2013, p. 2。

❷　See David A. Waples, *The Natural Gas Industry in Appalachia: A History from the Discovery to the Tapping of the Marcellus Shale*, 2nd ed., Jefferson, NC: McFarland & Company, Inc., Publishers, 2012, p. 12.

❸　当时，主要用于街道照明的是煤气。由于用于街道照明，天然气的使用量并不大。特别是相比煤气而言，天然气受到地理空间和运输限制，远没有煤气方便。因此，即使天然气商业出现许久，煤气仍是许多美国城市供气的首选来源。See Arlon Tussing & Bob Tippee, *The Natural Gas Industry: Evolution, Structure and Economics*, 2nd ed., Tulsa, Oklahoma: PennWell Publishing Company, 1995, pp. 59-77。

❹　参见［美］麦克尔罗伊著：《能源——展望、挑战与机遇》，王聿绚、郝吉明、鲁玺译，科学出版社2011年版，第122页。

❺　美国最早的天然气贸易是1827年一个美国军械工人威廉·哈特将弗里多尼亚的天然气卖给纽约的巴塞罗那港，用于港口照明。直到1858年才成立了第一家美国天然气公司——弗里多尼亚天然气和水力公司。然而，天然气的商业化远没有石油那么顺利，因为尽管天然气伴生于石油，但由于天然气的运输不便以及使用范围狭窄，因此，当石油开采出来时，天然气往往都被直接放空或者再次注入以提高石油的采收率，或者仅是在油田旁提供一个简易动力源。See Christopher J Castaneda, "History of Natural Gas," in C. Cleveland ed., *Concise Encyclopedia of History of Energy*, San Diego, CA: Elsevier, 2009, pp. 163-165. See also Richard H. K. Vietor, *Energy Policy in America since 1945: A Study of Business-Government Relations*, Cambridge: Cambridge University Press, 1984, p. 64。

❻　See Christopher J Castaneda, "History of Natural Gas," in C. Cleveland ed., *Concise Encyclopedia of History of Energy*, San Diego, CA: Elsevier, 2009, p. 165.

❼　1891年美国修建了世界上第一条长距离天然气运输管道，全长120英里，用来将印第安纳州的天然气输往芝加哥地区。See Ingrid Kelley, *Energy in America: A Tour of Our Fossil Fuel Culture and Beyond*, Lebanon, NH: University of Vermont Press, 2008, p. 57。

公司为首的一批企业开始大规模扩建管道设施，这有力地推动了天然气的消费，促成美国东部城市和工业区逐渐用天然气取代煤气。❶ 而与此同时，在俄克拉荷马（1927）、加利福尼亚（1928）、得克萨斯（1930）等州气田的不断发现，使美国进入一个天然气充沛时代。❷ 尽管 1929 年经济大萧条对美国经济重创，但天然气却未受到较大影响，消费规模仍持续扩大。❸ "二战"爆发后，美国东部油气已无法满足战时需求。❹ 为此，美国政府统筹修建了该国历史上最长的两条管线："大英寸"和"小英寸"。这两条"英寸"管线在"二战"后开始将新发现的美国西南得克萨斯等州的天然气源源不断地送往东部工业区，从而有力支撑了美国战后经济的增长。❺

就这一时期的页岩气开采而言，美国早期的开采并不是我们今天意义上的页岩开采，因为开采出来的仅是一种"浅层"页岩中蕴藏的天然气，且数量较少；❻ 而那种深埋于地表之下 6000 英尺的页岩气，由于技术原因，尚无法完全被开采出来。但是尽管如此，19 世纪初油气开采的相关制度却成为日后美国页岩开采的基本准则。这一时期，普通法中的"捕获规则"（the Rule of Capture）是美国油气开采最主要的法律制度。它是指：一块土地上被开采出来的部分油气即使被证明是来自毗邻的另一土地油气的流入，该土地的所有者仍有权获得这些石油和天然气。❼ 从这一特殊的产权规则可以看出，它的优点在于促成油气资源的积极开采。因为地表的土地所有权并不能完全控制地下的油气资源，倘若土地的所有者不开采自身的油气，那么极有可能被他的邻居从一侧抽走。所以，当人们发现油气时，都迫不及待地进行开采，以防止被邻居抢先抽走。毫无疑问，这一规则为美国在 20 世纪前叶，成为一个

---

❶ See Arlon Tussing & Bob Tippee, *The Natural Gas Industry: Evolution, Structure and Economics*, 2nd ed., Tulsa, Oklahoma: PennWell Publishing Company, 1995, pp. 79-92.

❷ See Richard H. K. Vietor, *Energy Policy in America since 1945: A Study of Business-Government Relations*, Cambridge: Cambridge University Press, 1984, p. 21.

❸ 参见［美］耶金著：《石油大博弈：追逐石油、金钱与权力的斗争（上）》，艾平等译，中信出版社 2008 年版，第 171-179 页。

❹ See John W. Frey & H. Chandler Ide, *A History of the Petroleum Administration for War, 1941-1945*, Washington, DC: U.S. GPO, 1946, pp. 227-230.

❺ See Christopher J. Castaneda & Joseph A. Pratt, *From Texas to the East: A Strategic History of Texas Eastern Corporation*, Huston: Texas A & M University Press, 1993, pp. 13-32.

❻ See U.S. National Energy Technology Laboratory & U.S. Strategic Center for Natural Gas and Oil, *DOE's Unconventional Gas Research Programs, 1976-1995: An Archive of Important Results*, Washington, DC: U.S. Department of Energy, 2007, p. 16.

❼ See Robert E. Hardwicke, "The Rule of Capture and Its Implications as Applied to Oil and Gas," *Texas Law Review*, Vol. 13, 1935, p. 393.

油气充沛的国家奠定了坚实的法律基础。❶

　　然而，捕获规则却是一柄"双刃剑"，它最大的缺陷是易造成资源的浪费。这表现在，一方面，土地所有者为了防止油气被别人抽走，而增加打井数量，但这却使油气上行压力消失，致使更多的油气资源无法开采出来。❷ 另一方面，由于早期管道等运输设施不到位，那些伴生的天然气只得被大量放空或烧掉，而无法用于消费。❸ 1938 年，在经济大萧条和"新政"干预的背景下，美国出台了历史上第一部天然气法，即《1938 年天然气法》。该法制定之初的主要目标是授予联邦电力委员会（Federal Power Commission）监管州际之间的天然气管道贸易。❹ 之后又通过司法解释的方式，将按比例分配天然气生产和确定井口定价的权力也交由前者来行使。❺ 无疑，通过这一监管举措，美国天然气资源的浪费受了一定程度扼制。

（二）美国页岩发展曲折期及其规则

　　《1938 年天然气法》使美国天然气工业进入一个相对平稳时期，一些行业组织和油气协会甚至也坚信美国油气资源是充沛的。❻ 但是从 1962 年开始，美国天然气生产/储量比开始下降，出现供不应求的征兆。❼ 结果，70 年代开始，特别是 1973—1974 年欧佩克的石油禁运，使美国彻底警醒。而 1973 年也

---

❶ See Terence Daintith, *Finders Keepers? How the Law of Capture Shaped the World Oil Industry*, Washington DC：Earthscan, 2010, pp. 11-13.

❷ 参见［美］哈维·奥康诺著：《石油帝国》，郭外合译，世界知识出版社 1958 年版，第 47-56 页。

❸ See Ralph Arnold & Frederick G. Clapp, *Wastes in the Production and Utilization of Natural Gas and Means for Their Prevention*, Washington DC：Government Printing Office, 1913, pp. 6-13. See also George Ward Stocking, *The Oil Industry and the Competitive System：A Study in Waste*, Boston：Houghton Mifflin Co., 1925, pp. 1-15.

❹ 联邦电力委员会主要负责监管电力和天然气领域，之所以如此安排，是因为当时美国将电力与天然气都被认为属于公用企业，不同于石油管制。See Dozier A. DeVane, "Highlights of Legislative History of the Federal Power Act of 1935 and The Natural Gas Act of 1938," *George Washington Law Review*, Vol. 30, 1945-1946, pp. 38-41。

❺ 1947 年，美国最高法院授予联邦电力委员会监管天然气生产商与其关联管道公司的天然气价格。之后，于 1954 年又通过菲利浦诉威斯康斯州案，确认《1938 年天然气法》授予了联邦政府统一管理跨州销售的天然气井口价。See *Interstate Natural Gas Co. v. FPC* (S. Ct. 1947), *Phillips Petroleum Co. v. Wisconsin* (S. Ct. 1954)。

❻ See Sam H. Schurr & Bruce C. Netschert, *Energy in the American Economy, 1850-1975：An Economic Study of Its History and Prospects*, Baltimore, MD：The Johns Hopkins Press, 1960, pp. 1-28.

❼ See Christopher J. Castaneda & Clarance M. Smith, *Gas Pipelines and the Emergence of America's Regulatory State*, Cambridge：Cambridge University Press, 1996, p. 184.

成为美国天然气产量的历史峰值。❶ 为应对能源危机，在多方举措之下，政府也将目光投向了非常规油气的开发，其中就包括页岩气。❷ 1974 年 10 月，福特政府成立能源研发局致力于能源技术研发。1976 年正式启动"非常规天然气研究项目"。1977 年新成立的能源部继续支持该项目的研究。在这一研究项目中，第一个子项目就是东部页岩气项目，它从 1976 年开始到 1992 年，持续了 16 年之久，覆盖了阿巴拉契亚盆地西部大约 16 万平方英里的土地，其中 2/3 的研究是有关 4000~8000 英尺深度的泥盆纪页岩，为此投入的研发经费达到 9200 万美元。❸ 在经过 16 年的研发后，该项目大致取得了三个方面的显著进展：第一，对美国东部页岩的地质构造有了清晰的认识；第二，在技术方面，泡沫压裂、水力压裂、水平井等定向钻井等技术或发明或得到改进；第三，页岩气的生产规模得到提升。此外，大学和企业研发团队的积极参与，也促进了对成果吸纳、数据分享，以及储量预测能力的提升。❹

这一时期，由于受能源危机的影响，美国能源治理体制与法律政策也发生了巨大变化，并直接影响到页岩气的研发和生产。一方面，1977 年美国组建能源部将原先分散的能源治理模式改造为具有一定集中度的能源治理机构。同时，联邦能源监管委员会（Federal Energy Regulatory Commission）取代联邦电力委员会，成为天然气领域新的监管主体。另一方面，1978 年美国出台《1978 年天然气政策法》，以期改变自《1938 年天然气法》实施以来的诸多弊端，放松管制，促进天然气开采。❺ 特别值得强调的是，该法第 107 条 C 款第（4）项将泥盆纪页岩纳入到高成本天然气中，从而给予相应税收优惠与豁免。

❶ See Arlon Tussing & Bob Tippee, *The Natural Gas Industry: Evolution, Structure and Economics*, 2nd ed., Tulsa, Oklahoma: PennWell Publishing Company, 1995, p. 33.

❷ 值得强调的是，早在 1944 年之际，美国曾通过《1944 年合成燃料法》，通过开展合成燃料研究项目，寻找替代石油进口的液体燃料。但因成效不佳，于 1952 年结束。当时研究的关注重点是从页岩中开采石油的问题。参见［美］斯泰格利埃诺著：《美国能源政策：历史、过程与博弈》，郑世高等译，石油工业出版社 2008 年版，第 5 页。

❸ See U. S. National Energy Technology Laboratory & U. S. Strategic Center for Natural Gas and Oil, *DOE's Unconventional Gas Research Programs, 1976-1995: An Archive of Important Results*, Washington, DC: U. S. Department of Energy, 2007, pp. 16-48.

❹ See Committee on Benefits of DOE R & D on Energy Efficiency and Fossil Energy, Board on Energy and Environmental Systems, Division on Engineering and Physical Sciences, and National Research Council, *Energy Research at DOE: Was It Worth It? Energy Efficiency and Fossil Energy Research 1978 to 2000*, Washington, DC: National Academy Press, 2001, pp. 200-202.

❺ 参见［美］托梅因、卡达希著：《美国能源法》，万少廷译，张利宾审校，法律出版社 2007 年版，第 46-47 页。

此外，又通过了《1978 年电厂和工业燃料使用法》，禁止新建发电厂和工厂使用石油和天然气发电，以期节约油气资源。

不仅如此，在接下来的 20 年内美国继续秉持放松监管和市场自由化的举措。1984 年，联邦能源监管委员会通过了 380 号令，允许拥有两条以上天然气管道供气的地区，可以选择天然气生产商。1985 年又通过 436 号令，要求天然气管道公司在自愿的前提下，开放管道，输送其他生产商的天然气。1989 年，国会又通过《1989 年天然气井口价格解控法》放开了天然气价格。1992 年，联邦能源监管委员会颁布 636 号令，要求管道公司只负责天然气运输，将生产、分配和销售部分全部市场化。[1] 美国天然气产业由此进入一个全面竞争的时代。此外，从环境保护角度来看，1990 年修订的《清洁空气法》，也促使天然气进一步取得优势地位。

（三） 美国页岩繁盛井喷期及其规则

20 世纪 90 年代，在经过一系列的结构调整后，美国天然气产能得到极大释放。但 90 年代后期，供应不足越发凸显，1990—2000 年天然气价格翻了一倍之多。[2] 尽管美国能源部主导的东部页岩气项目使得页岩气开采和生产具有了一定规模，但技术上的突破仍略显不足，最终，政府于 1992 年停止了对页岩气的投入研发。然而，高涨的天然气价格极大地刺激了美国独立油气生产商的积极性，在前期技术基础上，他们开始了新的研发。其中，一家美国中型天然气生产商——米歇尔公司——将其主要精力放在了页岩气开发上。1998 年，该公司对水力压裂技术进行改良之后，在德克萨斯州的巴奈特页岩区，成功开采出具有商业价值的页岩气。[3] 2002 年，另一家独立油气生产商德文能源公司收购了米歇尔公司，将另一开采技术——水平井技术——与米歇尔公司的水力压裂技术相结合，使得页岩气产量得到更大幅度的提高。[4] 随后，这两项技术迅速在美国页岩气生产方面得到普及。2009 年，美国页岩气迎来一个井喷时代。据《BP 世界能源统计年鉴》报告，2009 年，以页岩气

[1] See Paul W. MacAvoy, *The Natural Gas Market: Sixty Years of Regulation and Deregulation*, New Haven: Yale University Press, 2000, pp. 16-17.

[2] See U. S. Energy Information Administration, *U. S. Natural Gas Markets: Recent Trends and Prospects for the Future*, Washington DC: EIA, 2001, p. viii.

[3] Diana D. Hinton, "The Seventeen-Year Overnight Wonder: George Mitchell and Unlocking the Barnett Shale," *The Journal of American History*, Vol. 99, No. 1, 2012, pp. 229-235.

[4] 参见 [美] 祖克曼著：《页岩革命：新能源亿万富豪背后的惊人故事》，艾博译，中国人民大学出版社 2014 年版，第 154-155 页。

为主的美国天然气生产量已超越传统天然气强国俄罗斯，成为全球最大的天然气生产国。❶ 美国能源自给率也突破性地达到 83.3%。❷ 更重要的是，由于技术突破，其他非常规油气资源也出现大幅增长，❸ 2014 年，美国超过沙特阿拉伯，成为全球最大石油生产国。❹ 而页岩革命带来更深远的结果，则是帮助美国走出金融危机的阴影，重塑新能源经济。❺

这一时期，与页岩气相关的法律政策方面，主要是 2005 年小布什政府时期出台的《2005 年能源政策法》。该法的最大特点是将页岩气开采中使用的压裂液确认为是"生产性的"，从而与传统污染物不同，有效规避了美国《安全饮用水法》中对污染物"地下注入控制"的限制。❻

(四) 美国页岩开采规则的调整期

当前，美国页岩法律制度的调整主要聚焦在页岩开发与环境之间的协调上。尽管水力压裂技术在美国油气开采领域早已出现，但在大规模进行页岩气开发之前，该技术是否对环境产生实质影响并未得到有效关注。相反，《2005 年美国

---

❶ See BP, *BP Statistical Review of World Energy 2010*, London：BP Company, 2010, p. 5.

❷ 根据美国能源信息署 2012 年和 2014 年的年度能源报告即可得出，美国能源自给率在 2010 年为 76.9%，而到 2012 年则上升到 83.3%。See U. S. Energy Information Administration, *Annual Energy Outlook 2012*, Washington DC：EIA, 2012, p. 173. U. S. Energy Information Administration, *Annual Energy Outlook 2014*, Washington DC：EIA, 2014, p. C-1。

❸ 据《2014 年 BP 世界能源统计年鉴》，2013 年美国石油消费增量跃居首位，这是自 1999 年以来首度超过中国，而这一功劳得益于前者利用页岩气开采技术对非常规油气（致密油）的大规模开采。参见 BP 公司：《2014 年世界能源统计年鉴》，第 5-6 页。此外，美国能源信息署也指出，由于技术进步，美国致密油开采量大幅增加，使其从 2008 年占原油生产的 12% 上升到 2012 年的 35%。到 2019 年美国国内原油生产将达到 960 万桶/年，其中致密油的产量将占到 50%。See U. S. Energy Information Administration, *Annual Energy Outlook 2014*, Washington DC：EIA, 2014, p. ES-2。值得一提的是，美国哈佛大学肯尼迪学院的油气专家毛里杰（Leonardo Maugeri）更是积极肯定了页岩油对美国及世界的意义。See Leonardo Maugeri, *Oil：the Next Revolution*, Cambridge, MA：Belfer Center for Science and International Affairs, Harvard Kennedy School, 2012, pp. 46-55。

❹ See BP, *BP Statistical Review of World Energy 2015*, London：BP Company, 2015, p. 3.

❺ See Charles R. Morris, *Comeback：America's New Economic Boom*, New York：PublicAffairs, 2013, pp. 45-72.

❻ 《2005 年能源政策法》的主要起草者是美国副总统切尼，由于其早年曾供职于哈里伯顿公司（一家油气公司）。此种背景使其在《2005 年能源政策法》中更关注能源生产，而相对忽视环境问题。因此，环保人士将这一对油气开采中压裂液的规避称为"哈里伯顿漏洞"（the Halliburton Loophole）。See Adam Garmezy, "Balancing Hydraulic Fracturing's Environmental and Economic Impacts：The Need for A Comprehensive Federal Baseline and Provision of Local Rights," *Duke Environmental Law and Policy Forum*, Vol. 23, 2013, pp. 407-411。

能源政策法》更是规避了这一问题。❶ 然而，随着开采规模的扩大，环境问题再次进入人们的视线。❷ 2009 年，美国环保署在国会委托之下，开始对水力压裂技术是否造成饮用水污染展开调查。❸ 与此同时，在联邦立法尚付阙如之际，州一级地方立法却紧锣密鼓地展开。❹ 2012 年 5 月美国佛蒙特州成为全美第一个禁止该技术的州。❺ 2008 年，美国纽约州颁布了一项延迟页岩气开采的禁令，即在本州环保机构（the New York State Department of Environmental Conservation，DEC）修改其 1992 年天然气开采的一般环境影响评估（Generic Environmental Impact Statement，GEIS）之前，不允许任何新的水力压裂技术的应用。❻

---

❶　See LeRoy C. Paddock & Jessica Anne Wentz, "Emerging Regulatory Frameworks for Hydraulic Fracturing and Shale Gas Development in the United States," in Donald N. Zillman, Lila Barrera-Hernandez, & Adrian Bradbrook ed., *The Law of Energy Underground: Understanding New Development in Subsurface Production, Transmission, and Storage,* Oxford: Oxford University Press, 2014, pp. 154-157.

❷　例如，环境主义者认为有至少以下五项是页岩气可能存在的环境问题：一、开采所需的压裂液存在对地下水污染的可能性；二、开采需要耗费大量的水资源；三、开采泄漏的页岩气会对气候变化产生负面影响；四、页岩气开采阻碍了可再生能源发展；五、开采容易引起地震等相关破坏。See Monika Ehrman, "The Next Great Compromise: A Comprehensive Response to Opposition against Shale Gas Development Using Hydraulic Fracturing in the United States," *Texas Tech Law Review,* Vol. 46, 2014, pp. 434-464. See also Thomas W. Merrill & David M. Schizer, "The Shale oil and Gas revolution, Hydraulic Fracking, and Water Contamination: A Regulatory Strategy," *Minnesota Law Review,* Vol. 98, 2013, pp. 145-264. U.S. National Research Council, *Risk and Risk Governance in Shale Gas Development: Summary of Two Workshops,* Washington, DC: The National Academies Press, 2014, pp. 7-72. Michelle Bamberger & Robert Oswald, *The Real Cost of Fracking: How American's Shale Gas Boom is Threatening Our Families, Pets and Food,* Boston: Beacon Press, 2014, pp. 11-26。

❸　美国环保署原预计 2014 年公布最终研究报告，但到目前为止，尚未出台。现在，该研究仅完成了阶段性报告和科学论文的发布。See US Environmental Protection Agency Office of Research and Development, *Study of the Potential Impacts of Hydraulic Fracturing on Drinking Water Resources Progress Report,* Washington DC: US EPA, 2012, pp. 1-7。也可参见美国环保署官网就该研究的最新进展，http://www2.epa.gov/hfstudy。

❹　美国能源治理方面，州往往拥有更多治理权，联邦的管辖范围则多限定在州际间的能源治理上，抑或只有在州际能源治理无法保障整个联邦利益时，联邦能源治理才会被动介入。See David B. Spence, "Federalism, Regulatory Lags, and The Political Economy of Energy Production," *University of Pennsylvania Law Review,* Vol. 161, 2013, pp. 431-508。

❺　See CNN News, "Vermont First State to Ban Fracking," from http://edition.cnn.com/2012/05/17/us/vermont-fracking/ （last visited on 2017-03-31）.

❻　See Peter J. Kiernan, "An Analysis of Hydro fracturing Gubernatorial Decision Making," *Albany Government Law Review,* Vol. 5, 2012, pp. 769-809. 2015 年 5 月，纽约州立环保机构的评估报告已正式出台。See New York State Department of Environmental Conservation, *Final Supplemental Generic Environmental Impact Statement on the Oil, Gas and Solution Mining Regulatory Program: Regulatory Program for Horizontal Drilling and High-Volume Hydraulic Fracturing to Develop the Marcellus Shale and Other Low-Permeability Gas Reservoirs,* New York: DEC, 2015。

2014 年 12 月，作为一般环境影响评估的一部分，纽约州卫生机构提交了有关页岩气开采有害公共健康的评估之后，纽约州州长科莫（Andrew Cuomo）正式做出纽约州禁止运用水力压裂技术开采页岩油气的决定。❶

然而，也有一些州做出相反的规定。例如，新泽西州和北卡罗来纳州分别在 2013 年和 2014 年解除了其在 2012 年延迟开采的禁令。❷其他油气大省如德克萨斯、俄亥俄、阿肯色、路易斯安娜等，尽管也面临禁止运用水力压裂技术的呼声，但仍允许页岩气的商业开发。❸值得关注的是，与纽约州相邻的宾夕法尼亚州在 2012 年 2 月通过了天然气开采法的修改，允许对其境内的页岩气进行商业性开发。但 2013 年 12 月，该州最高法院则以该法令与州宪法相抵触，宣布其无效。❹毫无疑问，当前美国页岩油气开采的相关立法正处于一个新的"十字路口"。这种制度安排不仅涉及环境与能源开采问题，而且也涉及油气开采决定权的归属问题。是延续旧的制度传统，还是建立新的规则体系，对美国而言无疑又是一场新的立法考验。

二、美国页岩气革命中的规则意蕴

毋庸置疑，肇始于 20 世纪末的这场页岩开发史，堪称一场"革命"。尽管目前仍无法完全确定它的深远意义，但有一点可以肯定，那就是：它至少在能源领域掀起了一次席卷全球的"能源风暴"。多数学者认为，技术创新造

---

❶ See James Gerken, "Gov. Andrew Cuomo to Ban Fracking in New York State," in http://www.huffingtonpost.com/2014/12/17/cuomo-fracking-new-york-state_ n_ 6341292.html（last visited on 2017-03-31）。此处需要指出的是，尽管纽约州不是全美第一个禁止水力压裂技术的州（美国佛蒙特州于 2012 年 5 月已通过禁止水力压裂技术的立法，但由于该州缺乏油气资源，它对禁止水力压裂技术的意义并不大），但是由于纽约州在页岩气资源以及全美的影响力，使其或将产生更大的辐射作用。

❷ See James M. O'Neill, Moratorium on Fracking in New Jersey Expires, http://www.northjersey.com/news/nj-state-news/moratorium-on-fracking-in-new-jersey-expires-1.410842（last visited on 2017-03-31）。也见美国北卡罗来纳州参议院 2014 年 6 月颁布的《2014 能源现代化法》，http://www.ncleg.net/Sessions/2013/Bills/Senate/PDF/S786v8.pdf (last visited on 2017-03-31).

❸ 需要强调的是，这些州并不是对水力压裂技术的环境问题置之不理。相反，它们也要求进行相关的环境规制。例如德州明确要求，开发页岩气的公司应在规定的网站上公布其压裂液的成分。See David B. Spence, "Federalism, Regulatory Lags, and the Political Economy of Energy Production," *University of Pennsylvania Law Review*, Vol. 161, 2013, p. 456.

❹ 法院认为，对页岩气是否进行商业开采，应由州内的市镇立法决定，而不是州立法决定。See Joshua P. Fershee, "Facts, Fiction, and Perception in Hydraulic Fracturing: Illuminating Act 13 and Robinson Township v. Commonwealth of Pennsylvania," *West Virginia Law Review*, Vol. 116, 2014, pp. 819-863.

就了此次能源革命；❶ 也有些学者则认为，是由于政府的研发投入。❷ 但是，倘若透过这些观点，审视其背后的机理成因，就会发现页岩革命爆发的根本在于制度。

（一）规则而不是技术是实现美国页岩革命的根本

自工业革命以来，人们形成的一个普遍观念是，"一个社会可利用资源的多少取决于它的技术水平"。❸ 毫无疑问，这一箴言在能源领域同样适用。倘若没有水力压裂和水平井技术，美国页岩革命是断难成功的。然而，当回顾整个页岩技术开发史，可以发现，技术的突破往往端赖于规则的支持；没有规则的语境，就不会有技术的变革。美国页岩革命就是如此。

一方面，油气规则造就水平井技术的不断革新。美国是世界上最早利用水平井技术的国家（1929 年）。❹ 到 20 世纪 90 年代初，美国水平井已占到全球 50% 以上。❺ 仅仅不到十年间，又开发出可开采页岩气的水平井技术。❻ 回顾这一技术演进，可以发现，是油气规则造就了这一技术创新。因为普通法中的捕获规则允许获取毗邻土地下油气，而水平井显然比建立在油气地表所有权之上的直井技术更具优势。❼ 更令人意想不到的是，在运用水平井技术时人们发现，即便忽略油气所有权问题，这一技术实际上也能开采出比直井更多的油气（因为油气藏多呈现水平弥散特点），同时它也利于减少对土地和环

---

❶　参见崔民选、王军生、陈义和著：《天然气战争：低碳语境下全球能源财富大转移》，石油工业出版社 2010 年版，第 232 页。

❷　See Alex Trembath, Jesse Jenkins, Ted Nordhaus, & Michael Shellenberger, *Where the Shale Gas Revolution Came from: Government's Role in the Development of Hydraulic Fracturing in Shale*, Oakland, CA: The Breakthrough Institute, 2012, pp. 1–13.

❸　［美］沙贝尔、瓦特和福克纳著：《近百年美国经济史》，彭松建等译，中国社会科学出版社 1983 年版，第 23 页。

❹　See Michael Levi, *The Power Surge: Energy, Opportunity, and the Battle for America's Future*, New York: Oxford University Press, 2013, p. 24.

❺　See Trevor Burgess & Patrick Van de Slijke, "Horizontal Drilling Comes of Age," *Oilfield Review*, Vol. 2, No. 3, 1991, p. 22.

❻　1993 年之前，这一技术尚达不到开采具有商业价值的天然气。See U. S. Energy Information Administration, *Drilling Sideways – A Review of Horizontal Well Technology and Its Domestic Application*, Washington, DC: EIA, 1993, p. 23.

❼　参见特伦斯·丹提斯：《捕获规则：对石油和天然气而言并非最差的财产规则》，载［英］麦克哈格等主编：《能源与自然资源中的财产和法律》，胡德胜、魏铁军等译，北京大学出版社 2014 年版，第 192 页。

境的破坏，从而成为现今世界上大多数油田开采的主要技术手段。[1] 因此可以坚信，如果不是捕获规则，水平井技术的发展不能说不会被应用，但至少会被推迟，页岩革命也不会如期到来。

另一方面，美国油气规则未限制水力压裂技术突破前的应用。众所周知，相比水平井技术而言，水力压裂技术对于页岩革命更为关键。美国早在 1947 年就在堪萨斯州的油田使用了该技术。[2] 但是尽管如此，该技术在当时尚无法有效压裂出页岩气。直到 1998 年，米歇尔公司经过大量实验，对用水量和压裂液改良之后，才压裂出具有商业价值的页岩气。但是，必须指出的是，压裂液中的一些成分存在污染地下水的可能性。因此，倘若美国在该技术尚未成熟之前，就以环保之名将其扼杀，那么页岩革命无疑就不会到来。所幸的是，无论是《安全饮用水法》还是《2005 年能源政策法》都没有限制水力压裂技术的运用。故而，正是在规则方面，由于构建起一种自由放任的路径，才保证了水力压裂技术研发的可行性，才最终促成美国页岩革命的成功。[3] 是以，在能源领域，尽管技术有利于打开市场，但竞争与监管规则却是保证技术得以实施的关键因素。这正如美国能源专家凯利不断提醒我们的，"要打开清洁能源未来的经济和社会潜力，就应意识到像立法、规制和公共教育这些工具的力量"。[4]

（二）制度规则的质量而不是数量决定页岩革命的成功

如上所述，制度规则对于美国页岩革命的成功具有重大意义。然而，这种规则意义的彰显却并不是通过数量，而是经由质量实现的。甚至可以发现，在页岩革命成功之前，美国根本没有专门的页岩法律政策。当然，必须指出的是，这种端赖于规则质量的页岩革命，实是美国在经历了一系列失败教训之后所得出的。

自 1821 年第一口天然气井开采以来，美国天然气开采一直无相关立法。

---

[1] 参见［美］耶金著：《能源重塑世界（上）》，朱玉犇、阎志敏译，石油工业出版社 2012 年版，第 8 页。

[2] See Christopher S. Kulander, "Shale Oil and Gas State Regulatory Issues and Trends," *Case Western Reserve Law Review*, Vol. 63, 2013, p. 1113.

[3] See William J. Brady & James P. Crannell, "Hydraulic Fracking Regulation in the United States: The Laissez-Faire Approach of The Federal Government and Varying State Regulation," *Vermont Journal of Environmental Law*, Vol. 14, 2012, pp. 39-70.

[4] See Ingrid Kelley, *Energy in America: A Tour of Our Fossil Fuel Culture and Beyond*, Lebanon, NH: University of Vermont Press, 2008, p. 5.

百年间，只有捕获规则作为唯一的指导性原则。❶ 20 世纪初，几个大型油气田被发现后，美国油气资源出现了过剩，天然气被放空、就地燃烧等浪费现象屡见不鲜。而此时的美国却正经历着 1929 年以来的经济大萧条，在秉持凯恩斯主义的经济理念下，罗斯福的"新政"向这种资源浪费进行了宣战，其在制度规则方面就集中体现在《1938 年天然气法》上。然而，这一立法却是"应景式"的，缺乏审慎地制度性设计；再加之，政党政治的影响，使其出台之际便是一个不成熟的立法。最初，该法仅是针对州际天然气管道贸易进行监管，但之后的司法解释却不断扩大其管辖权，最终联邦电力委员会被赋予了直接规制井口价格的权力。毫无疑问，价格管制使天然气的浪费现象迅速被扼制。但是，尽管这一制度在当时起到了积极效果，然而这种人为定价机制却从根本上抹杀了市场的调控作用，从而致使人们投资天然气的积极性湮灭了。到 1968 年，美国天然气消费量已超过国内储量。❷ 1973 年石油禁运彻底暴露美国天然气制度上的弊端，改革成为一种不得已而为之的事情。❸ 为此，卡特政府通过了《1978 年天然气政策法》。该法成为美国解除天然气政府管制的开端，之后联邦能源监管委员会又相继通过了一系列放松管制的指令，天然气价格才彻底被放开。

然而，《1978 年电厂和工业燃料使用法》却横亘在那里，尽管它是从节约出发，禁止新建电厂和工厂使用石油和天然气发电，但事实上却限制了天然气消费市场，毫无疑问，它是造成 80~90 年代美国天然气短缺的根本原因。❹ 因此，即便《1978 年天然气政策法》放松了生产管制，但由于消费市场仍被直接管制，结果，造成天然气只迎来了一个短暂的"春天"，就又陷入了短缺的怪圈，直到 1987 年国会废除这一法律，美国天然气市场才开始真正走向复苏。❺ 由此可见，是规则的质量决定了美国页岩革命的成功。倘若仍是

---

❶ 美国在 1921 年之前，与天然气相关的制定法有《1920 年矿法租赁法》（The Mineral Leasing Act of 1920）和《1916 年岁入法》（The Revenue Act of 1916）。前者主要规制美国公地的矿产开采，后者给予油气勘探以税收补贴。See Richard H. K. Vietor, *Energy Policy in America since 1945*: *A Study of Business-Government Relations*, Cambridge: Cambridge University Press, 1984, pp. 16–20.

❷ See David A. Waples, *The Natural Gas Industry in Appalachia*: *A History from the Discovery to the Tapping of the Marcellus Shale*, 2nd ed., Jefferson, NC: McFarland & Company, Inc., Publishers, 2012, p. 217.

❸ 参见 [美] 斯泰格利埃诺著：《美国能源政策：历史、过程与博弈》，郑世高等译，石油工业出版社 2008 年版，第 9 页。

❹ 参见 [美] 海夫纳三世著：《能源大转型：气体能源的崛起与下一波经济大发展》，马圆春、李博抒译，中信出版社 2013 年版，第 34–36 页。

❺ See Robert W. Kolb, *The Natural Gas Revolution*: *At the Pivot of the World's Energy Future*, Upper Saddle River, New Jersey: Pearson FT Press, 2014, p. 39.

依《1938年天然气法》进行价格管制，那么，美国传统上的捕获规则就不会发挥积极作用，更谈不上生产商会热衷于页岩气的勘探开发。倘若《1978年电厂和工业燃料使用法》依旧禁止电厂和工厂使用天然气，美国天然气市场就仍是扭曲的。因此，从一定意义上而言，能源的发展需要对风险的承认，过低的风险则会磨灭个体的革新精神。同样，规则本质上是厌恶风险的，[1]过多的立法尽管会降低风险，但同时它也扼杀了人们的进取心。[2]因此，能源规则不在于多，而在于"质"。

（三）制度规则是对市场而不是对政府干预的认同与肯定

哈佛大学商学院的费伊特（Richard Vietor）教授曾指出，在美国能源制度史上并不缺乏政府干预，但它却始终受到宪法、意识形态以及美国多元政治的广泛限制，所以，美国的能源政策最终仍将是回归到以市场为主导的平衡机制上来。[3]无疑，美国页岩革命的成功正印证了这句话，亦即制度规则对市场的肯定，对政府干预的谨慎。

就政府干预而言，尽管有学者不断强调这一点，然而在美国页岩革命上，它的确并未起到实质性作用。这可从三方面看出：第一，在2009年页岩革命到来之前，美国政府并没有意识到页岩气将是"游戏的改变者"。这从美国能源部信息署每年公布的《国内能源展望》中即可发现，在2009年之前，这些报告中根本没有出现过"页岩气"的字样，甚至即使其他的美国官方的智库、能源专家、政策制定者以及经济学家都未能提前预见到页岩革命的到来。[4]甚至2006年，《国内能源展望》中还认为美国未来将成为全球重要的液化天然

---

[1] See Alastair R. Lucas, Theresa Watson, & Eric Kimmel, "Regulating Multistage Hydraulic Fracturing: Challenges in a Mature Oil and Gas Jurisdiction," in Donald N. Zillman, Lila Barrera-Hernandez, & Adrian Bradbrook ed., *The Law of Energy Underground: Understanding New Development in Subsurface Production, Transmission, and Storage*, Oxford: Oxford University Press, 2014, pp. 132-133.

[2] See Michael Levi, *The Power Surge: Energy, Opportunity, and the Battle for America's Future*, New York: Oxford University Press, 2013, p. 33.

[3] Richard H. K. Vietor, *Energy Policy in America since 1945: A Study of Business-Government Relations*, Cambridge: Cambridge University Press, 1984, p. 12.

[4] See Michael Levi, *The Power Surge: Energy, Opportunity, and the Battle for America's Future*, New York: Oxford University Press, 2013, p. 24. See also Thomas W. Merrill, "Four Questions about Fracking," *Case Western Reserve Law Review*, Vol. 63, 2013, p. 975. U. S. National Petroleum Council, *Prudent Development: Realizing the Potential of North America's Abundant Natural Gas and Oil Resources*, Washington, DC: the NPC, 2011, p. 7. 亦可参见［美］波特金、佩雷茨著：《大国能源的未来》，草沐译，电子工业出版社2012年版，第294页。

气进口国。[1]

第二，从美国政府支持的角度来看，自 1992 年东部页岩气项目结束之后，美国未再向页岩项目投入任何资金。实际上，自里根政府起，能源部在能源研发项目上的资金就在逐渐减少，且即使是能源部项目，经费也开始转移到与环境相关的研究上，而天然气领域的研发几乎所剩无几。[2] 之后的老布什和克林顿政府则延续了美国主流能源政策模式，偏爱于大型的、资本密集的、集约化的能源生产。[3] 到小布什政府时期，国内天然气已接近峰值，美国政府不得不开始准备液化天然气的大量进口。[4] 而 2008 年上台的奥巴马政府，则将可再生能源作为其主打的能源投资，页岩气根本没有进入到美国政府的视野。[5]

第三，从能源政策来看，政府没有单独扶持页岩气的规则政策。1973 年石油禁运之后，尽管美国出台了大量的能源法律政策，但这些政策往往是一般性的，并不针对某一专门能源类别进行规制。例如，在页岩气开发中的税收减免，包括《1978 年天然气政策法》《1989 年原油暴利法》，以及《2005 年能源政策法》中的哈里伯顿漏洞，它们更多的是指向所有非常规油气资源，而并非仅针对页岩气。更值得一提的是，1998 年米歇尔公司在页岩气开采实验中，实际上根本没有享受到直接的税收减免等政府优惠措施。[6]

毋庸讳言，东部页岩气项目对米歇尔公司最终的成功的确起到一定作用，但这也仅仅是辅助性的，例如东部页岩气项目中的泡沫压裂技术，米歇尔公司也曾在实验中运用，但收效甚微，最终只得放弃这一技术，转而发展水力

---

[1]　See U. S. Energy Information Administration, *Annual Energy Outlook 2006*, Washington DC：EIA, 2006, p. 86.

[2]　See U. S. National Energy Technology Laboratory & U. S. Strategic Center for Natural Gas and Oil, *DOE's Unconventional Gas Research Programs, 1976–1995：An Archive of Important Results*, Washington, DC：U. S. Department of Energy, 2007, p. 13.

[3]　See Joseph P. Tomain, "The Dominant Model of United States Energy Policy," *University of Colorado Law Review*, Vol. 61, 1990, pp. 355–392.

[4]　See David A. Waples, *The Natural Gas Industry in Appalachia：A History from the Discovery to the Tapping of the Marcellus Shale*, 2nd ed., Jefferson, NC：McFarland & Company, Inc., Publishers, 2012, p. 227.

[5]　See Peter Z. Grossman, *U. S. Energy Policy and the Pursuit of Failure*, New York：Cambridge University Press, 2013, pp. 318–319. See also U. S. Energy Information Administration, *Direct Federal Financial Interventions and Subsidies in Energy in Fiscal Year 2010*, Washington DC：EIA, 2012, p. xiii.

[6]　See Zhongmin Wang & Alan Krupnick, *A Retrospective Review of Shale Gas Development in the United States：What Led to the Boom?* Washington DC：Resources for the Future, 2013, pp. 8–9, 24–26.

压裂。❶ 毫无疑问，这些政府项目实际上是为米歇尔公司提供了更多尝试的可能，以避免重蹈覆辙。然而，过分夸大前者在页岩革命中的作用，则无疑是错误的。是以，页岩革命的成功更大程度上应归因于制度规则对于市场的肯定。首先，这体现在捕获规则使美国油气生产领域从未出现过垄断。众所周知，美国最著名的垄断案是对洛克菲勒的美孚石油公司的拆分。然而实际上，它的垄断并不在油气生产领域，而是在炼油、运输和分配领域。❷ 因此可以确信地说，正是由于捕获规则的设计特点，使美国油气生产领域难以形成垄断。其次，捕获规则造就了众多的中小油气生产商，而他们则是美国页岩开采的主要革新者。仅就此次页岩革命的开发者米歇尔公司而言，它是美国油气生产商乔治·米歇尔（George P. Mitchell）创立的一家中型天然气生产公司。当那些美国大型油企无意于开采成本更大的页岩而将目光转向中东等海外廉价的油气市场时，正是米歇尔执着于开发几乎不可能成功的页岩气。而也正是这种企业家精神，不断排除开采中的阻碍，不断降低开采成本，才使页岩革命的神话得以实现。而之后的德文公司等中小型油气生产商则直接造就了2009 年美国页岩气生产的"井喷"时代。

此外，更重要的是《1978 年天然气政策法》启动了对市场的回归。它的出台表明，华盛顿政府已意识到人为价格管制是造成天然气供应匮乏的根本原因，只有重归市场才是正途。❸ 为此，在天然气领域，仅管道部分因存在自然垄断而继续监管以外，该法促成政府将生产和分配全部放开，由市场调控。这无疑为美国天然气潜力的释放提供了有力的规则语境。因此可以说，页岩气革命的演进，是美国多年在能源领域的传统规则和回归市场造就的一场能源革命。❹

---

❶ 参见［美］祖克曼著：《页岩革命：新能源亿万富豪背后的惊人故事》，艾博译，中国人民大学出版社 2014 年版，第 58-73 页。

❷ 参见［美］哈维·奥康诺著：《石油帝国》，郭外合译，世界知识出版社 1958 年版，第 10-20 页。

❸ 此处须指明的是，《1978 年天然气政策法》仅仅是一个回归市场的开端，不能将其认为是彻底的放松管制。其意义仅在于开启了放松管制，回归市场。这就不难理解，有些学者将该法认为是管制的继续。参见［美］斯泰格利埃诺著：《美国能源政策：历史、过程与博弈》，郑世高等译，石油工业出版社 2008 年版，第 25 页。

❹ 这场能源革命的引发者是那些在美国拥有传统油气开采历史的州，如德克萨斯、北达科他州等，正是它们不断演化的开采规则决定了能源革命的爆发。See Joshua P. Fershee, "The Oil and Gas Evolution: Learning from the Hydraulic Fracturing Experiences in North Dakota and West Virginia," *Texas Wesleyan Law Review*, Vol. 19, 2012, pp. 30-34.

三、中国能源革命实现的制度及规则机理

正如《天然气革命》一书的作者科洛布教授所言，"我们正处于一个能源革命的时代，它改变了美国的能源未来，同时也促发了世界其他地区的能源转型。而之所以称其为革命，实是因为对于所有现代经济体而言，能源是至关重要的，能源革命无疑将重塑世界上大国的力量对比"。❶ 中国，世界上页岩气资源最多的国家，同样期盼着进行一场类似美国的页岩革命。❷ 然而，中国仅仅是需要一场页岩革命吗？不宁唯是，我们更需要的是能实现能源革命的常态化，实现一场比页岩革命更重大的能源制度革命。唯有如此，才能实现超越，才能使国家始终屹立于潮头。是以，未来中国能源制度的构建应确立起能源变革的元规则，应保障能源规律与市场主体地位的规则安排，设计出具有自我调适能力，并与环境相协调的制度规则。

（一）确立能源变革的元规则制度

从制度规则的角度而言，美国页岩革命的爆发，与其传统油气领域一贯坚持的捕获规则有着直接联系。然而，透过此规则本身可以发现，它的制度机理在于保障能源变革的实现，而后者正是能源进步的本质所在。这一如美国能源专家索尔库博士所言，"能源的命数天然是不确定的和开放的"。❸ 无疑，确立起能源变革的元规则，才能保障能源始终以一种开放的体系运作，才能不断促发能源革命和技术进步。

因此，中国的页岩开采未必需固守于水力压裂。美国地质调查局在对全美页岩资源进行勘探后曾得出，每一块页岩气的地质构造都是独特的结论。❹毫无疑问，倘若以传统思维来开采页岩气，页岩革命将断难在中国实现。唯有确立起能源变革的元规则，以制度的名义打破思维的樊篱，才能让人们充分考量泡沫压裂是否可行，二氧化碳压裂是否可行，在美国不行的技术，在

---

❶　Robert W. Kolb, *The Natural Gas Revolution: At the Pivot of the World's Energy Future*, Upper Saddle River, New Jersey: Pearson FT Press, 2014, p. xv.

❷　See Thierry Bros, *After the US Shale Gas Revolution*, Paris: Editions Technip, 2012, pp. 103-106.

❸　［美］索尔库等主编：《能源与美国社会：谬误背后的真相》，锁箭等译，经济管理出版社2013年版，第387页。

❹　Team & Laura R. H. Biewick, *Map of Assessed Shale Gas in the United States*, *2012*, Denver, CO: USGS Denver Federal Center, 2013, p. 1.

中国是否可行等这些更为迥异的想法。此外，确立能源变革也与经济史学家诺思提出的"适应性效率"相吻合。正如其所指出的，没有哪一理论或方法完全适合于一个国家，只有找到那些与本国适宜的制度抑或规则，才能产生效率，才能实现国家"质"的飞跃。❶ 是以，能源变革元规则的确立，就是旨在找到激发中国能源的"适应性效率"，找到能源革命的促发点。

（二）制度规则要尊重能源发展规律

能源是人类文明进步的重要推动力。从火的利用到柴薪，再到煤炭、石油乃至电力，人类文明也随之进入农耕文明，再跃进到工业文明。显然，在人类发展中，能源是不可或缺的。然而这并不表示，某一类能源的使用就意味着进入到某一文明中，早在公元前3世纪，中国人已开始使用天然气，❷ 但这绝不意味着是工业文明。因此，能源现实主义告诉我们，尊重能源发展规律，是构建制度规则的基本出发点。

然而，当前在国内仍存在着不尊重能源规律的问题。中国能源战略专家、工程院院士、清华大学倪维斗教授就曾指出，"目前，全世界的能源、环境问题都是讨论的热点。尤其是中国，在这个热潮中，涌现了一些片面或'过头'的对能源各个发展途径和各种技术的看法。很多同志不从某一种能源的全生命周期出发研究其能源效率、环境影响和经济性，不从整个产业链来分析，总是就事论事，突出局部一点，不及其余，这给我国能源系统的可持续发展造成了很大的浪费"。❸ 是以，要实现尊重能源发展规律，就须构建起一个尊重能源事实的制度规则。

第一，制度规则应尊重能源利用率与经济增长呈正态分布的规律。经济学理论已多次阐明，能源利用率与经济增长呈现正态分布。❹ 尽管从短期来看，在能源类型固化的情况下，有时技术进步会造成二者不成比例，但能源

---

❶ 参见［美］诺思、［美］瓦利斯、［美］温格斯特著：《暴力与社会秩序：诠释有文字记载的人类历史的一个概念性框架》，杭行、王亮译，上海人民出版社2013年版，第182－192页。

❷ 参见申力生主编：《中国石油工业史（第一卷）古代的石油与天然气》，石油工业出版社1984年版，第139页。

❸ 参见［美］麦克尔罗伊著：《能源——展望、挑战与机遇》，王聿绚、郝吉明、鲁玺译，科学出版社2011年版，中文序言。

❹ See Sam H. Schurr & Bruce C. Netschert, *Energy in the American Economy, 1850-1975: An Economic Study of Its History and Prospects*, Baltimore, MD: The Johns Hopkins Press, 1960, pp. 155-190.

与经济均呈动态发展，始终保持能源利用与经济增长不挂钩是不现实的。[1] 是以，能源制度规则设计的一般方向，就应是扩大能源利用率。为此，在能源消费总量抑或节能的制度设计时，就不应只是简单地规定减少能源使用，而是应从能源效率入手，以提高单位能源使用量的方式来扩大能源使用，唯有如此，才能实现能源消费总量下降而能源利用率却是扩大的规律，既节约了能源，又实现了经济发展的根本目标。

第二，经济增长对能源的需求有一个临界值，制度规则应既重视周期性，又应力促临界值的实现。就周期性而言，在没有达到临界值之前，经济增长对能源的需求一定会呈现周期性运行。究其原因，是因为一定的经济模式框架内只能容纳一定的能源量，当达到临界值但却无法突破这一点时，往往会形成能源崩溃，随即再从此种能源模式的底端重新开始，因此，能源发展会周而复始，且只有程度或量上的变化，而无质的转变。对于这一规律而言，最可怕的莫过于与能源相关的各种周期的重合，无论是价格上的还是形态上的，一旦重合，就会产生剧烈振荡，或是极度繁荣，或是极度萧条。[2] 毋庸讳言，这种周期性是能源本身固有的，是不以人的意志为转移的。而要避免其破坏性，就要打破现有能源经济框架，进入新的能源经济形态。换言之，就是要突破能源需求临界值。当进入另一能源经济形态时，原有周期被打破，新的周期建立，从而通过不断促进临界点的产生，相对抑制周期性的破坏。因此，在这一方面，制度规则设计的一般方向，应是将能源周期作为能源发展的常态来看待，不以能源繁荣而忽视规则的意义，亦不应以能源危机而盲目立法。同时，要允许更多能源经济形态的存在，积极促成临界点的到来，同时防止出现为保护某一能源形态，而通过制度规则限制其他能源形态的发展。

第三，能源不仅仅是一个经济问题，更是一个社会问题，制度规则要防

---

[1] 2015 年的《BP 全球能源统计年鉴》中曾指出，2014 年出现了能源利用率下降和经济增长的逆发展。认为能源利用率与经济增长并不一定成正比。此种观点缺乏一定的科学性，显然，不能以短期的能源利用来看待二者之间的关系，更不能以这种观点，来印证减少化石燃料消费，不会影响经济发展，而为温室气体减排张目。这不是一种建立在科学基础上的观点。相反，只有"单位 GDP 能源利用率与经济增长成反比"这一规律是正确的。See BP, *BP Statistical Review of World Energy 2015*, London：BP Company, 2015, p. 1. See also See Sam H. Schurr & Bruce C. Netschert, *Energy in the American Economy, 1850-1975：An Economic Study of Its History and Prospects*, Baltimore, MD：The Johns Hopkins Press, 1960, pp. 16-17.

[2] 参见［美］法雷尔著：《强盗银行家：能源、金融与精英统治的世界》，章程、章莉译，译林出版社 2014 年版，第 53-72 页。

止设计的片面性。从宏观意义上而言，能源发展仅仅符合经济规律并不意味着依此制定的制度规则就能在社会中畅通无阻。能源制度在一定程度上也要符合社会语境的需要，甚至相比经济规律，社会语境具有更强的实践性。故而，能源制度规则的设计要更注重立法的技术科学。例如，为防止相关能源利益者的阻碍，制度规则设计的一般方向，应是确保能源行为者所预见的获益，均是手段性的，而非结果性的。❶ 这正如哈耶克所言，"人们之所有可能保有和平和达成共识，实是因为个人不必就目的达到共识，而只须就那些有助益于各种各样的目的之实现且能够有助益于每个人实现自己的目的的手段达成共识"。❷

(三) 制度规则应保障市场的主体地位

无论从经济角度，还是从能源发展轨迹来看，市场在促进经济发展与能源进步方面都具有决定性作用。之所以如此，乃在于市场能最大限度地保障自由，而自由是个体创造生产力的基本语境。因此，要实现能源革命，就要通过市场的主导性调控，促进个体在能源革命中发挥创新作用。黑格尔曾言之，法的理念是自由。❸ 因此，在一定意义上，法与市场应是一致的。当制度规则不能保障，甚至限制市场作用发挥时，说明前者已背离法的理念，从而失去了作为法的价值所在。故而，能源制度规则设计的一般方向应是保障市场的主体地位，实现各种能源在市场获得其发展力量的同时，也应让市场作为不适宜能源被淘汰出市场的唯一标准。

然而，必须指出的是，强调市场主体地位，并不是否定政府干预，而是要政府定位的准确。回顾能源史，特别是工业革命以来的能源进程，可以发现，但凡出现能源危机时，往往本质上是由于市场在某一方面受到束缚，而形成市场失灵。例如，20 世纪 20 年代，美国放空或就地燃掉天然气的浪费现象极其严重。究其原因，是由于天然气的运输市场受到了限制，但《1938 年天然气法》在制度设计上，却最终走上了直接的价格控制，否定市场存在，结果造成 70 年代当石油禁运到来时，不得不重新回归市场的制度规则。此外，由于制度规则在不同层面具有不同属性，因此，在设计时应充分考虑各

---

❶ 参见吕江：《社会秩序规则二元观与新能源立法的制度性设计》，载《法学评论》2011 年第 6 期，第 87-88 页。

❷ ［英］哈耶克著：《法律、立法与自由（第二、三卷）》，邓正来等译，中国大百科全书出版社 2002 年版，第 4-5 页。

❸ 参见 ［德］黑格尔著：《法哲学原理》，范扬、张企泰译，商务印书馆 1961 年版，第 1-2 页。

自的特点。例如，法具有较强的稳定性，因此法的制定应规定一般化的事项，特别适于规定能源市场发展。而政策具有较强的灵活性，则往往适于能源危机之时的紧急干预，适于具体的能源举措，但政策的理性因素较小，倘若将政策转化成法，若不去除掉那些人为安排，则会破坏市场维护自由的本质。❶

（四）制度规则要具有自我调适能力

一个铁的能源立法前提是：能源系统是复杂的，任何一个规则都无法完全和绝对地适应它的运行，这不仅是时间上的，而且是空间上的。因此，能源制度规则的一个显著特征，就是必须具备某种自我调适能力，否则就会对能源形成破坏性的制度桎梏。而为达到此种要求，就须从以下三个方面入手。

第一，能源领域的制度规则应是宁缺毋滥。从一定意义上而言，由于现代意义上的法不是一个自然产物，而是实足的人造之物，且由于人的理性又是有限的；那么，在未真正理解能源是什么之前，任何贸然出台的制度规则，都极可能对能源系统产生巨大的破坏作用。因此，在能源领域中，最好的制度规则恰恰是"无规则"。而也正是基于此种考量，将能源法治片面地理解为能源规则越多越好，无疑是错误和不科学的。

第二，能源领域的具体规则创新应以地方为主。这显然是因地方立法所具有的特点所决定的。一方面，它具备能源语境化的优势。一个地区的能源有哪些，能不能开发，采用什么样的能源技术最为合理，只有本地区才最有发言权。另一方面，它灵活性强。尽管我们不能保证地方能源立法一定是合理的，但即便实践证明是错误的，产生的影响也是局部的，这样便于迅速纠偏，采取相应策略，减少损失。相反，如果促进了本地区能源发展，则必然会激发其他地区争相效仿，进而实现能源的全面进步。

第三，能源领域一般规则的确立应以克服地方立法的弊端为主。必须承认的一个事实是，地方立法总是存在短视或局部利益问题。因此，在能源领域，对于一般规则的需要仍是不可或缺的。这不仅是由于能源中一般规则关乎国家、社会的进步，乃至文明的存续；而且，从一定程度上讲，它起到了纠偏的作用。因此，科学性和真理性乃是一般能源规则的主要诉求。对此，

---

❶　此处需要指出的是，由于各个国家法制体系的不同，在法与政策的界别上也有着本质上的区别。例如英美法系，在能源领域更多采用的是政策法的形式，因此会出现《2008 年能源法》《2010 年能源法》这样的表述。此种意义上的法（Act）实质上就是政策，随着政党执政的更替而出台新的能源政策法。

它至少应涉及三个方面：监管、信息披露和研发。监管是因为能源领域存在自然垄断。而信息披露，则是防范能源危机的有效手段。例如，美国在1973年石油禁运之前，并没有机构负责信息披露，结果能源企业或组织都未能预见美国能源危机的到来。❶ 为此，美国创建立了能源信息署，从而有效地防止和减缓了多次能源危机对美国经济和社会的冲击。是以，在现代社会中，能源信息披露往往具有比实物更重要的意义。此外，制度规则也应考虑"落日法"的规定。因为成文法最大的问题就是无法与时俱进，易形成路径依赖。因此，能源制度规则设计时，可考虑"落日法"的规定。

（五）制度规则应促进能源与环境的协调

环境无疑是21世纪的主题，能源领域亦不例外。但现实生活中，往往存在着能源发展与环境保护相对立，无法协调的观点。这显然是错误的。诚如美国国家研究理事会所言，能源开发中，如若将能源生产与环境保护相对立，则会使二者均受损，能源利用的风险不是降低，而是增加。❷ 事实是，能源发展与环境保护从来都是协调的。例如，在今天，化石能源被认为对环境有害。然其所不知的是，19世纪，马车作为人类交通工具时，马粪是城市公共卫生的主要污染物。正是由于化石燃料为基础的交通工具的出现，才从根本上解决了这一问题。同样，在电力未到来之前，人类用抹香鲸的油脂作为油灯的燃料，而正是煤油的出现，才避免了抹香鲸被大量掠杀。❸

而今天能源发展与环境保护的对立之所以如此之尖锐，很大程度上是制度规则设计过于简单化，或者是由于制度规则本身阻碍了能源在环境方面的进步。例如，煤炭对环境的污染最为严重，因此，某些规则设计上，为保护环境，就禁止燃煤。事实上，这样的规定过于简单和不科学。其实，制度设计时，仅要求必须达到相应的环保标准即可，环保标准可以通过不断重新设定而提高，但并无须直接规定禁煤。这样带来的结果会有两个，一是环保标准提高，企业不燃煤了，而用了天然气或可再生能源。如英国在欧盟提出二氧化硫排放标准后，将燃煤电厂改为天然气发电，为其当今气候政治的领导

---

❶ See Sam H. Schurr & Bruce C. Netschert, *Energy in the American Economy，1850-1975：An Economic Study of Its History and Prospects*，Baltimore，MD：The Johns Hopkins Press，1960，p. 9. See also.

❷ See U. S. National Research Council, *Risk and Risk Governance in Shale Gas Development：Summary of Two Workshops*，Washington，DC：The National Academies Press，2014，p. 2.

❸ 参见［美］克劳士比著：《人类能源史：危机与希望》，王正林、王权译，中国青年出版社2009年版，第113-117页。

权奠定了坚定的物质基础。❶ 二是环保标准提高，企业改进了燃煤技术，达到了环保标准，继续使用煤炭。由此可见，不论采取哪种方法，环境质量都是提高的。但这种规则设计并没有限制煤炭使用，而是交由企业决定，从而既可创新能源技术，提高能效，又可调整能源结构，促进能源发展。是以，唯有加强规则的制度设计，制定出符合科学的规则，才可消解能源与环境二者之间的对立，才会带来新的能源革命。

结　语

美国页岩革命本质上是一场"制度革命"。它的旨趣乃在于回归传统、回归市场，在于尊重能源发展规律，保障能源变革的制度设计。然而，无论这场革命如何演变，我们最终仍须谨记的乃是，"不管我们努力开创一个基于扭曲的、传说式的观念的能源未来，还是基于批判性的、自反性的和谨慎性的战略的能源未来，都将取决于我们自己"❷。

---

❶ 参见吕江著：《英国新能源法律政策研究》，武汉大学出版社 2012 年版，第 178-179 页。

❷ ［美］索尔库等主编：《能源与美国社会：谬误背后的真相》，锁箭等译，经济管理出版社 2013 年版，第 387 页。

第八章

欧盟新能源的制度变化：能源联盟

引 言

2015 年 2 月 25 日，欧盟委员会正式宣布，启动以《能源联盟战略框架》为核心的欧盟能源联盟。毫无疑问，这是欧盟"自欧洲煤钢共同体以来最宏大的欧洲能源项目"。[1] 有评论甚至将其誉为 21 世纪的"另一个马歇尔计划"。[2] 可见，该战略框架的出台，再次为欧盟创造一个新的能源契机，它的意义不仅在于重塑欧盟的能源安全，更是意欲将其未来经济社会的全面发展，牢固地树立在一个以新能源为基础的一体化进程上。一俟这一能源联盟得以实现，一个强大的新欧盟将会屹立于世界之巅。

然而，欧盟确能实现这一蓝图吗？许多学者纷纷侧目于此，观点更莫衷一是。[3] 我们认为，当前的《能源联盟战略框架》仍是欧盟能源战略的一贯延续，其能源思维仍局限于市场化与外部供应安全之上。而其在可再生能源与低碳经济方面也并没有走出原有的框架体系。因此，这一文本并没有从根本上解决欧盟能源战略的宏大性与其现实困境中存在的诸多不可避免的冲突。

---

[1] See European Commission, "Vice-President Šefčovič speech at the European Parliament plenary: Decision adopted on a Strategic framework for the Energy Union," February 25, 2015, http://europa.eu/rapid/press-release_ SPEECH-15-4503_ en.htm (last visit on 2017-03-31).

[2] See "EU's energy union must overcome serious obstacles", http://www.theguardian.com/environment/2015/feb/25/eu-energy-union-must-overcome-serious-obstacles (last visit on 2017-03-31).

[3] See "The European Commission Unveils Its Energy Union Plan", http://www.forbes.com/sites/stratfor/2015/02/27/the-european-commission-unveils-its-energy-union-plan / (last visit on 2017-03-31). "Europe's Energy Union: a big deal-but is it a good deal?" http://www.energypost.eu/europes-energy-union-big-deal-good-deal/ (last visit on 2017-03-31).

而唯一值得肯定的是，在其战略框架中，欧盟详尽规划了未来自身能源制度建设的时间表，这在一定程度上意味欧盟开始认识到其能源发展中的核心问题，即欧盟现行的制度安排是否真正促进了本地区及各成员国的能源进步。

毋庸讳言，欧盟《能源联盟战略框架》的出台，与当前全球能源发展的新变革密不可分。特别是美国页岩革命的成功，彻底颠覆了近年来在能源技术与制度领域的传统思维和发展路径，从而引发了世界各国，特别是能源大国重新反思自身能源战略与制度安排的行动。这对于中国亦是同样的，2014年6月，在中央财经领导小组第六次会议上，习近平同志创新性地提出了"中国能源生产和消费革命"的新思维，强调"面对能源供需格局新变化、国际能源发展新趋势，保障国家能源安全，必须推动能源生产和消费革命"。此外，中国大力发展"一带一路"，扩大与其他国家的能源合作，也促使欧盟慎重地考虑其对外的能源合作问题，因此，一定意义上而言，能源联盟的提出，亦是欧盟加强海外能源市场的一个重要举措。

是以，在能源革命与进步之间到底存在一种什么样的关联本质，能源技术与能源制度二者之间又是何者孰轻孰重；倘若制度失策，灾难性的能源后果一定会发生吗？为此，本书意欲经由欧盟《能源联盟战略框架》的视角，审视欧盟近年来的新能源制度变迁史，从一种失训观的角度，来阐明制度安排之于能源革命爆发的意义，进而助益于未来中国能源生产和消费革命的制度构建。

一、欧盟《能源联盟战略框架》出台的背景

欧盟能源联盟的建立有其深刻的背景。从欧盟内部而言，欧盟地区经济发达，能源消耗量大。2014年，欧盟一次能源消费1611.4百万吨油当量，占世界总消费量的12.5%。[1] 然而，欧盟的石油和天然气等传统能源相对匮乏，且进入21世纪以来，欧盟的化石能源产量总体呈下降趋势。[2] 另外，欧盟国家工业化较早，住宅历史悠久，房屋陈旧，隔热绝缘不佳，90%的住宅都存在能源利用率低的问题。而统一的内部能源市场建设也不尽如人意，各国市场仍处于分割状态，能源价格处于高位。

从国际角度而言，欧盟能源严重依赖进口。欧盟公布的数据显示，欧盟

---

[1] See BP, BP Statistical Review of World Energy 2015, London: BP, 2015, p. 40.

[2] 参见杨解君主编：《欧盟能源法概论》，中国出版集团2012年版，第2-7页。

能源进口比例已经高达 53%，其中进口的石油和天然气有近 1/3 来自俄罗斯。❶ 脆弱的能源供应体系使欧盟能源系统极易受到冲击。而 2006 年和 2009 年两次天然气危机，正印证了人们长期以来的担忧。在俄乌天然气争端中，欧盟国家损失惨重。在 2006 年的"斗气"风波中，斯洛伐克和波兰的油气进口量下降达 1/3。波兰的石油供应被迫中断，奥地利则被迫使用国家储备。2009 年的风波则影响更大、更深远，意大利和奥地利的天然气供应量下降约 90%，保加利亚天然气基本"断供"。❷ 这都为欧盟的能源安全敲响"警钟"。

而 2014 年的乌克兰危机更是触动了欧盟能源安全这条敏感的神经。可以说，2014 年的俄乌冲突是能源联盟的主要推动力。自乌克兰危机爆发以来，欧盟与俄罗斯的关系不断恶化，而目前欧盟的大部分能源依然从俄罗斯进口，欧盟每天要支付 10 亿欧元用于能源购买。英国的外交大臣黑格指出，欧盟必须重塑它们与俄罗斯的能源和经济联系方式。❸

与此同时，大洋彼岸的美国经过页岩革命一跃成为世界第一大天然气生产国。2014 年，美国的天然气产量达 7283 亿立方米，占世界总量的 21.4%。天然气的价格对比 2008 年下降了 75%。❹ 长期的能源短缺变成了供应过剩。美国总统奥巴马甚至称，"近期的技术创新使我们能够从脚下的页岩气中开采出更多的储量。也许足够用 100 年之久"❺。众议院对外关系委员会表示支持出口更多的天然气。民主党的许多议员也认为，让天然气发挥地缘战略价值的时机已经到来，赞成通过立法加速液化天然气的审批进程。❻ 就长远而言，美国的液化天然气将慢慢进入国际市场，抢占国际天然气市场份额。

2014 年时任波兰总理的图斯克访问欧盟总部、法国和德国，重点探讨建

---

❶ See EU Communication, Energy Efficiency and its contribution to energy security and the 2030 Framework for climate and energy policy.

❷ 参见韩雪琴：《俄欧能源合作模式探析》，载《俄罗斯中亚东欧市场》2011 年第 7 期，第 3 页。

❸ See "William hague: EU Discusses Need to Reduce Reliance on Russia Energy," March18, 2014, http://www.kyivpost.com/content/ukraine/william - hauge - eu - discusses - need - to - reduce - reliance - on - russian-energy-339768.html (last visit on 2017-03-31).

❹ 参见 [美] 格雷戈里·祖克曼：《页岩革命》，艾博译，中国人民大学出版社 2014 年版，第 3 页。

❺ [美] 丹尼尔·耶金：《能源重塑世界》（上），牛玉犇、阎志敏译，石油工业出版社 2012 年版，第 294 页。

❻ See John Fund, "Counter Putin with Natural-Gas Exports: Obama Should Ignore the Green Lobby and Expedite Export to Europe," March 9, 2014, http://www.nationalreview.com/article/372982/counter-putin-natural-Gas Exports-join-fund (last visit on 2017-03-31).

立"欧洲能源联盟"，并强调欧洲能源联盟遵循两大原则：一是欧盟28个国家统一购买天然气；二是如果成员国出现资源短缺困难，其他成员国帮助其摆脱困境。奥朗德在结束与图斯克的会谈后表示，法国和波兰在建立"欧洲能源联盟"的观点上完全一致。法国总统奥朗德和波兰总理图斯克共同倡议成立能源联盟，目的是降低欧盟国家在能源上对俄罗斯的依赖。❶

2015年2月，欧盟委员会主管能源的副主席马罗什·谢夫乔维奇宣布，建立欧盟能源联盟的工作已经启动。❷ 另外表示本届欧委会的优先目标之一就是建立欧盟能源联盟，该联盟的战略目标是降低欧盟对进口石油和天然气的依赖，帮助欧盟成员国实现能源多样化。

综上所述，欧盟能源联盟是欧盟面对国际能源格局变化的一次战略行动，旨在减少对俄罗斯能源的依赖，从而维护欧盟的能源安全。这一战略是欧盟能源安全战略的一部分，不仅会对欧盟内部能源市场产生影响，而且也将影响世界能源需求供应的发展趋势。

二、欧盟《能源联盟战略框架》的内容

欧盟委员会于2015年2月25日公布了能源联盟一揽子战略计划，主要包括以下三个部分。

（一）能源联盟成立的必要性

欧盟能源联盟的目标是为欧洲的消费者，包括家庭和企业，提供一个安全的、可持续的、可负担的能源系统。

《能源联盟战略框架》显示，现存欧盟的能源体系存在许多的问题。首先，欧盟当前53%的能源需要进口，成本达4000亿欧元。欧盟已经成为世界最大的能源进口地。而其中，6个成员国依靠单一的天然气供应国，脆弱的能源供应极易受到冲击。而欧盟的电价是美国的两倍，价格的差异削弱了欧盟企业的竞争力，特别是能源密集型行业。另外，欧盟的企业虽然拥有全球40%的可再生能源技术专利，但却面临着可再生能源投资不足的困境，这会

---

❶ 参见李增伟："波兰竭力推动建立欧洲能源联盟"，http://world.people.com.cn/n/2014/0427/c1002-24947943.htm（访问日期：2017-03-31）。

❷ See European Commission, "Vice-President Šefčovič speech at the European Parliament plenary: Decision adopted on a Strategic framework for the Energy Union," February 25, 2015, http://europa.eu/rapid/press-release_ SPEECH-15-4503_ en.htm (last visit on 2017-03-31).

导致欧盟丧失该领域的领导地位。❶

其次，欧盟虽然有统一的能源法规，但实践中，欧盟却有 28 个监管体系。欧盟的公民没有选择能源供应商的机会，无法控制能源成本，导致许多家庭的燃料贫困。能源的基础设施老化，无法适应日益增长着的可再生能源的发展。欧盟迫切需要吸引投资，但目前的市场设计和国家政策都无法为投资者提供明确的预测。欧盟的许多成员国就像一个个的"能源孤岛"，这都大大增加了欧盟能源的脆弱性。如果继续目前的道路，那么欧盟转向低碳经济的道路就会面临着支离破碎的市场导致的经济、社会和环境方面的高成本。所以，欧盟必须做出改变，那就是能源联盟。

（二）能源联盟的方向

这部分是该战略的主要组成部分，占了战略框架 2/3 的篇幅。它由 5 个相辅相成的部分组成：

（1）能源安全团结和信赖。该部分明确提出成员国应在能源事务上团结一致。它也被认为是能源联盟的核心内容。主要体现在三个方面。

首先，强调通过多元化的供应确保能源安全，包括能源渠道、供应商和路线的多元化。它要求加强南部天然气走廊确保中亚国家的天然气出口到欧盟，并在北欧、中欧和东欧建立天然气中心。欧盟也将探索液化天然气来应对可能出现的能源危机。当前，由于天然气的液化、再气化及其运输成本，液化天然气的价格高于管道天然气，为此，能源委员会正计划推出一个全面的液化天然气战略来应对。另外，欧盟将着手解决公众接受和环境影响等问题来开发本区域内的页岩气。

其次，欧盟能源联盟是一个外向型的项目。它将作为一个外交工具，同主要的能源生产国和运输国进行协商，以提高欧盟掌控全球能源市场的能力。为此能源联盟将打破以往各成员国各自为政的贸易局面，用"同一个声音"统一与贸易国进行价格谈判。另外，欧盟将利用外交政策同日益重要的生产国和运输国建立战略伙伴关系，如阿尔及利亚和土耳其、阿塞拜疆和土库曼斯坦、非洲等潜在的供应商。在欧洲内部，将继续和它的第二大原油和天然气供应商挪威发展进一步的伙伴关系，并将其纳入欧盟的内部能源政策中。同时，欧盟也将致力于同美国和加拿大发展伙伴关系。甚至在条件适合的时

---

❶ See UNEP-BNEF, Global Trends in Renewable Energy Investments 2014, Frankfurt; UNEP Collaborating Center, 2014, pp. 4–7.

候，重塑与俄罗斯的能源伙伴关系。

最后，确保能源安全一个重要的因素是同第三方国家的协议是否符合欧盟法律。未来，在成员国和第三方国家达成贸易协议时，欧盟将对其协议的合法性进行审查。但是在实践中，已经达成的协议是很难更改的。所以，未来欧盟委员会将在政府谈判的早期阶段对协议进行合法性审查。

（2）建立一体化的能源市场。目前，欧盟统一的能源市场建设取得了不错的进展，却仍存在许多的问题，如投资不足，市场竞争力差。欧盟的能源市场还是太分散。而能源联盟将作为一个重要的力量来推动内部市场建设。

第一，连接能源市场。欧盟提出将在 2020 年之前实现 10% 的电网互联，争取在 2030 年实现 15% 的目标。为此，欧盟将会在 10 年内投资 2000 亿欧元支持该项目。欧盟投资银行、欧洲战略投资基金将会为此提供支持。欧盟还将加速本区域内基础设施的建设以便更好地连接能源市场。另外，委员会还将建立专门的能源基础设施论坛，进一步促进成员国和欧盟机构的合作。

第二，能源市场的软件升级。能源联盟的一个优先目标就是使成员国全面严格地执行现有的能源法律法规。只有严格地执行条约中的竞争规则才能防止能源巨头进一步扭曲能源市场。另外，欧盟委员会为能源市场有效的运行设置一个监管框架。这个监管框架将保持独立的地位以便更好地发挥作用。

（3）能源效率。欧盟一向重视能源效率。欧盟是全球能效最高的地方之一，尤其在家用电器和热电联产系统领域。当前，欧盟国家的能源强度比美国低 30%。❶ 而能源联盟也延续欧盟对能效的重视。欧盟将重新思考能源效率，并将能源效率当作能源的来源。欧盟委员会将进一步鼓励成员国在制定能源政策时兼顾能源效率。

建筑领域被认为有巨大的能效潜力。而建筑物降低能效的最大挑战在融资方面，为此，欧盟委员会将联合金融支持和技术支持吸引私人投资，促进能效的降低。另外，欧盟还将为 G20 国集团贡献一个"全球卓越的能源效率决策"的行动计划，该项目可以成为欧盟出口、经济增长和就业的驱动力。另一个具有重大潜力的部门是交通领域。它不仅要求能源效率，更要关注二氧化碳的排放。欧盟委员会将会采取措施开发和部署可替代燃料和必要的基础设施，即充电加油站。届时，基础设施、车辆和燃料将一起推出。

（4）低碳经济。欧盟的能源政策中一个必不可少的部分就是气候政策。该部分重申了欧盟 2030 年气候框架中关于温室气体减排 40% 的目标，并希望

---

❶　参见杨解君主编：《欧盟能源法概论》，中国出版集团 2012 年版，第 28 页。

在 2015 年的巴黎气候峰会促成有约束力的减排协议。欧盟气候政策的基石是碳排放交易体系。欧盟委员会希望交易系统继续充分发挥技术中立、降低成本效益的角色。

低碳经济的另一个重要部分就是可再生能源。该部分明确到 2030 年可再生能源要占能源消费的 27% 的目标。目前，欧盟有望实现 2020 年可再生能源 20% 的目标。但要实现 27% 的目标，面临着许多新的挑战，投资就是其中之一。欧盟委员会努力构建一个以市场为基础的框架来降低投资成本。另外，欧盟也要投资可持续的替代能源，包括生物燃料。为此，欧盟将评估其对环境、土地和食品工业的影响。

（5）加强能源技术的研究、创新。能源科研和创新是能源联盟的核心内容。欧盟要继续引领全球可再生能源，那么就必须保持可再生能源技术的领先地位。欧盟将继续大力促进可再生能源、智能电网、智能家居技术、清洁化石燃料的发展。同时，欧盟改变以往对核能源暧昧的态度，明确表示欧盟应该继续保持在核领域的领导地位。另外，欧盟认为碳捕获与封存技术是实现 2050 年气候目标的最具有成本效益的方式，将协作开发使用 CCS 技术。

（三）能源联盟的管理

能源联盟需要一个统一的管理和监管过程，确保能源相关的行动在欧洲、成员国和地区层面都得到较好的实施。为此，欧盟为能源联盟的管理确立了 7 个目标：能源和气候行动的一致性；实现 2030 能源气候框架的目标；简化目前的报告需求，避免不必要的行政负担；与利益相关者进行对话，得到他们对能源计划的支持；深化成员国间的合作；提高数据收集、分析和情报工作能力；欧盟议会和欧盟理事会的年度工作报告。此外，欧盟还将为能源联盟的管理开发一个动态的管理过程。

另外，为了实现能源联盟的目标，该战略还制定了 15 个具体的行动，并为这些行动设定了责任主体，制定了时间表，以期更好地发挥作用。❶

三、欧盟《能源联盟战略框架》的特点

欧盟能源联盟的主要内容是欧盟能源政策的一贯延续，但仍有三个不同

---

❶ See European Commission, A Framework Strategy for a Resilient Energy Union with a Forward-Looking Climate Change Policy, 2015, pp. 2-6.

以往的特点：

第一，欧盟欲建立统一的能源价格协商机制，统一同第三国进行谈判。欧盟将结束以往各自为政的能源贸易局面，联合欧盟成员国为一个整体，用"同一个声音"与第三国进行谈判和贸易，增强欧盟能源消费的优势地位，保证欧盟的能源安全。事实上，欧盟短期内不可能改变"以俄为主"的能源贸易结构。而在美欧制裁俄罗斯导致双方关系恶化后，此举就更有现实意义。

第二，欧盟强调用金融手段解决能源问题。2011—2013年，受经济发展放缓的影响，发达国家的能源投资规模缩减，尤其是可再生能源，年均下降19%。❶ 欧盟的能源投资疲软影响了欧盟的能源产业。未来，欧盟将会着手用金融手段解决能源问题。欧盟将支持利用融资工具，即欧洲战略投资资金解决基础设施建设的问题。同时，将简化现有的融资渠道，提供现成的金融融资模板，促进新的融资方案，开发新的融资技术来支持可再生能源方面的投资。

第三，欧盟制定了具体的行动计划。欧盟委员会为能源战略联盟制定了具体的行动，包括基础设施建设、电力、零售业、监管框架、可再生能源等方面，并为这些行动制定了时间表，规定了责任主体，保障行动的实施。

四、对欧盟能源联盟的前瞻

欧盟是世界最大的能源消费体，巨大的能源供应支撑着欧盟的地位。由于地缘上的便利，长久以来，欧盟的能源供应结构都是"以俄为主"。放眼全球，欧盟找不到一个比俄罗斯更适合的能源供应国。欧盟也曾与俄罗斯保持着长期的合作伙伴关系。即使在苏联解体之时，从苏联到欧盟的天然气管道都没有中断过。欧盟和俄罗斯的《能源合作声明》甚至规定，"俄罗斯拥有进入欧洲能源市场的特殊权利"。然而，欧盟的单一的能源供应使欧盟处于被动地位，乌克兰危机则开始令欧洲人怀疑俄罗斯是否仍是欧洲市场可靠的天然气供应国。

欧盟认为美国的液化天然气可以作为对俄罗斯天然气的重要替代。国际能源署发布的报告显示，美国或已取代俄罗斯成为全球最大的油气生产国，

---

❶ 参见董娟：《全球可再生能源发展现状及投资趋势分析》，载《当代石油石化》2014年第8期，第27页。

这标志着国际能源格局出现重大的变化。❶ 全球的能源生产中心逐步向美洲大陆转移。美国从世界最大的能源消费国变为全球的能源生产地。欧盟已经加快进行同美国的《跨大西洋贸易和投资伙伴关系协定》。❷ 美国也在加快对非自由贸易区协定国家发放液化天然气的出口许可证审批速度。另外，虽然短期内欧盟无法依靠来自美国的液化天然气改变被动的局面，但美欧可以在进口终端建设和开发页岩气等方面展开合作。

欧盟能源联盟正是在这样的背景下应运而生的。可以说，能源联盟是欧盟改变能源贸易格局的标志。然而，任何能源政策都不可能起到立竿见影的效果。欧盟需通过渐进的方式改变欧盟的能源格局。然而，由于种种原因，能源联盟本身也存在以下问题：

（1）欧盟能源联盟的定位模糊。乍听之下，能源联盟像是一个国家间的合作组织，而事实上，能源联盟是一个欧盟层面的战略框架。目前，欧盟实行两级能源监管体系。欧盟委员会制定能源战略和政策法规，欧盟能源委员会负责监督执行。也就是说，欧盟能源政策制定权主要掌握在作为政府间机构的手中，成员国政府处于影响欧盟政策出台的最强有力的地位。然而，各成员国基于国家利益和具体考虑促使本国政府尽可能地将能源政策决策权掌握在自己手中。欧盟想实现能源联盟的目标，必须加强欧盟当局的政策主导权。而能源联盟只涉及了能源行动的目标和具体计划，并未涉及政策制定问题。

（2）欧盟能源联盟的战略内容无新意。欧盟能源联盟的内容是保障能源安全，建立具有竞争力的内部能源市场，降低能源需求，提高能源效率，加强利用可再生能源，加强研究创新以发展绿色技术。而 2010 年欧盟委员会出台的战略文件《欧盟能源 2020——竞争、可持续和安全的能源战略》就提出了要提高能源效率、建设统一能源市场、为消费者赋权、加强能源科技创新和加强国际合作。可以说，欧盟能源联盟的主要内容更像是原则性的规定，主要内容毫无新意。如果不能赋予这些原则新的内涵的话，那么这个战略基本上是"老调重弹"。

（3）成员国的利益诉求不同影响能源联盟的行动效果。欧盟能源联盟的

---

❶ 参见国际能源署：《世界能源展望 2014》，2014 年，第 2 页。
❷ 《跨大西洋贸易和投资伙伴关系协定》（简称 TTIP），是美欧间仍在谈判的自由贸易协定，目标是形成美欧利益共同体，即"经济版北约"，以应对日益变化的国际经济环境带来的新机遇和挑战。它被仍未会成为世界上最大的自由贸易协定，可能重振冷战结束以来跨大西洋关系。

目标是将整合为一个整体，建立欧盟与第三国能源谈判的新框架，从而改变欧盟以往能源合作中的被动地位。可以说，这项内容是欧盟能源联盟最实际的目标。然而，欧盟成员国利益诉求的不一致可能会给这个目标蒙上阴影。

在欧盟成员国中，德国与俄罗斯的关系最为密切，两国合作铺设了穿越波罗的海的专用管道，甚至德国可以从俄罗斯获得优惠的天然气价格，想让德国放弃本国利益而服从欧盟的利益，可以说困难重重。对此最积极的波兰，却是俄罗斯重要的农副产品进口国，目前，俄罗斯停止从波兰进口肉制品，已经给波兰造成了极大的影响。拉脱维亚的天然气市场则几乎掌握在俄罗斯天然气出口工业股份公司的手中。❶ 而依靠本国的核电产业和水电的法国则对此并不十分热心。欧盟各成员国的利益诉求难以达成一致，可能被俄罗斯逐个击破，最终使该计划"流产"。

（4）欧盟内部市场的分歧。20 世纪 90 年代，欧盟就开始了能源一体化的过程。然而，欧盟的能源市场建设并不尽如人意。相比欧盟在共同的农业政策、关税同盟、统一大市场以及统一货币联盟等方面取得的成就要逊色得多。2003 年，欧盟通过了《关于电力内部市场的共同规则》和《关于天然气内部市场的共同规则》。然而，各成员国迟迟不将其转化为国内法。欧盟原定于 2007 年取消各成员国的贸易壁垒，全面开放能源市场，却适得其反，各成员国反而加快了在本国建立强大的能源巨头，欧洲的天然气市场仍牢牢地掌握在几个寡头手中，包括俄罗斯天然气工业公司、德国意昂集团、意大利埃尼集团。❷ 而能源联盟也没有对此提出行之有效的改革措施。

总之，能源联盟的内容包罗万象，几乎覆盖了所有与能源相关的领域。然而，这一框架在如何强化欧盟的内部能源市场、怎样协调欧盟与第三方的能源合作等方面却并没有实质性的对策。这都使能源联盟的未来不甚明朗。

五、欧盟能源联盟对中国能源安全的启示

中国的能源消费现状和欧盟有着一定的相似性。中国是世界上最大的能源消费国，2014 年，中国的能源消费占全球消费量的 23%。❸ 然而，国内的

---

❶ 参见李增伟、郑红：《构建"能源联盟"抗俄引争议》，载《中国石化报》2014 年 5 月 16 日第 008 版。

❷ 参见杨解君主编：《欧盟能源法概论》，中国出版集团 2012 年版，第 50 页。

❸ See BP, BP Statistical Review of World Energy 2015, London：BP, 2015, p. 40.

能源产量远远无法满足需求，对外依存度不断增加，其中石油对外依存度达59.5%，天然气对外依存度达32.2%。[1] 而能源供应相对单一，主要来自中东、非洲、东南亚地区，其中80%左右的进口油气需要通过马六甲海峡运输，马六甲海峡海盗猖獗，安全隐患多，不利于保障能源安全。如果中国出现能源供应中断，那将造成严重的经济危机。

中国的"一带一路"为我们的能源合作提供了契机。2013年，国家主席习近平提出了"一带一路"战略计划。该战略主要指依靠中国和有关国家既有的双边机制，借助行之有效的平台，主动地发展与沿线国家的经济合作伙伴关系，共同打造政治互信、经济融合、文化包容的利益共同体、命运共同体和责任共同体。鉴于此，我们应该做到以下两点。

（一） 加强同本区域内消费国的能源合作

欧盟成员国在能源气候领域存在广泛的合作，能源联盟无疑将这种合作向深入推进。而在亚洲，与中国邻近的日韩都是能源消费大国，都存在较大的能源供应缺口，且能源严重依赖对外进口。然而，东亚各国长期之间各自为政、疏于协调，甚至由于进口来源和路线接近，相互间存在恶性竞争。缺乏有效的合作机制和一些尚未解决的冲突严重阻碍了东亚各国在能源安全领域的合作。这样的竞争局面不仅没有起到保障各国能源安全的作用，反而损害了彼此的利益。面对当前全球能源格局的变化，俄罗斯谋求扩大对亚洲的能源出口的机遇，中日韩应该暂时先放下彼此间的成见，结成能源消费联盟，实现共赢，减少能源供给的风险。[2]

（二） 深化同能源供应国的合作

中国的能源进口国主要集中在中东和北非，其中，中东地区的进口原油占进口总量的51%。[3] 这些国家由于远离中国本土，加之国内情形混乱复杂，中国和这些供应国的合作往往只停留在贸易方面。而中国和俄罗斯的能源合作若仍保持这样的局面，不仅不利于中国的能源安全，也不利于俄罗斯改变原料供应国的地位。因此，中国应借助中俄之间高水平的政治关系和上海合

---

[1] 参见中国石油经济技术研究院：《2014年国内外油气行业发展报告》2015年1月，第1-3页。

[2] 参见于宏源：《乌克兰危机中的能源博弈及对中国的影响》，载《国际安全研究》2014年第6期，第51页。

[3] 参见中国石油经济技术研究院：《2014年国内外油气行业发展报告》2015年1月，第2页。

作组织，同俄罗斯开展多元化的合作形式，除了原油、原材料方面的贸易合作，也可以参与油气的勘探、开采、管道铺设等基础设施的合作，甚至可以在电能、水能和可再生能源方面寻找合作空间。❶

结　语

欧盟能源联盟到底发挥多大的作用还未可知，但它无疑是欧盟为能源安全做的一次积极的创新和尝试，也必然会对欧盟现存的能源系统产生影响，甚至冲击。对中国而言，当前正面临国际能源格局的调整，主要经济体都在做出转变，中国也应抓住机遇，适时调整能源战略，营造出适合中国国情的能源体系。

---

❶ 参见赵县良、潘继平：《中俄油气合作重大进展及其潜在风险与对策》，载《中国石油经济》2014 年第 10 期，第 29-32 页。

第九章

中国与欧美新能源合作的制度性设计

近年来，全球新能源发展进入一个新的历史时期。这是自 2008 年金融危机以来，新能源发展投资从下降到再次回升的一个转折期。这一时期，欧美在新能源发展方面出现了一些新的变化，这些都为未来中国与欧美新能源合作奠定了相应的物质和思想基础。同样，中国的新能源发展也进入一个新的阶段，如何能更好地将欧美新能源发展的成功经验带到中国，如何能促进中国新能源有一个质的转变，这些都需要双方加强在新能源方面的合作，以期实现各自在新能源方面的利益诉求。为此，本章着重从中国新能源现状入手，阐发中国在新能源合作方面的诉求，以及欧美与中国新能源合作的可能性，并最终提出中国在与欧美国家新能源合作方面，应采取的基本策略和制度性设计。

一、中国新能源发展的国内外背景

中国新能源发展不是一个封闭式发展，它与全球能源发展的趋势紧密联系。同时，国内经济和能源现状也决定了新能源发展成为一种必然的能源选择。

（一）中国新能源发展的国外背景

中国新能源发展的国外背景有两个主要的方面，即能源问题与环境问题的双重影响。

1. 全球能源危机将新能源推上能源舞台

"二战"结束后，全球经济发展进入一个相对平稳期。各国都将主要精力放在经济建设方面。此时，尽管各国能源生产与消费结构存在不同，但大多形成了以煤炭等化石燃料为主、核能为辅的能源结构。就欧洲而言，20 世纪 50 年代开始欧洲走向联合，就是从能源开始的。1951 年欧洲煤钢共同体的建立，率先促进了欧洲在能源方面的联系。❶ 而美国凭借着自身能源雄厚的实力，进一步扩大本国能源发展。

然而，一场能源危机是西方国家所始料未及的。到 20 世纪 60 年代末，美国国内油气生产已开始出现供不应求的现象。1973—1974 年欧佩克组织向美国等西方国家发动了石油禁运，这一事件充分暴露了美国国内能源危机的严重性；同时，也对西方国家的能源安全形成了新的挑战。❷ 试图摆脱对中东石油的依赖，建立一个能源独立的设想开始在欧美国家间形成。因此，美国率先开始在国内进行非常规油气的研发，同时卡特政府将目光投向了可再生能源，这促使新能源开始走上美国能源舞台。

同样，作为欧洲强国的英国，尽管 1973—1974 年的石油禁运没有对其造成与美国同样大的危害，但英国却进入一个国内能源政治的纷争，即国内煤炭工会越来越具有左右英国国内政治和经济的力量，而这种力量使英国经济面临着一个巨大的衰退。1979 年，撒切尔夫人带领保守党执政后，力图改变这种局面，因此，鼓励国内非煤炭能源的使用，这其中就包括了天然气和可再生能源等新能源。而之后上台的布莱尔工党政府，则更是力推可再生能源在能源经济中的作用，出台了一系列相关政策，加速英国新能源发展。❸ 因此，在一定意义上而言，欧美国家中出现的能源危机，无论是从国内的供应问题上，还是从能源政治上，都为新能源登上能源舞台提供了能源方面的支持。

2. 环境问题进入欧美政治视野

自工业革命以来，以煤炭等化石燃料为基础的经济发展促进了欧美国家的现代化。然而自 20 世纪 70 年代开始，这种化石能源经济路径越发凸显出其在环境方面的弊端。英国、美国等一些工业化城市纷纷出现严重的环境污染问题，能源工业对环境的污染达到一个不能忽视的地步。因此，在欧美等

---

❶ 参见黄嘉敏等主编：《欧共体的历程——区域经济一体化之路》，对外贸易教育出版社 1993 年版，第 12–13 页。

❷ 参见刘悦著：《大国能源解密：1973—1974 年石油危机》，社会科学文献出版社 2013 年版，第 208–220 页。

❸ 参见吕江：《英国低碳能源法律政策的演变、特点及其启示》，载《武大国际法评论》2011 年第 2 期，第 119–135 页。

国家，环保主义者逐渐形成气候，并开始走上欧美政治舞台。

气候变化问题是欧美诸多环境问题中对传统能源利用影响最大的环境问题。因为能源燃烧排放的二氧化碳是造成全球气候变暖的主要原因。要减缓气候变化，就要限制对化石能源的使用。因此，气候变化问题逐渐形成一个全球性的政治问题。❶ 1992 年联合国在巴西里约热内卢的环境与发展大会上通过了《联合国气候变化框架公约》，从而形成了全球气候变化问题共识，将温室气体减排提到全球政治日程上。1997 年在日本通过了《京都议定书》，正式开启了发达国家在温室气体方面的强制减排。毫无疑问，碳排放最主要是化石能源带来的，因此，减少化石能源的使用，促进零排放的可再生能源和新能源使用，就成为当前国际社会的一致共识。2009 年，《哥本哈根协议》将"后京都"减排提上日程。2015 年，一份全球性的减排协议在联合国巴黎气候变化大会上的通过，更加强了世界各国开展新能源的政治诉求。

（二）中国新能源发展的国内背景

传统上，一般认为，中国的能源禀赋是一个富煤、少油、缺气的能源现状。但 1959 年大庆油田的发现，使中国能源自给得以实现。1973—1974 年的石油危机，给欧美国家的能源独立形成巨大挑战，但对于中国而言，并没有产生较大的影响。尽管如此，改革开放之后，中国开始关注全球及欧美国家在新能源方面的利用和进步。1978 年，中国参加了在肯尼亚首都内罗毕召开的联合国新能源和可再生能源会议，与世界各国分享了包括太阳能、油页岩、风能等 14 种新能源和可再生能源的发展现状。其间，中国代表团团长、国家科委副主任武衡在会议上发言指出，"目前世界普遍存在关心能源问题，无论发达国家还是发展中国家，大多数都有如何从目前能源紧张的局面转变到更能持久和多样化的能源结构问题。从世界范围说，能源过渡是带来普遍性的而且是必然要发生的问题"。❷ 至此，从对国际上能源危机的关注，对国际新能源与可再生能源的发展趋势的关心，中国开始逐渐涉及新能源问题。但对新能源范围的限定则较为模糊，没有严格的界定，只要是新型能源都将其纳入其中。

20 世纪 80 年代，中国开始与其他国家合作，建立一批新能源示范点。例

---

❶ 参见吕江：《气候变化立法的制度变迁史：世界与中国》，载《江苏大学学报（哲社版）》2014 年第 4 期，第 41-49 页。

❷ 参见胡成春：《联合国新能源会议简讯》，载《太阳能》1981 年第 4 期，第 9 页。

如，在北京大兴县义和庄内，与联邦德国合作，建立了以太阳能和沼气池为主的新能源示范村。❶ 同时，中国在一些地区发展小水电、太阳能灶等可再生能源设施。并开始积极地评介国外在新能源发展方面的进步，以及扩大新能源的宣传舆论。❷ 1988 年中国能源研究会新能源专业委员会在北京正式成立。❸ 紧接着，1988 年 3 月，浙江省能源研究会新能源专业委员会也成立，成为地方新能源研究的首家研究会。❹ 至此，国内对新能源开展研究的学术团队开始构建起来。这一时期，在政府部门，主要是国家科委负责新能源的宣传工作。❺ 1988 年，国家成立了能源部，能源部开始进入新能源的政府管理领域。❻ 但需要指出的是，这一时期，新能源更多地限制在农村能源中，这从国家在"七五"规划中就可窥见一斑。因此，此时的新能源并未作为高新技术或国家产业出现。

20 世纪 90 年代开始，国家考虑将新能源发展纳入国民经济发展规划中。同时能源部为此积极开展了新能源领域的深入调研。❼ 1990 年 6 月，在国家科委的支持下，由中国能源研究会主持，在北京召开了国际新能源和可再生能源会议，这是中国在新能源领域召开的第一次国际性的学术交流会议。❽ 然而，20 世纪 90 年代初，国家在新能源产业上的基本战略是将其作为传统能源的有力补充，将新能源和可再生能源作为常规能源无法解决的偏远地区的主要能源供应源，并在一些风力、潮汐能充沛的地区发展试验性新能源。❾ 尽管

---

❶　参见李永增：《中国重视新能源和可再生能源的开发》，载《瞭望周刊》1985 年第 41 期，第 28-30 页。

❷　对新能源发展介绍的文章开始增多。例如曹凤中、孟宪元：《当前世界新能源开发工作的进展》，载《环境科学动态》1985 年第 3 期，第 25-26 页。朱真：《"阳光计划"与"月光计划"——面向二十一世纪的日本新能源战略》，载《计划经济研究》1985 年第 4 期，第 19-22 页。李钟模：《未来的新能源——煤成气》，载《地球》1986 年第 4 期，第 18-19 页。

❸　参见金志政：《中国能源研究会新能源专业委员会成立》，载《能源工程》1988 年第 1 期，第 48 页。

❹　参见浙江省能研办：《浙江省能源研究会新能源、节能、热电三个专业委员会成立》，载《能源工程》1988 年第 3 期，第 29 页。

❺　参见胡成春：《新能源的开发利用》，载《可再生能源》1989 年第 2 期，第 7-8 页。

❻　参见朱成名：《十年我国新能源发展形势喜人》，载《可再生能源》1990 年第 1 期，第 6 页。

❼　参见《可再生能源》编辑部：《能源部召开新能源发电工作座谈会》，载《可再生能源》1990 年第 5 期，第 3 页。

❽　参见胡成春：《国际新能源和可再生能源会议在京召开》，载《可再生能源》1990 年第 4 期，第 3 页。

❾　参见《可再生能源》编辑部整理：《为未来社会发展提供更为优越的能源：能源部副部长陆佑楣在北京国际新能源会议上的讲话摘要》，载《可再生能源》1990 年第 4 期，第 2-3 页。

如此，在学术界中，将新能源纳入到产业发展战略的呼声已开始出现。[1]

1993 年对中国能源而言，是一个重要的转折点。自该年起，中国成为石油净进口国。中国能源安全问题开始初露端倪，国家迅速地意识到这个问题的严重性。1994 年即发布了《国家计委关于加强节能和新能源工作的几点意见》，其中要求加强新能源方面的建设，将《节能法》列入国家立法日程等事项。[2] 同时，一些学者再次强调加强新能源战略的重要意义。[3] 这些均进一步促进国家于 1995 年出台了《新能源和可再生能源发展纲要》。该文件是国家第一次较系统、较全面地论述新能源发展，其中指出了当时新能源发展中存在的问题，即没有纳入国家能源建设计划、没有纳入正常的财政拨款渠道、缺乏相关激励机制、严重投资不足等问题。为此，文件提出要加强领导、制定优惠政策、开展科研示范、加强产业建设，以及开展国际合作。无疑，这一文件的出台，对中国后期新能源发展产生了重要的制度影响，国家在新能源发展上的战略雏形基本形成。但是也要指出，当时的新能源近期目标仍是利用新能源解决无电等欠发达地区的能源问题，并没有将新能源产业具体化，且领导体制仍是多头管理。[4] 1997 年国家计委公布了《新能源基本建设项目管理的暂行规定》，将新能源限定在风能、太阳能、地热能、海洋能、生物质能等可再生资源经转化或加工后的电力或洁净燃料，凡利用外资、引进设备和技术的新能源基本建设项目须由国家计委审查批准。[5] "九五"规划中，新能源第一次被纳入文件中，但仍是以农村能源为新能源发展方向。[6]

进入 21 世纪之后，国家在新能源发展方面开始了新的转变。2000 年，国家经贸委发布了《2000—2015 年新能源和可再生能源产业发展规划要点》，

---

[1] 参见朱世伟、曹恒忠：《发展我国新能源的战略与对策》，载《中国科技论坛》1991 年第 3 期，第 29-32 页。

[2] 参见《节能技术》编辑部：《国家计委关于加强节能和新能源工作的几点意见》，载《节能技术》1994 年第 4 期，封底。

[3] 参见李淑芬、叶大均：《对我国新能源发展战略的看法和建议》，载《科技导报》1995 年第 8 期，第 47-49 页。

[4] 参见国家经贸委资源司：《"九五"新能源和可再生能源产业化发展计划》，载《农村能源》1996 年第 2 期，第 3-6 页。

[5] 参见《中国经济信息》编辑部：《国家计委公布〈新能源基本建设项目管理的暂行规定〉》，载《中国经济信息》1997 年第 17 期，第 23 页。

[6] 参见国家计委交通能源司：《新能源和农村能源"九五"计划及 2010 年远景目标简介》，载《能源基地建设》1988 年第 1 期，第 18-20 页。

将新能源产业化进一步提到日程上。❶ 该文件提出了以市场为导向的指导思想，要求加快制定新能源和可再生能源方面的立法和政策扶持。❷ 2001 年国家经贸委出台了《新能源和可再生能源产业发展"十五"规划》，这一规划将可持续发展战略、西部大开发以及 WTO 作为新能源发展的新形势和任务，继续推进新能源的扩大。❸ 2005 年国家"十一五"规划中，进一步提出鼓励生产和消费可再生能源，提高其在一次能源消费中的比重。2006 年《可再生能源法》正式生效，将对新能源给予制度优惠的措施以立法形式确立起来。2007 年国家出台了《可再生能源中长期发展规划》，明确提出，力争到 2010 年使可再生能源消费量达到能源消费总量的 10%，到 2020 年达到 15%。

2010 年 10 月，国家通过了《国务院关于加快培育和发展战略性新兴产业的决定》。其中，将新能源产业列入七大战略性新兴产业行列。无疑这一决定有力地推动了新能源在国内的快速发展。从 2010 年国家做出加快新兴战略性产业发展的决定之时到现在，新能源在中国的发展进入到一个新的阶段，这一阶段无论是对新能源规模的深化，还是对扶持政策的要求，都提出了新的要求和挑战。

二、中国新能源发展的现状

经过多年发展，以及中国在新能源上的不断投入，中国已取得一定成绩和不俗的表现，主要的进步体现在以下五个可再生能源产业和非常规油气方面。

（一）太阳能产业发展现状

据《中国可再生能源中长期规划》的统计，在太阳能方面，全国 2/3 的国土面积年日照小时数在 2000 小时以上，年太阳辐射为每平方米 5000 兆焦，属于太阳能利用条件较好的地区。❹

---

❶ 参见赵俊杰：《国家经贸委印发〈2000—2015 年新能源和可再生能源产业发展规划要点〉》，载《中国经贸导刊》2000 年第 19 期，第 25 页。

❷ 参见国家经贸委资源节约与综合利用司：《2000—2015 年新能源和可再生能源产业发展规划》，载《中国能源》2000 年第 11 期，第 3-8 页。

❸ 参见国家经贸委资源节约与综合利用司：《新能源和可再生能源产业发展"十五"规划》，载《节能》2002 年第 4 期，第 3-5 页。

❹ 参见国家发展改革委：《可再生能源中长期发展规划》，2007 年 8 月，第 10 页。

中国在太阳能产业的发展与国际相比非常迅猛。但产业化过程中，不同的太阳能类别，产生的效果也是不一样的。20 世纪 80 年代开始，中国在太阳能聚热器方面有着显著进步。其中太阳能灶、太阳能热水器都迅速在广大农村地区普及，特别是太阳能热水器更是居于世界前列。1999 年时，中国太阳能热水器已拥有 1500 万平方米，居世界第一位。

太阳能光伏产业的发展，最早应从 1995 年国家出台《新能源和可再生能源发展纲要》时起，到 1999 年，中国光伏电池的年生产能力仅为 0.45 万千瓦，光伏发电系统装机容量也仅为 1.3 万千瓦。[1]2002—2003 年实施的"送电到乡"工程安装了光伏电池约 1.9 万千瓦，圣光伏发电的应用和光伏电池制造起了较大的推动作用。到 2005 年年底，全国光伏发电的总容量约为 7 万千瓦，主要为偏远地区居民供电。[2]2010 年，中国生产多晶硅产量为 45000 吨，自给率从 2007 年的 10% 提高到 2010 年的 50%；自 2002 年以来，太阳能电池产量均以 100% 以上的年增长率快速发展，2010 年产量达 8700 兆瓦，占世界总产量的 50%，连续四年产量居世界第一。2010 年国内新增光伏装机 500 兆瓦，累计装机达到 800 兆瓦。[3]

然而，2011 年和 2012 年中国光伏产业受到美国和欧盟"双反"调查，光伏产品出口受到挤压，像无锡尚德等一些大型企业宣告破产，对中国光伏产业产生了消极影响。为此，国家及时调整光伏产业发展方向，扩大太阳能的内需市场，2014 年，中国年光伏装机容量居于全球之首，光伏发电量也仅次于德国。

(二) 风电产业发展现状

中国风力资源丰富，其中陆地离地 10 米高度风能资源总储量约 43.5 亿千瓦，居世界第一位，技术可开发量达 2.5 亿千瓦。海上 10 米高度可开发和利用的风能储量约为 7.5 亿千瓦。全国 10 米高度可开发和利用的风能储量超过 10 亿千瓦，仅次于美国和俄罗斯。陆上风能资源丰富的地区主要分布在三北地区、东南沿海及附近岛屿。[4]

20 世纪 80 年代初，中国风电产业就开始进入实际规划阶段。早在 1982

---

[1] 参见瞿剑：《我国新能源产业初具规模》，载《科技日报》2000 年 7 月 14 日第 1 版。
[2] 参见国家发展改革委：《可再生能源中长期发展规划》，2007 年 8 月，第 12 页。
[3] 参见国家科技部：《太阳能发电科技发展"十二五"专项规划》，2012 年 3 月，第 2 页。
[4] 参见申宽育：《中国的风能资源与风力发电》，载《西北水电》2010 年第 1 期，第 76 页。

年，电力部就曾制定了发展 100 万千瓦的风电计划。但是，到 90 年代初，中国的风电产业发展均为小风电，功率在 100~200 瓦，利用蓄能设施，通过独立运行的方式，提供给单户或几户居民家庭使用。因此，小型风电多集中在内蒙古自治区及西北一些省份和沿海一带。❶ 到 1999 年年底，我国仅有 24 个风电场，并网发电总装机容量 26 万千瓦。❷ 到 2000 年时，累计建成 26 个风电场，形成 34 万千瓦的发电能力。❸ 到 2005 年年底，全国已建成并网风电场 60 多个，总装机容量为 126 万千瓦。❹ 2010 年，中国风电新增装机容量 1890 万千瓦，居世界第一位。具备大型风电场建设的开发商超过 20 家，共建成风电场 800 多个，风电总装机容量 4470 万千瓦，超过美国，居世界第一位。

然而，在中国风电快速发展的同时，"弃风"问题较为严重。据《中国风电发展报告 2012》指出，2010 年华北、东北未收购风电电量分别占全国未收购风电电量的 57.2% 和 38.33%。2011 年，蒙东和吉林的"弃风"率超过了 20%。❺ 为此，国家加强了对风电"弃风"管理，对于"弃风"严重地区不再进行项目审批。尽管如此，2014 年中国新风电装机容量仍是世界第一，风能发电总量也保持世界第一位。

（三）生物质能产业发展现状

据农业部科技司王久臣等人的研究指出，中国生物质资源量巨大，约有 7 亿吨标准煤可作为能源利用。其中，农作物秸秆年产量约 6 亿吨，其他农业废弃物约 1.3 亿吨，畜禽粪便和农产品加工业废水经过沼气化处理后，理论上可产生沼气约 750 亿立方米。林业生物质资源每年可用于能源用途约 3 亿吨，城市固体废弃物年产生量约 1.5 亿吨。❻

中国在生物质能产业发展方面，早期发展主要集中在沼气利用上。据农业部《农业生物质能产业发展规划 2007—2015 年》的统计，截至 2007 年，全国农村年产沼气约 90 亿立方米，建成养殖场沼气 3800 处，年产沼气约 2.5

❶ 参见肖佐中：《我国新能源风电开发发展迅速》，载《江西能源》1996 年第 3 期，第 47-48 页。

❷ 参见瞿剑：《我国新能源产业初具规模》，载《科技日报》2000 年 7 月 14 日第 1 版。

❸ 参见国家经贸委资源节约与综合利用司：《新能源和可再生能源产业发展"十五"规划》，载《节能》2002 年第 4 期，第 3-5 页。

❹ 参见国家发展改革委：《可再生能源中长期发展规划》，2007 年 8 月，第 12 页。

❺ 参见李俊峰主编：《中国风电发展报告 2012》，中国环境科学出版社 2012 年版，第 30-31 页。

❻ 参见王久臣、戴林、田宜水、秦世平：《中国生物质能产业发展现状及趋势分析》，载《农业工程学报》2007 年第 9 期，第 276 页。

亿立方米。[1] 但是，在生物液体燃料方面，则在 2007 年之前没有较大进展，仅以粮食为原料的燃料乙醇年生产能力 102 万吨，生物柴油生产能力达到年产 5 万吨。[2] 2014 年，中国的燃料乙醇年生产量位居全球第三。而在生物柴油方面，仍落后于其他国家。

（四）页岩气发展现状

页岩气是指从富有机质黑色页岩中开采的天然气，或自生自储、在页岩纳米级孔隙中连续聚集的天然气。[3] 国家《页岩气发展规划（2011—2015 年）》中指出，页岩气是一种清洁、高效的能源资源。我国富有机质页岩分布广泛，南方地区、华北地区和新疆塔里木盆地等发育海相页岩，华北地区、准噶尔盆地、吐哈盆地、鄂尔多斯盆地、渤海湾盆地和松辽盆地等广泛发育陆相页岩，具备页岩成藏条件，资源潜力较大。[4] 据 2013 年美国能源信息署对全球 41 个国家的 137 块页岩层可开采油气进行了评估后指出，中国在全球页岩气资源中居于第一位。根据国土部 2012 年发布的《全国页岩资源潜力调查评价及有利区优选成果》，尽管低于美国能源信息署的预测，但仍认为全国页岩气可采资源潜力为 25.08 万亿立方米。此数据同样证明中国页岩资源位居全球第一。[5]

中国在页岩气开采方面处于刚刚起步阶段，与美国页岩革命的成功还距离较远。首先，国土部将页岩气公布为独立矿种进行单独管理。其次，勘探工作主要集中在川南、滇北、黔东、皖南、川东北、延安、沁水盆地，主要勘探者为中石油、中石化、中海油、延长集团，以及中联煤。2011 年年底，中国石油企业共压裂了 15 口直井、2 口水平井，均产生不同程度的气藏。[6] 鉴于页岩气商业开发成功源自美国水力压裂技术和水平井技术，因此，中国各大型油企纷纷通过入股方式参与到美国页岩气开采过程中，以期获得更好

---

[1] 参见农业部：《农业生物质能产业发展规划 2007—2015 年》，2007 年 5 月，第 11 页。

[2] 参见国家发展改革委：《可再生能源中长期发展规划》，2007 年 8 月，第 12 页。

[3] 参见邹才能等：《中国页岩气形成机理、地质特征及资源潜力》，载《石油勘探与开发》2010 年第 6 期，第 642 页。

[4] 参见国家发改委、财政部、国土部、国家能源局：《页岩气发展规划（2011—2015 年）》，2012 年 3 月，第 1 页。

[5] 参见王少勇：《我国页岩气可采资源潜力为 25 万亿方》，载《中国国土资源报》2012 年 3 月 2 日第 001 版。

[6] 参见国家发改委、财政部、国土部、国家能源局：《页岩气发展规划（2011—2015 年）》，2012 年 3 月，第 2 页。

的技术水平。但由于中国的页岩地质状况不同于美国，在页岩气成藏深度和开采条件方面都存在着巨大差异，因此，中国需进一步开发自身的开采技术。

（五）碳捕获与封存发展现状

碳捕获与封存技术是一种具有将二氧化碳捕获并埋于地下或深井中的技术，它具有减排 90% 以上的潜力。对于中国而言，中国是一个以煤为主的能源禀赋国家，因此，开展碳捕获与封存技术的研发和商业化，有助于中国继续以煤炭作为主要的能源来源，并能有效降低二氧化碳的排放。在中国的地质封存潜力方面，中美两国学者已确认在中国有超过 1600 个大型二氧化碳点源，其中有 91% 距离未来的地质封存地点只有或者不到 160 公里，一半以上就在候选封存地点上方。❶ 而且我国理论上的地质封存容量可达到 3 万亿吨以上，尽管考虑到其他因素，会致使注入二氧化碳减少，但碳捕获与封存技术仍可发挥较大作用。

2008 年 7 月，中国建成首个燃煤电厂烟气二氧化碳捕获示范工程——华能北京热电厂二氧化碳捕获示范工程。该项目具有年捕获二氧化碳 3000 吨的能力。❷ 2009 年华能集团在上海石洞口第二热电厂启动了二氧化碳捕获项目，预计碳捕获能力达到 10 万吨。2010 年 1 月，中国在重庆建立起首个万吨级碳捕获装置正式投产运行。❸ 2010 年 12 月，中国首个神华集团碳捕获与封存全流程项目正式投产，它也是世界上第一个进行碳捕获与封存技术全流程的项目。当前，无论是国内还是国外，碳捕获与封存的技术实验阶段已基本完成。然而目前的困境在于，该技术的应用推广即产业化面临诸多阻碍和困境。为此，国家发改委于 2013 年 4 月 27 日发布了《国家发展改革委关于推动碳捕集、利用和封存试验示范的通知》，明确提出，要积极探索有助于推动碳捕集、利用和封存试验示范的引导和激励机制，加强碳捕集、利用和封存发展的战略研究和规划制定，以及推动碳捕集、利用和封存相关标准规范的制定。2013 年 10 月 28 日，国家环保部发布了《关于加强碳捕集、利用和封存试验示范项目环境保护工作的通知》，要求国内各碳捕获与封存项目在进行项目示

---

❶ 参见美国自然资源保护委员会：《CCS：中国煤炭依赖的补救之路》，王海霞摘编，载《中国能源报》2010 年 8 月 9 日第 9 版。

❷ 参见孟为：《国内首座燃煤电厂二氧化碳捕集示范工程投产》，载《北京日报》2008 年 7 月 17 日第 4 版。

❸ 参见汪时锋：《中国首个万吨级碳捕集装置正式投运》，载《第一财经日报》2010 年 1 月 22 日第 A03 版。

范时，要加强环境监管，防止出现捕获过程中对大气的二次污染，防止在运输、利用和封存环节出现二氧化碳泄漏，从而造成地下水、土地等生态破坏。2013 年 7 月 2—3 日，国家发改委气候司联合科技部、工信部、国土资源部等相关部门在陕西省延安首次召开了碳捕集、利用和封存现场研讨会。与会期间实地考察了陕西延长石油集团碳捕集和驱油封存示范项目，并指出进一步推动我国碳捕集、利用和封存激励机制构建的紧迫性和重大性。

三、中国在与欧美新能源合作方面的诉求

中国与欧美国家开展新能源方面的合作，不仅是中国新能源发展的需要，同时也是欧美国家新能源发展的需要。这是因为，中国需要欧美国家成熟的技术和制度经验，而欧美国家则需要中国的投资和将中国纳入到国际气候制度体系中，双方的这种需求使二者在新能源合作方面具有了可行性和必要性。

（一）中国需要欧美在新能源发展方面的技术

中国在新能源发展方面，从 21 世纪初以来，无论是从太阳能，还是从风能等方面都已跃居全球前列。从规模上讲，中国的新能源发展引领着世界新能源发展的方向。然而，我们也要看到，规模上的扩张并不代表着新能源具有真正的实效，特别是在技术问题上，能源效率往往更具有决定性。在这方面，我们须承认，欧美国家在太阳能、风能等关键技术方面，确实存在一些优先技术，倘若这些技术能运用于中国的新能源建设中，无疑将有助于中国新能源发展进入一个质化的时代。

高新技术是新能源发展的典型特性，尽管我们不能说新能源发展完全依赖于技术突破，但一定意义上而言，技术是新能源得以生存和发展的主要因素。例如，可再生能源的发展并不是近 20 年来的事情，早在 20 世纪 70 年代时，美国由于石油危机就已开展可再生能源的发展工作，但技术上的突破始终局限于美国可再生能源的规模化生产，直到 21 世纪初，一批新兴的能源技术的广泛普及和应用，才促使太阳能、风能等可再生能源的规模化经营成为可能。从另一个角度来看，当前美国的页岩革命，很大程度上就要归功于技术突破，这些技术突破所带来的效益远远超过了仅仅是规模化生产所带来的。因此，一定程度上讲，集约型能源经济更具有优势和发展潜力。因此，中国新能源发展中，不能忽视与欧美国家在新能源技术上的合作，只有通过吸收、

借鉴欧美先进的新能源技术，才能使新能源发展建立起比传统能源更为牢固的发展基础，才有利于新能源实现自身的良性发展。

此外，对于中国而言，发展新能源，一方面是关乎国家能源安全的事宜，另一方面则是为应对气候变化而生。气候变化要求降低碳排放，甚至实现零排放的可能性。而新能源正具有这方面的特性，因此，是气候变化问题促进新能源技术的需要，只有加强新能源技术，才能更好地减少碳排放。所以，加强与欧美国家新能源合作，也是为了进一步提升中国在气候变化问题上积极进行碳减排的需要。

（二）中国需要欧美新能源发展的制度经验

能源领域的技术演变是一个不同于其他事项的技术发展，它不像阿波罗、神舟飞船等高科技的运用。能源领域的技术更大程度上是技术的商业化问题。比如碳捕获与封存技术，这一技术早在 20 世纪 80 年代时，就已在实验室成功了，但将其运用于真正捕获与封存时，存在的问题是该技术的成本要远远高于碳排放，因此，不是技术没有，而是缺乏技术的商业化。因此，近年来，欧美国家在新能源技术上的突破就体现在能源技术的商业化过程上。而这一过程大多是通过制度实现的。例如，英国为了加强碳捕获与封存技术的商业化，通过《2010 年能源法》规定了碳捕获与封存的示范项目，在此项目中，英国并不是简单地给予项目补贴，而是通过引进制度设计，强化企业在各个领域进行成本试验，将碳前捕获、碳中捕获和碳后捕获分别给予资金支持，通过招标方式将企业纳入到不同碳捕获模式下，然后由企业自主地进行碳捕获商业化运作，通过一个时间段，对所有碳种类捕获进行审查，英国发现三种碳捕获机制中，可能存在一种机制更适宜于英国的碳捕获。然后，英国则可将此种碳捕获方式在英国乃至全球进行推广。

无疑，中国需要的是学习欧美国家在新能源发展方面的制度经验，这种制度经验来源于欧美国家不断地通过自身新能源制度设计的成功与失败，从而得出新能源发展的真正轨迹。例如，中国在光伏产业上，前期发展主要是出口型的，而国内光伏发电则处于一种弱势，为何会是这样，原因是多方面的，但在光伏产业制度上存在问题是其未能得到很好发展的原因之一。因此，与欧美国家合作，不仅是带来它们在新能源技术上的发展，而且也是带来其在新能源经营、管理等各个方面的制度上的优势，进而将其运用到中国的新能源建设中，发现或探寻出适合中国新能源发展的道路。

四、欧美在与中国新能源合作方面的诉求

中国新能源发展需要欧美的技术和制度经验，同样，欧美新能源发展也需要中国。这表现在对中国投资的企盼和将中国纳入到国际气候制度中的愿望。

（一）欧美需要中国在新能源方面的投资

自改革开放以来，中国经济飞速发展，国家经济实力得到巨大提升。进入21世纪，中国那种完全吸引外资，以出口型、加工型为主的经济模式开始悄然改变。更多的中国企业开始走出国门。中国企业有了向世界进军的物质力量，在非洲、拉丁美洲、东南亚等发展中国家都留下了中国的身影。近年来，中国同样将目光投向了欧美国家，那里稳定的投资环境，健全的法律保障，成为中国企业进入的基本条件。

在新能源领域，中国与欧美国家不同的是，中国的新能源发展更多的是政府引导，而西方在投资方面，则更多地强调市场和私人的作用。这就使中国，特别是国有大型企业与西方投资者相比，拥有更为雄厚的资金优势，更愿意投向那些能带来直接效益的新能源。为此，为发展本国新能源，创造一个多元化的融资体系，欧美国家就非常需要中国在新能源方面的海外投资。近年来，从中国对欧美国家新能源的收购中可以看出这一端倪。

（二）欧美需要将中国纳入到国际气候制度安排中

正如前文所言，新能源发展，在一定程度上，是由于全球气候变化政治的影响。欧美国家，特别是欧洲国家一直将气候变化问题作为国家的基本政策优先方向。从1992年《联合国气候变化框架公约》缔结，到今天德班平台开启，欧盟在气候变化领域一直居于主导地位。为减少温室气体排放，发展新能源是气候变化问题得以解决的关键。但是，全球气候变化问题并不能单靠欧盟一方就可解决的，如果没有中国，这样一个全球最大的能源生产国和消费国的参与，气候变化问题断难彻底解决，因此，欧盟希望中国发展新能源，通过新能源来减排中国的温室气体，从而实现全球气候变化问题的解决。

对于美国而言，在早期气候变化问题上，采取的是积极的支持态度。然而，当科学问题转为政治问题时，美国意识到自身在温室气体排放方面居于

世界之首，倘若进行强制性减排，必将损害美国经济。为此，1997 年《京都议定书》上美国拒绝加入。美国的这一立场遭到了国际社会的强烈谴责。因此，自奥巴马上台之后，美国开始大力扶持新能源和可再生能源发展。2009 年对于美国而言是一个重要的突破点，美国页岩气井喷时代的到来，使美国有了进行减排的砝码，因此，奥巴马在其第二届任期时，不断强调页岩气作为桥梁的作用，美国新能源发展将进入一个新的时期。随着美国温室气体排放的下降，美国开始在气候变化政治中寻求新的领导权。因此，将中国纳入到国际气候制度安排中，也符合美国的气候政治利益。因此，在一定程度上，中美、中欧之间在新能源和可再生能源方面的合作，正体现了欧美国家希望将中国纳入到国际气候制度安排中，以实现全球温室气体减排的可能性。

五、中国与欧美新能源合作的制度构建

中国与欧美国家在新能源合作方面都有着自己的诉求和意愿，而这一诉求和意愿又是促成中国与欧美新能源合作的基本物质和思想条件。为此，中国欲发展新能源，就需完善自身的条件，尽快开展与欧美国家新能源的合作。对此，可从以下三个方面入手。

（一）构建新能源发展的双边或多边协议

中国在新能源发展前期，已与美国、欧洲国家开展了一些富有成效的工作和项目。这些都为中国新能源发展积累了经验和教训。2013 年 9 月和 10 月，中国国家主席习近平在出访中亚和东南亚国家期间，先后提出共建"丝绸之路经济带"和"21 世纪海上丝绸之路"的重大倡议。❶ 无疑，"一带一路"的提出为中国发展新能源建设提供了良好的国内时机，中国应利用这一倡议，开展"一带一路"新能源发展机制，与欧美国家加强新能源在技术、资金、制度安排等方面的交流，通过签订国际、省际，以及区域间的双边或多边协议，在新能源的投资、技术交流、制度安排等方面达成一定共识，并就实质性的新能源建设开展对话，选择有代表性的地区进行中欧、中美之间的新能源合作示范工作。

---

❶ 参见国家发改委、外交部、商务部：《推动共建丝绸之路经济带和 21 世纪海上丝绸之路的愿景与行动》，2015 年 3 月。

（二）完善国内新能源立法的制度建设

自 21 世纪以来，中国在新能源方面的制度激励举措不可谓之不多。无疑，这些法律政策某种程度上推动了中国新能源的规模化发展。然而，我们也应看到当前"弃风"、太阳能的"双反"等问题的产生，也与中国新能源法律政策在规制方面存在问题是有一定关联的。中国在新能源发展方面，现在已进入一个相对平稳期，而要进一步发展，突破原有的新能源发展的瓶颈，就必须重视对新能源立法的"质"的选择，这也是中国与欧美国家在下一步开展新能源合作方面所应注意到的关键点。因为，一国新能源法律政策的好与坏直接关系到新能源发展的质量与水平的高低。当我们有较高水平的新能源法律政策时，欧美国家在中国新能源投资方面就会更有保障，就会促进其广泛地在中国开展新能源投资与合作。倘若新能源法律政策仍依原先的制度路径，只是一味地追求量，而忽视质，则新能源可能仅是昙花一现，因此，要完善国内新能源立法方面的制度建设，从能源自身的规律出发，从法律制度本身的特性出发，摆脱非理性的、追求过高或过快的政绩工程。

（三）运用国际制度加强新能源合作

中国旨在获得欧美国家在新能源发展上的技术，而欧美国家则希望将中国纳入到国际气候变化的制度安排中。因此，对于中国而言，发展新能源、进行温室气体减排，一定程度上也是国际气候变化制度安排所需要的。所以，中国应加强对国际气候变化制度安排的研究，分析其间的制度构成，找到有利于中国新能源发展的优势。例如，在《京都议定书》下 CDM 机制的设立，对中国新能源发展和新能源技术的获得有一定的支持意义。故而，未来的国际气候变化制度安排中，中国仍应加强在此方面的制度建设，通过建立有利于中国、有利于发展中国家的制度安排，充分吸收制度所带来的优势，将中国与欧美国家的新能源技术转让等合作建立在一个更为牢固的基础之上。

第十章

"安全低碳" 新能源战略体系的构建

回顾 20 世纪能源格局的演进历程，审视面向 21 世纪的能源体系及其构建，我们可以发现：重新认识、理解、把握能源理念，是当代中国新能源发展的一项具有战略性意义的任务。[1] 2014 年 6 月 13 日，习近平总书记在中央第六次财经工作小组会议上，提出推动中国能源生产与消费革命的新理念，这无疑对未来中国新能源发展带来了新的生命力。因为，能源体系的进步首先在于能源理念的进步。只有在新的历史和发展的平台上，重建能源理念的科学认知，强化能源理念构筑的战略要素，把握能源理念研究的新趋势，才能实现能源体系的战略转向。事实上，把握能源理念变革的新趋势，无论是对于世界新能源格局的确立还是中国自身的能源建设来说，都是十分重要的。在这里，"安全低碳"作为能源生产与革命理念的一种高层次的螺旋式的历史回归，正是当代能源体系进步的一个显著标志。

2009 年 11 月，中国政府正式向世界承诺：到 2020 年我国单位国内生产总值二氧化碳比 2005 年下降 40%～45%。这一具体碳排放强度的提出，表明中国将开始一次重大的能源结构的战略调整，正如学者所言："从能源强度到碳排放强度的目标约束变化，体现了中国能源政策将面临一个战略性转变。"[2] 2014 年中美关于气候变化的联合声明中，中国提出到 2030 年单位国内生产总值二氧化碳排放将比 2005 年下降 60%～65% 的新目标。2014 年 6 月国务院发布了《能源发展战略行动计划（2014—2020 年）》，其中指出，我国可再生

---

[1] 值得注意的是，2012 年 10 月 24 日国务院发布的最新中国能源白皮书——《中国的能源政策（2012）白皮书》再次地深刻地指出："能源始终是一重大战略问题。"

[2] 林伯强、姚昕、刘希颖：《节能和碳排放约束下的中国能源结构战略调整》，载《中国社会科学》2010 年第 1 期，第 60 页。

能源、非常规油气和深海油气资源开发潜力很大，能源科技创新取得新突破，能源国际合作不断深化，能源发展面临着难得的机遇。❶ 所以，建立什么样的能源战略法律理念，决定了未来中国新能源结构调整的方向和目标。本章旨在简介欧美国家能源战略法律体系变革新趋势的基础上，分析"安全低碳"战略理念之所以被认同的现实背景，进而指出完成这一战略所需要的关键因素和着力点。

一、"安全低碳"新能源战略法律理念的现实背景

2009 年世界资源研究所（WRI）和国际战略研究中心（CSIS）共同发表了一份题为《发展安全低碳的能源经济路线图：平衡能源安全与气候变化》的报告，第一次提出"安全低碳"的能源战略理念，并详细探讨了实现安全低碳的能源路径。正如报告中所指出的："如果政策只顾高姿态地减少温室气体排放而不考虑如何确保能源体系的稳定性、可靠性和安全性，那么这样的政策很可能对原已过度负税的能源行业带来破坏性的后果。同样，如果政策只强调通过扩大化石燃料的使用实现能源多样化，而不顾大气中所负荷的碳含量，那么这样的政策将导致全球变暖，直至地球无法居住。以上两种情况都是脆弱的经济体所不想看到的，都会威胁我们的安全。"❷ 由此可见，"安全低碳"能源战略理念的提出正是建立在国际社会提升能源安全与应对气候变化这两个现实挑战的基础之上。

（一）全球能源安全的现状

进入 21 世纪之后，能源安全已从单纯的供应安全向多维度能源安全的方向发展，在原有的能源安全现状并未得到好转的同时又出现了许多新情况，这表现在以下三个方面。

第一，能源需求持续增长。自 2001 年以来，全球能源消费连续 8 年增长，直到 2009 年全球经济衰退才终止了这种增长势头。然而，根据美国能源

---

❶ 参见国务院办公厅：《国务院办公厅关于印发能源发展战略行动计划（2014—2020 年）的通知》，2014 年 6 月 7 日。

❷ Sarah Ladislaw, Kathryn Zyla, Jonathan Pershing, Frank Verrastro, Jenna Goodward, David Pumphrey, & Britt Staley, *A Roadmap for A Secure, Low-Carbon Energy Economy: Balancing Energy Security and Climate Change*, Washington: WRI & CSIS, 2009, p. 6.

信息署《2011 年国际能源展望》报告，到 2035 年全球能源消费仍将会上升 53%。[1]

第二，能源市场波动剧烈。2008 年原油价格一路高涨直逼 150 美元/桶的大关，但短短几个月之后就下跌到 40 美元/桶，这种剧烈波动是 1991 年海湾战争以来从未有过的。更为严重的是，全球能源市场充斥着各种投机行为，严重扰乱了正常的国际能源秩序。尽管自 2009 年之后，由于美国页岩气革命的影响，全球油价开始回落，但不可否认的是，此种油价回落中，充斥着美国与中东国家对油气价格的控制权之争，未来能源市场仍强烈地受到人为因素的左右。

第三，地缘政治冲突不断，国际能源治理混乱。在欧洲，俄乌天然气争端直接威胁到欧盟的天然气供应安全；在拉美，委内瑞拉等国掀起了新一轮石油国有化热潮，能源民族主义的呼声甚嚣尘上；国际能源署以及《能源宪章条约》已难以适应新形势的变化，其治理模式受到严重挑战。

此外，全球经济衰退给能源市场的未来也带来了更多的不确定因素。许多投资者或撤离能源领域，或采取观望态度，直接影响了对未来能源生产的投入。特别是美国页岩气革命后，对新能源的投资变得更为不确定，传统油气领域仍存在着巨大的发展潜力，新能源发展面临着如何继续的路径抉择。无疑，这样的国际能源体系完全不具备安全和可持续的发展态势。能源价格的振荡、供给的紧张以及包括能源市场的投机行为和能源民族主义在内的安全威胁越发普遍，特别是随着经济社会对能源依赖程度的增强，能源体系的稳定性和可靠性将会受到更严重的冲击。

(二) 气候变化的挑战

气候变化是 21 世纪人类社会面临的最严峻挑战，也是当今世界各国普遍关注的全球性问题。正如政府间气候变化委员会（IPCC）《第四次评估报告》所指出的那样，"自工业化时代以来，人类活动所引发的温室气体排放是造成气候变暖的主要原因。如果不采取相应的减缓措施，未来几十年全球温室气体排放将持续增长，高温、干旱、台风和洪水将更加频繁，全球也将面临严重的粮食短缺和疾病增加"。[2] 正是基于这一严峻形势，各国普遍认识到协同

[1] EIA, *2011 International Energy Outlook*, Washington: EIA, 2010, p. 1.
[2] 参见政府间气候变化专门委员会：《政府间气候变化专门委员会第四次评估报告——气候变化 2007 综合报告》，2008 年，第 2—13 页。

减缓气候变化的重要性和紧迫性。

1992 年《联合国气候变化框架公约》首次对气候问题进行了规定，指出："要将大气中温室气体的浓度稳定在防止气候系统受到危险的人为干扰的水平上。" 1997 年《京都议定书》更直接地提出，发达国家到 2012 年要在 1990 年的基础上将温室气体减少 5%。2009 年《哥本哈根协议》提出气温升高 2 摄氏度，作为全球温室气体减排的标准。尽管这一协议是不具法律约束力的，但却为后期联合国气候变化谈判提供了基本的定调。❶ 2015 年联合国气候变化大会在巴黎召开，《巴黎协定》的通过无疑使未来全球温室气体减排进入一个深度发展期。

而所有这些温室气体的减排无不与能源变革有着紧密联系。若要减少温室气体排放，就要降低对化石燃料的使用，就要增加对可再生能源、核能等低碳能源的利用，并最终实现一个从传统能源向低碳能源发展的战略性变革。如果这一转向能得以实现，不仅可以解决气候变化问题，而且能从根本上改变能源安全的性质。因为，低碳能源打破了传统能源分布不均的现状，增加了能源供应的多样化，并缓解了由此引发的地缘政治冲突。更重要的是，它开启了一场新的技术革命，其带来的经济价值将远远超过人类历史上任何一次技术革命，而且速度之快、爆发之迅猛也将是前所未有的。

一言以蔽之，"安全低碳"能源战略理念的提出是国际能源发展的新趋势，是能源理论提升的又一显著标志，并将成为指导未来新能源体系构建的主要基石。这正如英国能源问题专家赫尔姆（Dieter Helm）指出的："未来新能源范式的中心问题将是以能源供应安全和气候变化为核心的制度设计。"❷

二、安全低碳：欧美国家能源战略法律变革的新趋势

从 20 世纪 90 年代起，全球能源战略格局已悄然发生变化，世界各国都开始着眼于能源体系的创新与变革。进入 21 世纪，特别是欧美国家在能源变革上的具体实践，使"安全低碳"的能源理念逐渐走向成熟。

（一）英国

英国是世界上最早提出构建"低碳"能源战略的国家，在其《2003 年能

---

❶ 参见吕江：《〈哥本哈根协议〉：软法在国际气候制度中的作用》，载《西部法学评论》2010 年第 4 期，第 109-115 页。

❷ Dieter Helm, *The New Energy Paradigm*, Oxford: Oxford University Press, 2009, p. 34.

源白皮书》中第一次提出"我们的能源未来：创建低碳经济"的设想，彻底颠覆了"低碳"仅是一个能源技术的概念。2008 年《气候变化法》的出台使英国成为世界上第一个提出"碳预算"的国家，2009 年英国国家战略性文件《低碳转型计划》更为其勾勒出提升能源安全与应对气候变化的低碳能源路线图，正如英国前能源气候大臣米利班德所言："应对气候变化，转型为可持续的低碳经济，对英国经济、安全和社会发展具有重要的意义。"❶在此基础上，2010 年英国出台了《2010 年能源法》，试图进一步扩大低碳能源与市场机制的紧密结合。特别是，由保守党与自由民主党组成的新政府，在组阁仅仅 14 天就提出新的能源议案。随即 2011 年通过了新政府的第一份带有绿色发展的能源法案——《2011 年能源法》。这一切均表明，英国在能源战略发展上已明确地向低碳能源方向转变。❷ 2015 年，保守党在新一届选举中再次胜出，巩固了自身在新能源议题上的基本行动立场，未来英国新能源发展将更多地围绕着气候变化、页岩气等多元新能源展开。

（二）美国

美国尽管受国内政治影响至今没有批准《京都议定书》，但在本国能源体系构筑上却发展稳健。早在 2007 年布什执政期间就通过了《能源自主与安全法》，加强了对清洁能源的应用与研发。❸ 特别是 2009 年奥巴马上台之后，一改美国在气候变化议题上踯躅不前的态势，提出到 2020 年实现在 2005 年基础上减排 17% 的目标，2009 年美国众议院通过了《2009 年清洁能源与安全法》，旨在通过清洁能源发展，确保美国能源供应安全，并积极应对气候变化。更重要的是，2010 年 5 月，美国民主党参议员克里和独立参议员利伯曼向国会提交了具有战略性意义的《2010 年美国能源法》（the American Power Act of 2010）草案，它囊括了排放贸易机制、清洁能源税收减免、核能以及碳捕获技术等多项低碳发展内容。❹ 正如参议员克里所言："《2010 年美国能源法》最终将彻底改变美国的能源政策，实现从能源弱项转变为国家的一个强

---

❶　群芳：《英国公布低碳转型计划》，载《科学时报》2009 年 7 月 20 日第 A03 版。

❷　参见吕江：《英国低碳能源法律政策的演变及其启示》，载《武大国际法评论》2011 年第 14 卷第 2 期，第 119—136 页。

❸　参见吕江：《试析美国〈2007 能源自主与安全法〉对能源安全的影响》，载王继军主编：《三晋法学》（第四辑），中国法制出版社 2009 年版，第 104—109 页。

❹　参见高翔、牛晨：《美国气候变化立法进展及启示》，载《美国研究》2010 年第 3 期，第 39—51 页。

大支柱。"尽管这一法案最终未出台，但美国国内能源发生了彻底变化，页岩气异军突起，成为美国能源的重要支柱，而将页岩气作为新能源发展的必由之路，作为向可再生能源发展的"桥梁"，已成为美国能源界的共识。2015年奥巴马在其最后一届任期中，提出了《清洁电力计划》，再次表明，美国正在构建起一个稳健的"安全低碳"能源路径。

（三）欧盟

欧盟至今已发布了三次能源一揽子规划以期强化自身能源安全。特别是，2007年的能源与气候一揽子规划更设定了到2020年欧盟温室气体减排20%，可再生能源占能源消费的20%的"20-20-20"目标。随后，2009年欧盟出台的《可再生能源指令》为所有欧盟成员国规定了具体的可再生能源消费比例，要求到2020年必须实现欧盟全境可再生能源消费20%的目标。❶ 这一指令的发布为欧盟新能源战略的建立奠定了坚实的法律基础。2011年年底，欧盟发布了新能源政策即《2050能源路线图》，旨在建立一个具有安全低碳的欧洲长期能源战略框架。❷ 2015年，欧盟提出了建立"能源联盟"的新理念，这一理念正是旨在进一步推动欧盟与外部市场的连接，确保欧盟新能源更为"安全"和"低碳"。

此外，日本也于2009年发布了《2009年能源白皮书》，意在强化对太阳能、风能等可再生能源的利用。毫无疑问，世界各国特别是欧美国家都在努力构建新的能源战略体系，以期在21世纪占领新能源的制高点，如果说传统能源战略是以安全为核心，那么现代能源战略则更多关注低碳发展；而重塑能源体系，实现能源独立，并最终引领全球能源格局必将成为各国能源变革的目标所在，安全与低碳已成为构建新能源体系不可或缺的战略要点。

三、"安全低碳"新能源战略法律体系的核心要素

既然"安全低碳"的能源战略理念是未来新能源体系的发展方向，那么如何实现从传统能源向低碳能源的过渡，如何构建起可持续的能源体系就成为至关重要的一步。但是，这一转向却面临着极大的困难。一方面，转型的成本高昂。到目前为止，化石燃料依然占据着价格优势，低碳能源缺乏与之

---

❶ See EU DIRECTIVE 2009/28/EC.
❷ See EU COM （2011） 885/2.

抗衡的竞争力。另一方面，制度设计复杂。低碳能源战略法律体系的构建势必打乱原有的能源体系，对能源治理的稳定性、可靠性形成冲击；若制度设计不合理，则可能会使整个能源体系面临崩溃。

对此，2008 年世界观察研究所（WWI）发表的《低碳能源：一个路线图》，❶ 和前文所述的《发展安全低碳的能源经济路线图》都旨在提出一个切实可行的解决方案，试图通过树立未来愿景、使国家能源体系步入正确的轨道以及管理过渡来实现这一目标，但笔者认为这三个框架仅体现了能源战略法律体系构建的部分路径。因此在借鉴其研究基础上，认为"安全低碳"能源战略法律体系应建立在四个战略要素的基础上。它们就是经济机遇、技术创新、政策导向和社会认知。

（一）经济机遇

经济机遇是所有能源变革中最核心的战略要素。从柴薪到煤炭，从煤炭到石油，若没有适宜的经济机遇，纵然其他条件成熟，亦不能实现能源的战略转向。例如，19 世纪 60 年代，在美国宾夕法尼亚第一次发现石油时，它根本无法被广泛使用，而仅仅作为照明的材料。谁能想到今天石油却成为日常生活所必不可少的能源？因此，没有适宜的经济机遇，没有能源发展的新空间，能源结构或体系断难发生实质性的变化。

此外，回溯英国能源发展历程也可以发现，今天英国之所以能引领全球气候政治，主导低碳经济发展潮流，很大程度上与其能源发展的经济机遇密不可分。如果英国北海没有发现大规模的油气田，没有用天然气取代燃煤发电，也没有进行彻底的能源结构调整，它显然不可能出现今天在气候变化和低碳经济上的领先地位。❷

这些事例都充分说明，能源的战略变革需要经济机遇的存在。就目前的发展而言，全球正处于一个能源变革的最佳机遇期。这是因为，其一，气候变化问题使新能源变革成为必然。鉴于温室气体排放不仅是造成全球气候变暖，而且是引发极端天气和粮食减产的主要原因（直接威胁到人类的生存），所以要解决这一问题，就必须减少化石燃料的使用，必须进行能源战略法律

---

❶ See Christopher Flavin, *Low-Carbon Energy: A Roadmap*, Washington: Worldwatch Institute, 2008, pp. 23-28.

❷ See M. J. Parker, *The Decline of UK Coal: Economics or Politics?* G. MacKerron & P. Pearson ed., *The UK Energy Experience: A Model or A Warming*, London: Imperial College Press, 1996, pp. 135-144.

体系的变革。

其二，全球能源供应现状为能源变革创造了条件。从长远来看，尽管人类可以通过技术的不断改进增加油气的产量，但化石燃料迟早会面临枯竭，越快地改变这种能源供应现状，越能保证能源体系的稳定和可靠。从短期来看，根据国际能源署的预测，由于北美天然气未曾预料地蓬勃发展，未来几年内天然气将出现供应的极大过剩。❶ 而天然气是所有化石燃料中碳排放最低的，这就为减缓气候变化、实现能源变革赢得了时间。况且，从各国实践来看，也都将下一步传统能源发展的重点放在了天然气上。例如，欧盟于2009年7月出台了《2009年天然气指令》，旨在进一步扩大欧盟天然气内部市场。美国近期在技术上实现突破，一跃成为全球第一大天然气生产国，这就为其能源战略法律体系的转向奠定了物质基础。

其三，全球经济衰退为能源变革的实践带来了可能性。据BP《2010年世界能源统计》称，由于全球经济衰退，2009年能源消费出现了自1982年以来的首次下降，但是水电和其他可再生能源却出现了上升。❷ 此外，据美国皮尤慈善信托基金（Pew Charitable Trust）对全球低碳能源投资的统计，在短短的5年间，全球低碳能源投资就翻了两倍之多，甚至金融危机都难以阻挡这种投资趋势，2009年仍以6.6%的速度增长。❸ 而非政府组织21世纪可再生能源政策网络于2015年颁布了《2015年可再生能源全球现状报告》，进一步指明，2014年全球可再生能源投资再创新高，成为自2009年之后的第二次投资高潮。❹ 可见，尽管全球经济衰退使能源需求下降，但低碳能源却发展迅猛，这主要是因为各国均意识到低碳能源是未来经济发展新的增长点，试图通过经济刺激方案，大力投资新能源，使能源变革尽早进入实施阶段。

（二）技术创新

毋庸置疑，每一次能源变革都离不开技术进步。没有蒸汽机的发明，人类不可能进入工业革命时代；没有提炼技术和内燃机的出现，石油不可能广泛运用于今天的交通运输中。所以，如果要实现安全低碳的能源战略，就必

---

❶ 参见国际能源署：《世界能源展望2009——执行摘要》，2009年，第4-5页。

❷ BP, *Statistical Review of World Energy 2010*, London: BP, 2010, p. 2.

❸ The Pew Charitable Trusts, *Who's winning the Clean Energy Race: Growth, Competition and Opportunity in the World's Largest Economies*, Washington: The Pew Charitable Trusts, 2010, p. 4.

❹ Renewable Energy Policy Network for the 21st Century, *Renewables 2015 Global Status Report*, Paris: REN21 Secretariat, pp. 17-20.

须进行新的技术革命,因为"新能源体系的形成不仅取决于具有潜力的新能源自身能否及何时出现革命性变革,形成较大的对现在主导能源的综合竞争优势,而且还取决于需求端特别是能源利用设备方面的重大突破"。❶

因此,未来新能源的技术创新应围绕着低碳技术的商业化、传统能源的去碳化以及相关技术的配套化展开。

1. 低碳技术的商业化

尽管核能在安全性上,水电、风能、太阳能在能效强度上与传统能源相比都存在一定差距,但其现有的成熟技术已为低碳能源的商业化发展开辟了一条道路。所以,加强低碳能源技术创新的商业化,使之具备与传统能源相抗衡的竞争优势,将是未来低碳技术创新的重点。此外,虽然海洋能、潮汐能等其他可再生能源的商业化技术研发尚需时日,但无论怎样,根据经验学习曲线理论,低碳技术商业化的成熟将最终催生能源战略的转向。

2. 传统能源的去碳化

若仅将安全低碳的能源变革放在可再生能源和核能的构建上,是远远不能满足未来全球能源需求的。因为,简单地抛弃化石燃料不符合能源演进的科学认知,只有建立在传统能源的去碳化基础上,只有将传统能源作为低碳能源组合中的一部分,才能实现真正的安全低碳。所以,传统能源的去碳化也将是未来能源技术创新的一个重要方面。当前这一技术主要体现在碳的捕获与封存(CCS)技术上,它具有使单位碳排放减少90%的潜能。倘若这一技术获得突破,不仅气候变化问题能得到彻底解决,而且人类将获得更为充足、多样化的能源。

3. 相关技术的配套化

由于低碳能源,特别是可再生能源在供给方式上与传统能源不同,这就需要对原有能源配套设施进行技术创新。当前世界各国都在加紧进行智能电网的建设,以适应可再生能源上网,并通过智能控制方式,最终实现输用电的交互运作。此外,电力汽车充电站的建设、社区家庭的节能设备都需要配套技术的完善。因此,相关配套技术的改进和研发在未来的技术创新中将占有一定比例。

---

❶ 赵宏图:《国际能源转型现状与前景》,载《现代国际关系》2009年第6期,第35页。

（三）政策引导

不可否认，即使我们拥有解决当前所有能源问题的技术，并不意味着就能实现能源的战略转向。这是因为，技术投入到市场就要按市场规律运作，而从传统能源到低碳能源的市场转型是有条件的。正如美国能源专家伦道夫（John Randolph）和马斯特斯（Gilbert M. Masters）在其《可持续能源：技术、规划与政策》一书中所言："甚至最好的技术都不一定能在能源市场中胜出，这将取决于技术是否具备经济性和可竞争力。"❶

因此，正确的政策引导就成为技术与市场融合的重要桥梁，特别是在能源战略法律体系转向的初期，政策的扶持是克服低碳能源的市场失灵和竞争劣势的关键。为此，加大政府对技术研发的政策支持、对低碳能源投资的政策引导、对环境评估标准的建立以及影响消费者选择的政策导向，就显得至关重要了。

第一，政策支持是减少投资风险、吸引投资者必不可少的保障。尽管研发是技术商业化的核心，是适应市场转型的关键，尤其是涉及新的能源来源、转换系统和存储系统时，技术研发更具有战略性意义，但是低碳技术的研发具有高风险、高投入的特点，一定程度上阻碍了技术进步。因此，政府的研发资金和支持政策就旨在减少投资风险，吸引投资者。

第二，政策引导提高了低碳能源的市场竞争力。与传统能源相比，低碳能源的市场化较低，所以，为了达到与传统能源相平衡的竞争优势，就需要政策引导对低碳能源的投资。一方面，提高传统能源准入的门槛，以限制社会对高排放能源的使用。如征收气候变化税，要求燃煤发电厂安装碳的捕获与封存装置等。另一方面，通过减免税收、提供优惠政策等方式可降低新能源的成本，增加其市场竞争力。

第三，政府的环境监管政策有利于低碳能源的良性发展。低碳能源若不进行有效的规划仍然会对环境造成破坏。例如，水电尽管是低碳能源建设，但若不进行相关的环境评估，则可能对周边环境和气候造成影响，甚至威胁整个生态系统。所以，政策的作用就是要建立起相应的环境评估机制，在适宜的地方发展适合的低碳能源。

第四，低碳能源的市场运作与消费者的选择模式紧密联系。若没有一个

---

❶ John Randolph & Gilbert M. Masters, *Energy for Sustainability*: *Technology*, *Planning*, *Policy*, Washington: Island Press, 2008, p. 629.

正确的引导，消费者的选择可能会偏离低碳路径。这就要求政府定期出台低碳能源信息、强化低碳技能的培训，从而影响消费者的选择模式。

总之，政策引导是低碳能源转型最直接的方式之一。当然，这绝不意味着制定越多的低碳能源法律政策，低碳能源产业就会发展得越好，过多的低碳能源法律政策甚至会阻碍市场机制发挥作用，所以，低碳能源法律政策应建立在"量少、质优"的前提下。

（四）社会认知

在能源战略法律体系构建中，人们常常忽略社会认知的重要性。而事实上，社会认知对于能源战略法律体系最后的形成具有重要意义。这是因为，所处的环境不同、文化理念以及价值观的差异，社会对能源战略法律体系的认知有所不同。受气候变化影响较大的地区在低碳能源的使用上会较为积极，而且易于接受低碳能源战略法律体系，但受气候变化影响较小的地区则可能不愿改变原有的能源消费模式。

因此，即使存在一定的经济机遇、技术条件和政策导向，但在没有达到一个全社会对低碳能源共识的情况下，能源的战略转向仍然无法最终完成。所以，要形成新的能源战略法律体系，就必须强化对低碳能源的社会认知。

首先，新能源战略法律体系中应构建起社会认知所需的物质基础。低碳能源在进入市场的初期，引起能源价格上涨，影响消费者的基本生活是必然的。例如，关闭燃煤发电厂，就会出现失业工人的再就业问题。如果这些问题处理不当，极易引发社会不稳定因素，更可能造成整个社会对新能源战略的强烈抵触。所以，设立低碳能源基金，开展"绿色就业"技能培训，是达到强化社会认知的基本物质条件。

其次，应加大对气候变化和能源安全的宣传，并展开广泛的社会征询。只有在理解气候变化与能源安全的不利影响后，人们才会考虑对原有能源消费方式的改变；只有在全面了解社会各阶层对低碳能源的基本认识之后，低碳能源战略法律体系才是符合国情的，才易于获得社会认同。在这里，广泛的社会征询不仅体现的是法律政策制定的程序性问题，而且是获得社会认同的必经阶段。

总之，安全低碳能源战略法律体系的构建不是一蹴而就的事情，它需要经济机遇、技术创新、政策引导以及社会认知四个战略要素的共同作用，缺一不可。所以，任何国家试图逾越这一过程或只关注某一要素，都不能彻底地完成安全低碳能源战略法律体系的转向。

四、中国"安全低碳"新能源体系的未来关注点

据 BP《2010 年世界能源统计》称，在全球能源消费下降的同时，中国的能源消费却增长了 8.7%，其中煤炭消费增长了 9.6%，占到全球消费增长的 95%。[1] 这对于中国构建"安全低碳"能源战略法律体系而言，无疑是一个严峻的挑战。当前，中国已成为全球最大的能源生产与消费国，因此，中国应尽早地展开"安全低碳"新能源战略法律体系的构建，充分把握经济机遇，加快技术创新，突出政策引导，强化社会认知，全面地将四个能源战略要素贯彻始终。只有这样，我们才能获得一个可持续的、稳定的能源体系，才能为中国增强经济、确保能源安全和提高国际地位提供战略机遇。同时这也要求我们既要重视国内能源政策的正确引导，又要具有开阔的国际能源战略视野。

（一）形成规模与效率并重的国内政策导向

2010 年 5 月据美国安永公司（Ernest & Young，全球四大会计师事务所之一）的最新报告，2009 年中国以 346 亿美元的可再生能源投资跃居世界第一，超出排名第二的美国 2 倍之多。[2] 直到 2014 年，中国在新能源投资领域仍牢牢地把握住了第一的局面。然而我们在欣喜之余，不容忽视的是，中国低碳能源的发展问题日益凸显，如在风电发展中已出现投资过剩、并网困难等诸多问题。[3]

更重要的是，从全球能源发展趋势来看，低碳能源已进入一个新的发展阶段，它已不仅仅是经济规模的问题，更是一个效率问题，即建设好的低碳能源到底能为经济做出多大贡献。因此毫无疑问，低碳能源市场的效率问题将是未来国际能源战略竞争的下一个焦点。谁的制度设计先进，谁就能尽快占领低碳能源的制高点；谁能促进低碳能源的效率，谁就能更快地实现低碳

---

[1] BP, *Statistical Review of World Energy 2010*, London：BP, 2010, p. 2, p. 5.

[2] See Ernest & Young, "Renewable Energy Country Attractiveness Indices," (2010-05) http://www.ey.com/Publication/vwLUAssets/Renewable_ energy_ country_ attractiveness_ indices_ Issue_ 25/＄FILE/Renewable_ Energy_ Issue_ 25.pdf（last visit on 2017-03-31）.

[3] 参见闻育旻：能源局官员：并网难题制约风电发展，http://www.chinanews.com.cn/ny/news/2010/06-02/2319979.shtml（访问日期：2017-03-31）。

经济的转型。

2016 年中国进入"十三五"规划期间，作为国家七大战略性新兴产业之一，低碳能源的发展更应着眼于效率的实现；对此，在加大技术自主创新、摆脱引进技术依赖的同时，要建立起更严格的市场准入机制，防止低碳能源的重复过度建设。

（二）构建合作与对抗并存的国际能源战略视野

能源战略法律体系不应只着眼于国内建设，而应构筑起一个更为开阔的国际能源战略视野。所以，不仅要积极构建低碳能源的国际合作，而且要善于运用各种国际能源气候制度安排。

1. 积极构建低碳能源的国际合作

通过积极的低碳能源合作，不仅能分享构建国际能源体系的权利，奠定中国在未来全球能源体系中的战略地位，而且可以获得国外的先进技术。特别是鉴于发达国家在这一领域拥有一定优势，通过与其合作可以更快、更便捷的方式获得核心技术。

此外，应重视相关领域的合作，如国际气候合作对中国安全低碳能源体系的构建就具有重要的战略性意义，不仅是因为这种合作可以获得先进的减排技术，而且会为中国能源体系构建的最终完成赢得时间（特别是未来国际气候制度的安排）。当前，中国与欧美国家在新能源合作方面已逐渐形成一定气候，未来的发展将很大程度上取决于双方对新能源发展的基本态度。

总之，正如英国皇家国际事务研究所（查塔姆研究所）在题为《气候变化：中国与欧洲能源和气候相互依存性》的研究报告中，就中国与欧盟的双边合作所指出的那样："通过合作，全球两大重要力量可以联合起它们的政治和经济影响力，最终实现通向低碳未来的道路。"[1]

2. 善于运用各种国际能源气候制度安排

国际关系理论已深刻揭示出，国家利益的获取不仅来自国际合作，也来自国家间的博弈。所以，在进行广泛能源合作的同时，也要善于运用能源对抗策略。这不仅是当前国际形势的反应，而且也是国际法律制度不成体系造成的结果。从欧盟与美国在能源气候领域中的博弈看出：欧盟旨在利用气候

---

[1] Chatham House, *Changing Climates: Interdependencies on Energy and Climate Security for China and Europe*, London: The Royal Institute of International Affairs, 2007, p. 18.

制度上的优势提升国际地位，引领全球能源与气候政治。而美国则试图通过
WTO，甚至建立地区性的能源气候体系与之抗衡，《亚太清洁发展与气候伙伴
计划》就是明显例证。

毫无疑问，尽管在国际能源气候博弈中权力是国家获得相对利益的关键，
但这并不排斥国家运用各种国际制度和机制安排实现维护本国能源气候利益
的可能性。因此，中国应积极开展多边、双边的能源气候外交，广泛参与联
合国气候变化大会和其他国际性、区域性的能源气候组织和论坛的活动，运
用当前国际能源气候制度不成体系的现状，切实维护中国的能源安全，促成
具有中国特色的安全低碳能源体系的最终形成。

余　论

总之，"中国是世界上最大的发展中国家，面临着发展经济、改善民生、
全面建设小康社会的艰巨任务。维护能源资源长期稳定可持续利用，是中国
政府的一项重要战略任务。中国能源必须走科技含量高、资源消耗低、环境
污染少、经济效益好、安全有保障的发展道路，全面实现节约发展、清洁发
展和安全发展"。[❶] 尽管能源体系的变革带来巨大的挑战，但它也带来了明确
的机遇：中国以及其他国家能够在维持经济发展的同时转变能源工作的重心。
抓住这一机遇将从根本上改变地缘政治、经济与环境的动态平衡，以应对更
富于挑战的未来。所以，中国应明确构建起安全低碳的能源理念，确立相应
的基础架构和框架，营造出适合中国国情的具有中国特色的新能源体系。此
外，中国能源生产与消费革命理念的提出更加强了"安全低碳"在新能源战
略体系构建中的意义，未来中国的新能源战略体系应紧密地围绕着"安全低
碳"展开，通过能源市场为主，能源法律政策引导的方式，扩大新能源在中
国的良性发展之路。

---

❶ 国务院新闻办公室：《中国能源政策（2012）白皮书》，第二部分 "能源发展政策和目标" 的
第一段，http://www.gov.cn/jrzg/2012-10/24/content_ 2250377.htm（访问日期：2017-03-31）。

结论

欧美新能源立法的制度性设计及
中国的路径选择

当前，中国新能源发展进入一个新的阶段。一些新能源立法上的弊端开始显现。这些弊端有些是具有中国特性的，而大多数则是新能源发展过程中必然要经历的。通过审视欧美新能源立法的制度性设计可以看出，欧美国家在新能源发展中也存在着许多与中国共性的问题，但它们在进行合理的制度性设计后，有效地规避掉了一些不利于新能源发展的行为或活动，从而重新进入到新能源的良性发展中。因此，对欧美国家新能源立法上的制度性设计的认识和反思，无疑将有助于中国避免走同样的失败之路，且可以通过对其成功制度设计的借鉴，促进中国新能源在21世纪的新发展。

一、欧美新能源立法的制度性设计的特点

欧美新能源立法的制度性设计，在不同的国家表现出不同的制度路径，它们所具有的发展特点，可以概括为以下4个方面。

（一）欧盟新能源立法强化可再生能源的制度性设计

欧盟，作为全球最大的区域性组织，在新能源发展上一直处于世界前列。近代以来，工业革命为欧洲带来了巨大繁荣，但同时也带来了对生存环境的破坏。正是基于这样一种时代背景，欧盟积极改变自身由于传统能源利用所带来的弊端，而大力发展可再生能源。进入21世纪之初，欧盟就提出了可再生能源的发展目标，即到2020年，实现可再生能源消费达到能源消费的20%，温室气体减少20%的目标。从目前过半的历程来看，这一目标的实现

已无任何悬念。欧盟在新能源方面所取得的成绩，很大程度上是来自对可再生能源法律政策进行合理的制度性设计。这一制度性设计，一部分是由于能源发展的转型需要；另一部分则归功于全球气候治理这一现实所要求的。

欧盟在其可再生能源发展的制度性设计上，并不追求整齐划一。欧盟成员国之间存在着地域、经济乃至资源禀赋的不同，这就不能要求所有的国家都按照统一的方式进行新能源发展。因此，欧盟在可再生能源发展上，充分利用了国际气候变化制度安排上的机制，即设定一个可再生能源的总体目标，之后，再由各国根据自身情况承担相应的可再生能源消费份额。这样，有的欧盟成员国可再生能源目标并不高，而有的则较高，但总体上达到欧盟作为一个整体所要实现的可再生能源占能源消费20%的目标。

此外，欧盟可再生能源发展的制度性设计与温室气体减排充分相结合，它率先在欧盟成员国家开展了全球最大的区域性排放交易机制（EU ETS）。尽管此排放交易机制是从温室气体减排的角度设计的，但由于温室气体排放主要来自工业生产中所需要的化石能源的碳排放，因此，在一定意义上，对温室气体减排的交易机制，也就是实现扩大可再生能源生产的促进机制。欧盟现阶段的排放交易机制已进入第三个阶段，尽管存在着诸多未能有效减排的问题，但这一机制的设计仍在总体上促进了欧盟加大对可再生能源的利用，对传统化石燃料的减少。

毫无疑问，欧盟在可再生能源发展上的制度设计，对中国未来的温室气体减排设计有重要的借鉴作用。当前，国内7个省份已开始了碳排放交易的试点，其中有很大一部分吸收了欧盟排放交易机制中的一些做法。但是，我们也应清楚地看到，欧盟的排放交易机制，一方面，近年来的发展并不是一帆风顺，在前期设计中出现了一些有助于高排放的情况，因此，在排放交易机制的后期，欧盟不得不进行相应的改革，增加了拍卖等市场方式。另一方面，对于中国而言，欧盟的排放交易机制并不能完全适用，这是由中国本身的国情限制的。同时，从国际角度也需注意的是，由于欧盟开始将其他国家飞越欧洲的民航也纳入到排放交易机制中，这引起了包括美国和中国在内的许多国家的强烈不满。目前，关于这一方面的发展，正有待于国际民航组织在未来通过相关国际协议加以规定。因此，未来欧盟在可再生能源发展方面所采取的此种排放贸易机制是扩大，还是缩小，很大程度上在于国际社会在气候变化问题上是否能达成一个新的共识。

（二）英国新能源立法追求碳预算的制度性设计

英国在新能源立法的制度性设计方面，一直是居于世界前列的。尽管它是欧盟成员国，但英国并没有仅仅依赖于欧盟可再生能源的制度性设计，相反，作为欧盟的"三驾马车"之一，英国必须在新能源立法的制度性设计上表现出更高的积极性，才能领导和促进其他欧盟成员国一起承担欧盟的温室气体减排目标。

英国早期的新能源立法的制度性设计，可以追溯到撒切尔领导的保守党执政时期。但真正进入英国可再生能源大力发展时期的，则是在布莱尔领导的英国工党上台之后。2002 年，英国政府出台了《2002 年可再生能源义务法》，第一次以法律的形式将可再生能源发展纳入到法律制度层面。2003 年又出台了《能源白皮书》，第一次在全球提出了低碳经济的理念。然而，必须指出的是，工党执政期间，英国的可再生能源目标并没有按其意图完全实现，相反，更多的是滞后。而在温室气体减排方面所取得的成绩，大多得益于保守党期间将煤炭改天然气发电所带来的减排空间。但此种减排空间并不是实质性的减排，因此，对于英国而言，倘若在未来的国际气候政治领域，仍要居于领导地位，就必须重新对新能源发展进行相应的制度性设计。

2008 年，英国出台了《2008 年气候变化法》。该法第一次以法律形式规定了碳预算法律制度。所谓碳预算法律制度，是指国家或国际组织对一定范围内研究的人为的碳排放总量进行预算，并制定相应规则、规章制度的总称。它是以地球碳循环为基本科学依据，以财政学理念进行预算分配，以法律制度保障碳预算的实现。英国在《2008 年气候变化法》中提出到 2050 年要实现在 1990 年的基础上减排 80% 的温室气体目标，到 2020 年，至少减排 34%。这一目标的法律确定，就为碳预算建立了基本前提，即碳排放总量。为此，英国规定，每五年为一个周期的碳排放上限，设立头三个碳预算，即 2008—2012 年、2013—2017 年和 2018—2022 年。每一阶段，又将其碳减排任务下放到各个部门，通过工业、交通等各个部门的减排来完成基本的碳预算。[1]

无疑，碳预算从表面来看是对温室气体进行规制的。但实际上却是限制化石燃料使用和扩大对新能源的利用。从制度安排上看，是有利于温室气体减排和可再生能源生产规模的扩大。从 2008 年到目前来看，英国的碳预算已进入第二阶段，在第一阶段，主要试验性地检验碳预算的可行性。从一定程

---

[1]　参见吕江著：《英国新能源法律与政策研究》，武汉大学出版社 2012 年版，第 131-151 页。

度上来看，英国碳预算有利于扩大新能源的消费和温室气体减排。但也必须指出的是，其第一阶段的碳预算在制度设计上设定的目标过于宽泛，因此，几乎所有部门都实现了其碳预算要求的温室气体减排目标。此外，由于 2008 年金融危机的影响，英国国内经济下滑，从而降低了温室气体排放量，这也为英国能完成第一阶段的碳预算目标奠定了物质基础。未来英国碳预算能否在第二阶段有所突破，将是一个拭目以待的事项。

（三）德国新能源立法强调社区共进的制度性设计

德国在新能源立法的制度性设计方面，与英国走了一条不尽相同的道路。德国新能源发展的制度性设计，主要是围绕着不断修订的《可再生能源法》展开。其中，上网电价制度是德国在该部法律中规定的主要制度性设计。从 21 世纪以来德国在风电和太阳能光伏发电方面所取得的成绩来看，德国的上网电价制度有力地支持了德国新能源的扩展。到目前为止，德国仍是整个欧盟国家中可再生能源生产规模最大的国家。而从国际可再生能源发展方面来看，德国多数可再生能源的发展规模也仅在中国与美国之后。德国并没有实行类似英国的可再生能源义务制度，甚至进行相关可再生能源的配额分配等制度性设计，相反，其将主要精力放在德国的社区推进这一具体制度设计上。

在德国，社区推进是其新能源能得以扩大的主要力量。德国在可再生能源上的法律政策上一旦达成一致，其实践的效果很大程度上就须依赖于社区推进。由于德国的联邦制结构，德国在新能源发展的实践方面没有采取整齐划一的方式，有些州在风能方面具有一定优势，则加强了风电的发展；而另一些没有风能优势的州则将主要精力放在了太阳能光伏发电方面，各个州之间的经济发展除了受到《可再生能源法》的激励以外，更多的制度创新被放在社区层面上，鉴于不同社区存在着不同的经济与环境需要，因此，在新能源发展上也呈现出不同的制度创新，这种创新力量主要来自私人投资者积极地从事新能源发展，以期利用新能源市场获得相应的经济力量。

毫无疑问，从德国在新能源发展的前期表现来看，其制度性设计是合理的，促成了德国新能源的发展，特别是上网电价制度成为世界各国仿效的主要制度性设计。但也要看到其上网电价制度是与德国特有的社区推进相结合的，倘若没有社区在新能源制度性设计上的创新，上网电价制度仍无法得到正常运转。这从一定程度上也证明了一些国家尽管像德国一样，也规定了上网电价制度，但实际运行效果并不理想。从德国的制度性设计可以看出，德国的上网电价制度也并不是一成不变的，而是随着新能源发展的不同阶段进行相应的调整，从大致的整齐划一到各具风格，从而使德国上网电价制度走向了更为灵活的方面。当然，未来德国新能源发展也面临着一些紧迫的任务需要解决，首先，德国是欧盟最大的经济体，其减排任务也占到最大份额，仅依赖于现在的《可再生能源法》中的上网电价制度已远远不能适应欧盟对其温室气体减排的要求。此外，一些传统能源州在新能源发展过程中并没有受益，如何能将传统能源州，通过技术创新实现其传统能源向新能源的转型，也是德国面临的新问题，倘若无法处理好这一关系，势必会影响到德国内部经济的统一性。例如，随着德国风电力量的壮大，风电大州的电量出现了剩余，为消纳这些过多的电量就需要将其输往其他需要电力的州，而这种加强电网设施和扩大风电输出的需求，必然会将德国各州纳入到一个统一的电网安排中，这就需要德国进行更大的制度性设计，即如何能在经济不同的各州之间实现新能源发展的利益平衡。而这种现象表现在中国，则体现为"弃风"问题的征兆，德国如何解决这一制度安排，将无疑有助于中国在风电发展方面，吸收和借鉴其所具有的一些新的制度性理念。

（四）美国新能源立法从传统能源突破开始的制度性设计

在世界各国都涌向可再生能源发展时，美国新能源发展却走向了一条与其完全不同的道路。实践证明，美国的新能源发展之路更为稳健，更具有实效性。尽管美国早期在可再生能源发展方面已有了多方面的研究，但真正进行可再生能源发力的，则是在美国 1973—1974 年的石油危机之后。美国在提高本国油气生产的同时，也意识到传统能源恐难以真正实现美国的能源独立，因此，将重点开始向非传统能源和可再生能源方向发展。卡特政府在支持新能源方面最为积极，举措也颇多。但美国的能源情境无法与欧洲国家相比，它本国内的传统能源具有雄厚储量，而出现能源危机很大程度上与美国之前在能源领域的法律政策在制度性设计上失误有关。因此，当美国在 20 世纪 70 年代末开始纠正其能源制度性设计时，美国传统能源迅速获得了发展力量，而可再生能源无法与其相抗衡，而最终在美国未走向壮大的趋势。因此，在里根政府时期，由于全球油气资源的充沛，美国没有将重心放在新能源发展上。

然而，美国对可再生能源的发展并没有停止，相反，为实现能源独立，美国加强了一些具有实效性的可再生能源发展。例如，在生物质能方面，美国拥有全球最大的生物质能资源与潜力，因此，从布什政府起，美国就加强了生物质能的开发，《2002 年能源政策法》中强调了交通燃料中必须有一定比例的可再生能源燃料，从而激发了美国在乙醇燃料和生物柴油方面的进步。到今天为止，美国都是全球最大的生物质能生产国。

此外，从美国政治角度来看，民主党较为支持气候变化问题，因此，在克林顿执政期间，美国的主要精力放在了全球气候政治方面，副总统戈尔促成了 1997 年《京都议定书》的出台，但遗憾的是，共和党的小布什上台后拒绝了《京都议定书》。2008 年，民主党的奥巴马充分利用金融危机的时机，以复苏经济为由，大力发展太阳能等可再生能源。尽管在 2009 年哥本哈根召开的联合国气候变化大会上，奥巴马并没有做出更有雄心的承诺，但在其第一任期内，可再生能源发展是其重大的能源执政方向。

当前，美国又进入一个新的阶段。这一阶段来看，美国并没有从可再生能源发展上获得重大突破，相反，美国在对传统能源利用方面却实现了有利于新能源的突破，那就是页岩气革命。1998 年，美国一家中型油气生产商米歇尔公司成功地进行了技术突破，在水力压裂技术下开采出具有商业价值的页岩气。页岩气属于非常规能源，其成分主要是甲烷，是一种高效而清洁的能源。在 21 世纪，美国将水力压裂技术与水平井技术相结合，使页岩气产量大增，2009 年，美国超过天然气传统强国俄罗斯，成为全球最大的天然气生产国。随着页岩技术的突破，美国在非常规油的开采方面也取得巨大成功，2014 年，美国超过沙特阿拉伯，成为全球最大的原油生产国。

美国页岩革命带来的结果是，首先，美国能源独立成了一个可以触及的领域。自 1973—1974 年石油禁运以来，美国历届总统都将能源独立作为其主要的执政纲领之一，但都未能彻底实现。而页岩革命的到来使美国能源独立成为可能。其次，美国经济受页岩革命的影响，逐渐摆脱金融危机以来的困境，走向一个实体经济的回归，其就业率等各方面经济指标都出现不同程度的好转。而且，据美国能源信息署的预测，未来美国页岩气开采将为美国带来更多的经济利益。❶ 最后，页岩革命使美国温室气体排放大为下降，美国重

---

❶ 对此，美国能源信息署毫无掩饰地指出，在未来的 10 年到 20 年里，廉价的天然气供应将使美国出现一个新的工业繁荣。特别是头 15 年里，美国的制造业亦受益颇丰。See U. S. Energy Information Administration, *Annual Energy Outlook 2014*, Washington DC：EIA, pp. ES-2～ES-3. 而美国总统奥巴马则更激动万分地宣称，页岩气产业将为美国提供至少 60 万个额外的工作机会。参见 U. S. Whitehouse, Remaks by the President in State of the Union Address, http://www.whitehouse.gov/the-press-

新回归全球气候政治舞台的中心成为可能。

当然，也有一些学者担心美国页岩革命会阻碍可再生能源等新能源的发展。这种担心是不无道理的。无疑，对页岩气的投入必然会减少美国在风能、太阳能等可再生能源方面的投资。但更多的学者认为，美国页岩革命带来的是一种桥梁作用，它不仅不会使美国倚重于传统油气资源，而且可以使美国在减缓温室气体减排压力下，更充分且理性地发展可再生能源。2015 年，奥巴马政府宣布了《清洁电力计划》。无疑，这一计划就表明，美国不仅没有放弃可再生能源，而且在充分利用页岩气资源的同时，也加快对能源结构的调整，从而为实现美国未来新能源的发展创造了有利的制度条件和保障。

二、对欧美新能源立法制度性设计的反思

在立法的制度性设计方面，欧美新能源发展走了一条不同的路径。甚至在欧盟内部，欧盟成员国之间也并没有完全按照统一的制度安排进行，而是各自找到自身在新能源发展方面的比较优势和基本国情，从而发展出有利于本国新能源壮大的制度路径。然而，照观欧美新能源立法的制度性设计也可发现，尽管在具体的制度路径上，这些国家表现出繁多的路径选择，但是这些新能源发展的制度路径却有着某些共同之处。这表现在以下三个方面。

（一）新能源的科学认知：超越经济

什么是新能源？欧美国家在新能源自身建设中并没有统一的认识。有人将新能源仅指为可再生能源，这无疑大大缩小了新能源的可塑性。其实，从联合国第一次新能源和可再生能源大会就可看出，联合国并没有将新能源局限在可再生能源，像泥炭、油砂等同样被列入了新能源的行列。因此，在对新能源的认识上，欧美国家并没有严格界定到可再生能源。相反，欧洲国家同样重视碳捕获与封存技术的商业化，同样认为碳捕获与封存技术是与可再生能源比肩的新能源产业。这无疑有助于从根本上扩大对温室气体进行减排的手段和方法。

（接上注）

office/2012/01/24/remarks-president-state-union-address（last visited on 2017-03-31）。对页岩气之于美国经济的系统分析，亦可详见美国 HIS 公司的咨询报告。See IHS Global Insight Inc., *The Economic and Employment Contributions of Shale Gas in the United States*, Washington, DC: HIS Global Insight（USA）Inc., 2011.

特别是美国的新能源发展路径更具有大的挑战意义。美国在气候变化问题上态度的消极很大程度上来自国内对化石燃料的大量消耗。倘若美国也同欧盟一样，在新能源路径上一味地坚持走可再生能源的路径，美国的能源独立恐怕还是一个梦想，美国经济的复苏更会是遥遥无期。正是坚持对传统能源的再开发，正是本着对非常规能源的积极利用，美国以其实用主义态度来看待新能源发展，而不是以国际舆论导向左右自己的新能源政策，表现出一个大国在能源决策方面的智慧和远见。毫无疑问，当今美国的页岩革命不仅带来了能源独立的希望，同时温室气体减排也成为可能，这要比单独发展可再生能源带来更大的效益，是更成功的能源发展路径。

是以，新能源的突破不在于发展不发展新能源，而在于以一种什么样的态度或立场来看待新能源，如果不仔细分析新能源所具有的特点，而只是将其固化在可再生能源方面，无疑将走向一条不归路。为此，要加强新能源的科学认知，扩展新能源适用的范围，提高人们在新能源发展过程中不断创新的思维和制度理念，才是实现新能源发展的根本。故而，不应仅仅从经济角度出发，应更多地看到新能源变革所带来的更为长远的利益，放弃简单地以他国可再生能源经济作为唯一的衡量标准，而将新能源纳入一个更科学、更宽泛的认知体系，从本国新能源的理性思维考量，发展具有变革的新能源理念。唯有如此，才能找到新能源产业发展的科学而正确的制度路径。

（二）欧美新能源发展路径是异曲同工

自 21 世纪以来，美国与欧盟走上不同的新能源发展之路，欧盟强调可再生能源的制度发展路径，而美国坚持在非常规能源上的突破。尽管二者在制度路径上存在着不同，但它们实质的发展路径是一致的，那就是以传统能源更替之后的可再生能源发展路径。

首先，就欧盟整体而言，欧盟的能源结构变化在于，是从煤炭走向天然气，再从天然气走向可再生能源。早期，欧共体建立之初，是建立在煤钢共同体之上，那时煤炭仍是欧洲国家主要的能源选择，随着对环境问题的重视，欧盟开始向清洁能源转向，天然气开始大量在欧洲国家使用，今天欧盟天然气使用量更呈现逐渐上升的趋势。但是，对于欧盟而言，它是一个天然气的纯进口区域，倘若没有俄罗斯天然气的供应，欧盟的经济发展将受到巨大影响。因此，当俄罗斯与周边国家在天然气问题上产生争端时，最为紧张的是那些需要从俄罗斯大量进口天然气的欧洲国家。因此，这种建立在天然气基础上的能源结构是不安全的，更不应成为欧盟的最终选择。

可再生能源的最大特点是它的区域性和分布性。换言之，可再生能源相比传统能源而言，受地域限制较少，进行分布式能源发展是其最具优势的。因此，对于欧盟国家来说，在自身缺乏传统能源的基础上，发展可再生能源是保障其未来能源安全的根本。此外，相比传统能源而言，可再生能源的环境问题相对较少，温室气体排放更趋于零排放。这将有利于应对全球气候变暖。是以，在经过了对天然气的广泛利用之后，选择可再生能源是欧盟的必然之路。

其次，就欧盟成员国来看，英国新能源发展的制度路径充分体现了从煤炭到天然气，再到可再生能源的能源结构变化。1979年撒切尔夫人领导的保守党上台之际，英国经济处于十分不景气的阶段，国内经济通胀已使英国处于大国江河日下之势。撒切尔夫人准确地把握英国经济问题的命脉，那就是煤炭工会势力过于强大而影响了国家对经济的宏观调控。为此，她开始了一系列调整能源结构的举措，主要是与煤炭工会展开激励的政治斗争，并最终取得了胜利。为了强化胜利成果，撒切尔夫人开始寻找煤炭之外的新的能源以提供英国能源所需。而此时，北海油气田的发现为其政策的实施带来了可能性。因此，一方面，加强能源企业的私有化过程；另一方面，通过《1989年天然气法》加强对天然气的利用，减少煤炭在发电等领域的势力，最终英国能源结构由以煤炭为主走向了以天然气发电为主。

撒切尔夫人执政期间，尽管气候变化问题已初显端倪，但当时仍是一个科学问题。到英国工党布莱尔执政时，气候变化问题已上升到政治高度。布莱尔完全利用了由煤到天然气的能源结构调整后的能源红利（英国温室气体大幅下降），大肆在国际社会中宣扬气候变化问题，谋求在全球气候政治中的领导权。同时，在这一红利之下，布莱尔开始加强可再生能源发展，尽管当初撒切尔夫人执政时期，为打击煤炭工会，已开始了可再生能源义务制度，但力度明显不够，因此，布莱尔在历次的能源施政纲领中，都将可再生能源放在了主要方向。到今天，英国在可再生能源领域取得的成就，很大程度上来源于英国工党为此做出的制度贡献。英国也秉持着这种能源结构的变化规律，而得以继续在全球气候政治舞台上发挥其领导作用。

最后，就美国而言，从当前的页岩革命看，似乎美国没有走可再生能源之路。这是一个错误认识。其实，美国仍然是按照煤炭到天然气，天然气到可再生能源的发展路径。只不过美国体现得较为隐性一些。例如，尽管美国有着充沛的煤炭资源，但其从煤炭到油气的过渡要比欧洲国家更短，在美国，煤炭一直受到油气特别是石油来自市场的冲击，这种状况下，煤炭在美国不能发挥一种主要能源的优势，而且随着天然气使用的不断扩大，煤炭被压缩到一个较小的能源空间。而任何一种能源在取代另一种能源之前，都要面临一个往复过程，并不是一次就能实现，如煤炭在美国尽管不处于主要能源地位，但让位于天然气则主要是发生在"二战"之后，而且这一过程是不断变化的，最终天然气才取得其今天的地位。

此外，至于美国现在可再生能源远不如其他传统能源和非传统能源的发展，是因为一种能源只有在其达到一个经济所能容纳的能源量时，才会出现变化。美国页岩革命的到来，说明美国经济中仍依靠非传统能源得以继续，民众对于可再生能源的需求，只是表现为一种政治上的理念，并没有真正融入生活中。但这并不代表美国不向可再生能源发展，相反，这一过程的到来，需要有一个过渡，通过不断地在传统能源与新能源之间进行往复之后才能显现出来。因此，过于急切地将美国能源过渡到以可再生能源为主的能源结构，显然不符合一般的能源经济规律，但这并不改变美国将向可再生能源发展的能源结构变化。

是以，无论是欧盟、欧盟成员国，还是美国，它们都在经历着一场"去碳化"的过程，这一过程又是从煤炭到天然气，再到可再生能源，是一个不断地降低碳使用量的过程。[1] 因此，在一定意义上而言，尽管欧美国家在新能源立法的制度性设计上选择了不同的道路，但它们都达到一致的方向，就是去碳化，这无疑是一个异曲同工过程。

（三）欧美新能源制度性设计的经验在于市场

从欧美新能源立法的制度性设计来看，尽管政府在新能源决策方面做出了诸多法律与政策，但在实际操作中仍是以市场为主的，这完全不同于中国政府的引导型新能源发展，是一种更具有长远性和实效性的新能源发展策略。具体如下：

首先，欧盟在新能源发展中注重对市场的运用。[2] 如，其排放交易机制，很显然是希望通过碳交易市场来促进可再生能源的发展。不管其现行的运行

---

[1] 参见［美］海夫纳三世著：《能源大转型：气体能源的崛起与下一波经济大发展》，中信出版社 2013 年版，第 1—54 页。
[2] 参见程荃著：《欧盟新能源法律与政策研究》，武汉大学出版社 2012 年版，第 206—208 页。

如何，利用市场作为新能源发展的主导力量，是欧盟在进行新能源制度性设计时考虑的主要方面。特别是在排放交易机制早期运行中，过多的政府干预造成一些目标并未真正实现，从而在第二期排放交易期时，欧盟果断地改变了原有的策略，增加了拍卖等市场行为，以期真正实现新能源的发展扩大。因此，在制度性设计方面，欧盟并不强求所有欧盟成员国采取统一的可再生能源法律政策，而仅是要求通过市场达到新能源的利用和温室气体的减排即可。通过只设定一个最高的温室气体减排目标，而具体操作交由各国自行决定，这是一种依赖于市场的新能源制度性设计。

其次，从德国也能窥见这一市场为主的特点。如联邦制的特点使德国在能源问题上，主导性的权力不是联邦政府，而是在州政府一级，因此，尽管联邦政府可以出台相应的能源法律政策，但不能通过行政手段过多地干预到州一级的能源治理。因此，在德国新能源发展过程中，社区的作用不容小觑。各个州充分利用自己在可再生能源方面的独特优势，不同程度地发展风能、太阳能等可再生能源，投资者在进行可再生能源投资时，通过政府的法律政策激励，充分发挥个人的创造力，在使投资者获利的同时，也促成了新能源的发展。

再次，从英国新能源发展中对碳捕获与封存技术商业化运作的模式可以看出，《2010 年能源法》强调市场在新能源发展中的作用，在对碳捕获与封存技术的政府补贴方面，并不是完全的政府意志，而是通过利用拍卖、竞标等市场行为，将最优的企业选出，并通过这些企业之间在碳捕获与封存技术的不同阶段开展竞争，来找到适合英国的碳捕获与封存技术的商业化路径。❶

最后，从美国新能源发展来看，其更是注重市场在新能源发展过程中的作用。页岩革命的成功来自美国中小油气商不断进行创新的企业家精神，正是由于美国将新能源发展放在一个市场的角度，让所有个体都有参与到新能源发展的机会，从而为新能源发展带来了不断的创新机制，进而促发了页岩革命。当前，在风能和太阳能等可再生能源领域，美国依然重视这种市场发展的力量，政府仅是在政策层面上予以指导，而具体实践则由不同的个体进行不同的创新。

是以，欧美新能源立法的制度性设计广泛地建立在市场为主的新能源创新上，这种制度性设计有助于新能源找到适合自己发展的路径，同时可避免

❶ 参见吕江：《社会秩序规则二元观与新能源立法的制度性设计——以英国〈2010 年能源法〉为例》，载《法学评论》2011 年第 6 期，第 82-89 页。

人为带来的不符合经济规律的制度安排，进而规避掉了那些不合时宜的新能源企业，而保护了那些具有真正进步性质的新能源企业。

三、中国新能源立法制度性设计的选择

对欧美新能源立法的制度性设计，我们既要看到其所具有的优势，同时也要看到在某些方面它们仍存在着不足，甚至某些弊端在中国已得到解决，但它们并未很好地处理。当然，某些共性的问题，则是中国与欧美国家都应注意的。

（一）应以能源科学开展新能源立法的制度性设计

不论新能源和可再生能源是多么新的一种能源类别，它们都逃离不了是能源发展中的一种类别。因此，新能源立法的制度性设计首先应关注的，就是这些制度性设计是否是按照能源发展的一般规律进行的。任何违背能源发展规律的制度设计都将面临能源规律的惩罚，新能源也不能例外。

能源规律告诉我们，在社会中，使用一种能源并不代表进行一个新的能源系统，只有整个社会以一种经济形态出现的能源类型才具有其真实价值。例如，中国和欧洲早在公元初期，都已在使用可再生能源，如欧洲对风车的利用，中国对水车的运用，但这些并不代表国家已进入一个可再生能源的时代。只有能源是以一种社会形态方式出现的，才表明进入了某一个能源社会。例如，工业革命对化石能源的使用，不是一个国家、一个地区的事项，而是整个社会都在利用此种能源，表明此时的文明已进入了工业文明阶段。因此，国家在使用新能源或可再生能源，倘若并不能真正实现与社会的融入，那么即使有再多的新能源利用，也并不代表是在一个可再生能源的时代。这就要求我们重视能源规律，不可贸然地进行能源的"大跃进"。

此外，能源规律亦告诉我们，一定的经济形式会容纳一定的能源载体，当某一经济形式能够容纳下某一能源载体时，往往发生质的变化的可能性几乎不大。例如，中国早就发现和使用煤炭，但中国小农的经济形式并没有改变，是因为此种经济形式完全可以依靠柴薪实现，而煤炭只是某一个领域的补充而已，并没有成为整个经济形式的所需。而工业革命爆发的英国则不同，当时英国已是一个"无森林"的国家，国内木材的奇缺使其不得不转向对煤炭的利用，而这种能源转型正符合了英国现代经济所需要的能源容量，因此，

煤炭成为英国的主要能源，从而进一步引发了工业革命。

是以，科学的能源认知是新能源发展的必要知识，没有此等认识，而只凭人为因素进行新能源发展，只会适得其反。这也提醒我们，要将新能源放在一个科学的基础上。❶ 现代科学从不同角度为我们揭示了新能源的不同变化，人们不应只将能源限定在某一类能源上，而应广泛地利用能源科学知识，扩大对新能源的发现和利用。❷ 因此，在制度安排上，特别是顶层设计时，必须防止将新能源等同于可再生能源，而应对一切具有能源变革性质的新能源发展都给予鼓励和制度上的保障。

(二) 应以能源变革作为新能源立法制度性设计的根本

2014 年习近平同志提出了能源生产与消费革命的理念，这应是未来中国新能源发展的指导性理念。因此，应以能源变革作为未来新能源立法制度性设计的根本。这是因为：第一，能源革命是能源变革的特殊形态，要实现能源革命，就是首先有能源变革的制度性设计标准。我们说，能源变革是指在能源发展时，要以能源变化或转型为基本要求，这一变化不是一时的，而是永恒的。❸ 能源发展无论何时何地都应是秉持能源变革的理念。鉴于能源革命是一种剧烈的、闪电式的能源变革，因此，它的发生不是随时都可能的，但能源变革却是可以不断进行，并向能源革命的方向推演的。

第二，能源变革是当代科学哲学和法学发展的必然要求。科学哲学在对能源进行哲理性分析时，已指出变化或者说不确定性是对能源发展的更高层次的认识。例如，当前对量子理论的认识，正是建立在不确定性基础上的。这从能源角度予以表述，则是能源具有不确定性，抓住量子发展的不确定性，正是抓住能源的不确定性。科学哲学对此已明确表明了这一点。从法学角度而言，自美国法律现实主义运动以来，法律确定性的神话已被打破，无论是批判法学，还是后现代主义法学，都将如何实现和保障法的不确定性作为根本，因此，能源变革作为一种制度规则的根本，正体现了这种发展要求，将其作为制度安排的标准是对现代科学哲学和法学理论的支持与认同。

第三，能源变革能有效地防止就某一能源产生过度的路径依赖。历史制

---

❶ 参见黄振中、赵雁秋、谭柏平著：《中国能源法学》，法律出版社 2009 年版，第 334-335 页。

❷ 参见［加］曼宁、［美］加本著：《新能源突破：量子跃迁将如何改变世界》（第二版），知识产权出版社 2014 年版，第 18-56 页。

❸ 参见赵爽著：《能源变革与法律制度创新研究》，厦门大学出版社 2012 年版，第 4-12 页。

度主义一再向我们表明，任何事物的发展都会出现路径依赖的问题，但路径
依赖确有程度之分。在能源领域，最大的问题就是出现路径依赖，一旦形成
路径依赖，能源发展有时会出现倒退现象。例如，英国最早开始从事煤炭商
业化开采，在向石油、天然气这些能源过渡时，形成了路径依赖，从而不愿
抛弃煤炭，从之后的英国的发展可以看出，煤炭给英国带来了沉重的负担，
也使英国油气能源的到来晚于其他国家，被后进的美国、德国等迅速超越了。
因此，能源变革就是要不断地提醒制度设计得防止过于偏向于某一能源，甚
至包括可再生能源，应形成多样化的能源发展趋势，这样才有助于新能源的
壮大和发展。

（三）应回归市场的新能源立法制度性设计

当前，中国的新能源发展，在一定程度上而言，并不是严格意义上的以
市场为导向的新能源发展。政府在新能源发展方面形成了强大的力量。这一
方面是由于新能源作为一种与传统能源相比的弱势能源需要政府在一定程度
上的扶持，从而政府对新能源的发展干预是合理的。另一方面是由于新能源
只有形成规模化，才能与传统能源相抗衡，而政府对新能源的干预可在一定
程度上加速新能源发展的规模化。

然而，当这种以政府为主导的新能源发展模式进入到一定阶段之后，其
弊端自然会显露出来，例如当前在光伏产业的发展方面，政府主导的力量并
没有使其正常成长起来，相反，使欧美国家更多地认为中国在光伏方面进行
了倾销，实行了一种有碍于全球市场正常运转的不正当竞争。因此，改变以
政府为主导的新能源发展模式，就需要加强回归到市场的新能源立法的制度
性设计。一方面，应将政府的主导力量逐渐放在宏观层面上，将新能源发展
的具体操作交由地方一级进行能源管理，更多地由能源企业来进行自主创新。
另一方面，要加强市场的制度性设计。如何运用市场来实现新能源发展，并
不简单地只是规定运用市场即可，不是那种只在文本上写由市场来调整即可，
这种方式显然不能完成新能源立法的市场制度性设计。因为如何运用市场仍
是一个制度性设计的过程，将市场的力量体现不好，则有可能走向反面，这
样就会出现"一放就死"的发展状况。因此，回归市场的制度性设计，必须
建立在科学的制度性设计上，从市场的本质入手，确立起市场所需要的基本
工具手段，如竞争、拍卖等市场行为。

是以，回归市场是欧美国家在新能源发展方面的特色，尽管在利用市场

的过程中，它们也存在着不同的失误，但总是围绕市场展开新能源立法的制度性设计，则是其不变的指导方针。因此，中国的新能源立法的制度性设计应广泛地借鉴其成功的经验，分析其失败的教训，找到中国回归市场在新能源发展上的特殊性，并展开对此的制度性设计。

（四）应考虑中国新能源立法制度性设计的优势

中国在新能源立法的制度性设计方面，应着重于考虑我们自己的特点，这不仅是在新能源发展上的，而且是在整个国家经济发展历史上的。无疑，改革开放使中国以一种新的姿态出现在世界，那种经济发展模式促进了中国经济迅速腾飞，因此，把握住中国现有的经济治理模式，从中国自身的经济结构中产生出新能源立法的制度性设计，则更为合理和可行。揆诸中国经济发展史，可以发现改革开放后的中国经济变迁，很大程度上是利用了市场的力量。而这种力量却是在中国特有的经济体制下，一些学者认为在财政方面的中国特色起到至关重要的作用。这一特色可概括为财政制度上的中国分权模式。这一概念最早是由许成钢、钱颖一等学者在 20 世纪 90 年代的相关文献中提出的。它是指经济分权与垂直的政治管理体制紧密结合，这种经济分权与政治集中的中国式分权架构的优势在于，有效的财政激励让地方政府可以从更快的经济增长中分享到更多的果实，而基于政绩考核的政治激励又鞭策着地方政府官员不能裹足不前；与此同时，对外开放所带来的外资使得地方政府再也不能囿于本地区的既得利益。❶

此种中国式分权模式的构架是中国在长期经济发展中，经过自己的经验总结形成的一套行之有效的措施。无疑，可以发现下放财政权，有利于地方政府能够运用手中的经济力量进行经济建设，但此种经济建设是一种带来本地发展格局的经济建设，因为其出发点就是本地区的具体情况，因而要比直接的从上而下的经济模式更具有活力和创造力。此外，当政府形成某一经济决策时，由于垂直管理的特点，又使地方政府能主动向这一经济决策的方向发展，但如何发展则是地方发挥创造力的空间。这种由上制定相关政策，由下开展具体操作的模式，无疑抓住了市场的根本，能极大地发展生产力。

同样，在中国新能源发展过程中，我们需要借鉴欧美国家先进的制度性设计，但所有这些均须建立在中国自己的国情基础之上，自己的经济现状之

---

❶ 参见傅勇著：《中国式分权与地方政府行为：探索转变发展模式的制度性框架》，复旦大学出版社 2010 年版，序、前言和第 32、137 页。

上。毫无疑问，中国式分权模式将是未来中国新能源发展的基本经济架构，这种经济架构有些类似于德国的政府引导与社区推进方式。既然德国能利用此种模式实现其在欧洲新能源发展的首屈一指的地位，那么中国也可利用自身的中国式分权模式，实现未来新能源的发展。这是一种建立在自身优势和特点上的发展路径，更具有节减成本和良好的地区接受性。在此模式下，发挥地方在新能源制度性设计上的创新，将有助于中国新能源发展形成一个内生型的新能源产业经济发展模式。

（五）应充分利用与新能源相关的国际制度安排

中国新能源发展已不是本国境内的单独性事项，而是与世界各国新能源发展紧密联系在一起的。因此，闭门造车不仅不可行，而且也无法达到目的。因此，中国应主动和积极地投入到世界新能源发展的洪流中，充分参与国际社会在新能源发展方面的国际制度安排。当前，这种制度安排一方面体现在国际气候变化的制度安排上，另一方面则体现在较为分散的国际新能源的制度安排上。

就国际气候变化的制度安排而言，当前已进入一个新的阶段。全球就温室气体减排已达成一个基本共识，下一阶段的主要任务是如何实现温室气体减排，这就需要进行相关的制度性设计。对于中国而言，新能源发展是一个正在进行的事件，能源结构的调整远没有完成，而且最关键的是其又不是一蹴而就就能实现的。因此，中国应充分参与到国际气候变化的制度安排中，一方面，利用积极参与制定全球气候变化规则的主动权，将中国的新能源利益诉求反映到这种气候变化的制度安排中，通过制度规则，促进对中国新能源的投资与发展；另一方面，则要防止国际气候变化的制度安排对中国提出过高的温室气体减排要求，这样，不仅会阻碍中国能源结构调整的顺利展开，而且会影响到新能源布局的良性发展。

此外，当前全球无论是在相关的能源论坛，还是在新能源的相关会议上，对于如何加强新能源发展都提出了不同的目标和号召。中国应充分利用专门的能源论坛阐述中国在新能源发展中的成绩与经验，同时加强与其他国家、学者专家的交流，一起探讨解决中国新能源发展中出现的问题。中国也应在各种重大的经济组织和论坛方面如 APEC 会议等中阐述中国在全球温室气体减排方面的雄心和新能源产业发展的现状，获得众多国家的支持和投资热情，吸引更多的外资进入中国新能源发展的行列中来。

（六）应加强与欧美国家新能源合作的制度构建

欧美国家在新能源发展上有其重要的制度支撑，特别是制度性设计方面，有着丰富的成功经验。特别在当前，欧美国家不仅在新能源发展的比例上，而且在新能源的高新技术方面，都有某种优势，因此，加强与欧美国家的新能源合作，有利于中国借鉴其成功经验，壮大国内新能源产业的发展。而这种合作更有待于能形成一种具有制度性的机制来完善。所以，可从以下三个方面入手：

第一，应扩大或加强中欧、中美之间的对话。中国与欧盟之间的对话已开展了一段时间，并且富有成效。在经济、投资等各个领域，中欧之间进行了广泛的交流，双方在某些重大问题上也达成了一定的共识。为此，未来应继续加强中欧之间在新能源方面的合作，一方面，中国应积极参与到欧洲国家新能源建设，借鉴其在新能源发展中的治理方式、规则制度等方面的经验；另一方面，积极邀请欧盟国家来中国进行新能源投资。中欧之间在新能源投资方面有着良好的合作基础，例如在联合国《京都议定书》下，中国是清洁发展机制的重要承担国，而英国利用该机制成为在中国开展清洁发展机制最大的国家。因此，未来可以在联合国气候变化协议下，加强这一方面的联系；也可根据中欧之间新能源发展的实际情况，再起炉灶，创建新的中欧新能源发展机制。

近年来，中美之间的对话展开得丰富而频繁。在诸多领域形成了一定的共识，特别是在高新技术、能源产业、清洁能源等方面，已开始进入中美议题中。中国与美国同为世界大国，在能源发展方面，存在着诸多的相似性。随着美国页岩革命的成功，中国更加希望能够通过双方的合作，加强国内对页岩气的开采。而美国希望中国能够到美国进行广泛的能源投资，或者进入中国能源投资领域，特别是在能源高新技术方面，美国与中国有着多年的合作，加强此方面的联系，有助于中美之间消除在技术壁垒等方面的隔阂，形成双方共赢的机制。

第二，应充分利用"一带一路"，加强欧美之间的新能源协调。2013年，习近平同志提出"一带一路"的重大倡议，之后形成了中国"一带一路"的重大战略。在"一带一路"中，中方提出，要积极推动水电、核电、风电、太阳能等清洁、可再生能源合作。❶ 这一战略尽管是从丝绸之路沿岸国家为重

---

❶ 参见国家发改委、外交部、商务部：《推动共建丝绸之路经济带和21世纪海上丝绸之路的愿景和行动》，2015年3月。

点，但并不排斥其他国家按此思路进行相关的国际合作，特别是丝绸之路的最终点在欧洲，那么与欧洲国家进行新能源合作，亦是其当有之义。

第三，充分利用亚洲基础设施投资银行，开创中国与欧美国家在新能源方面的金融合作。2013 年 10 月，习近平同志提出筹建亚洲基础设施投资银行（亚投行）的建议。2014 年，包括新加坡、印度在内的 21 个国家在北京共同签订兴建亚投行的决定。到 2015 年共有 57 个国家确定为创始会员国，其中包括了英国等域外的 20 个国家。亚投行建立的目的是要加强亚洲国家之间的经济和建设的一体化进程，加强中国与其他亚洲国家之间的交流与合作。中国将走向亚洲各国，与其积极进行能源、交通、基建等各方面的合作，而包括英国在内的欧洲国家的加入，也表明这些国家希望投身到亚洲的经济建设一体化中。因此，利用亚投行进行新能源发展，不仅是关乎亚洲、关乎中国，而且也是将欧洲国家纳入到亚洲新能源建设的进程中，共同发展新能源。

（七）应发挥传统能源在新能源发展中的桥梁作用

未来，人类文明必然会进入一个新能源的时代。但在前往这条新能源的路上，并不是一蹴而就的事情。在新能源没有完全融入人类社会的文明进程中，特别是在其萌芽阶段，仍不应忽视传统能源对新能源的补充作用，这种作用简单而言，就是传统能源的桥梁作用。因为过快、过大的新能源发展往往会起到事与愿违的效果，必须遵循能源发展规律，一步步向新能源的未来推进，而充分利用传统能源的余热，在推动新能源时，起到促进作用，而不是阻碍。但马上完全放弃传统能源也并不是可举之措。甚至过早地否定传统能源在国家能源建设中的作用仍是有害的。为此，应从以下三个方面考虑加强传统能源的桥梁作用：

第一，加快对国内页岩气资源的勘探与开发。页岩气资源是一种高效、清洁的新能源。尽管与风电、太阳能等可再生能源相比，其碳排放并非为零。但其却是所有化石能源中碳排放最少的，因此，在一定意义上，对页岩气的开发也是一种新能源的战略发展。页岩气的开发将有力地支持其他新能源不断成熟和发展。而且，更为重要的是，中国在页岩气资源方面位居全球第一，放弃这一清洁高效的能源，而仅以可再生能源为基础，显然不符合中国的能源实际情况，因此，加强对国内页岩气的开采仍是具有重大的现实意义的。

第二，加强对碳捕获与封存技术的商业化运作。碳捕获与封存技术具有将减少碳排放 90% 以上的潜力，因此加强碳捕获与封存技术的商业化运作，将有助于改善中国能源禀赋多集中于煤炭的困境。当前碳捕获与封存技术的商业化运作，在发达国家已开始如火如荼地进行着，中国应紧密观察欧美国家在此方面取得的进展，同时不放松国内碳捕获与封存技术商业化的示范工作，尽快地突破这一技术商业化难关。一旦这一技术商业化成功，无疑，对于中国煤炭又有了可资利用的前景，中国的能源结构也将更协调，而能源安全也会得到进一步保障。

第三，加强对俄罗斯、中亚国家天然气进口的力度。中国在油气进口方面，从俄罗斯、中亚国家进口天然气是主要方面。对于这些国家天然气的进口，一方面，可以加强中国能源需求，改变中国能源结构，缓解因气候变化问题而呼吁温室气体减排的强烈诉求。另一方面，进口天然气，也可促进中国能源基础建设，一旦中国页岩气技术出现突破，这些基础建设将有利于将页岩气输送到全国。因此，加强对俄罗斯、中亚国家天然气的进口，在一定程度上是缓解中国温室气体减排压力，同时也是为未来页岩气的生产奠定基础，更重要的是，它起到中国向新能源和可再生能源前进中的桥梁作用。尽管其并不是中国能源安全得以保障的根本，但却是一种利用外国资源解决当前中国能源困境的积极策略。

参考文献

一、中文部分

（一）官方文献

[1] 国务院.国务院关于加快培育和发展战略性新兴产业的决定［R］.北京：国务院，2010.

[2] 国家发改委.关于印发可再生能源发电有关管理规定的通知［R］.北京：国家发改委，2006.

[3] 国家发改委.可再生能源中长期发展规划［R］.北京：国家发改委，2007.

[4] 国家发改委，财政部，国土部，国家能源局.页岩气发展规划（2011—2015年）［R］.北京：国家发改委，2012.

[5] 国家发改委.关于推动碳捕集、利用和封存试验示范的通知［R］.北京：国家发改委，2013.

[6] 国家发改委.中国应对气候变化的政策与行动2014年度报告［R］.北京：国家发改委，2014.

[7] 国家发改委，外交部，商务部.推动共建丝绸之路经济带和21世纪海上丝绸之路的愿景与行动［R］.北京：国家发改委，2015.

[8] 财政部，国家发改委，国家能源局.可再生能源发展基金征收使用管理暂行办法［R］.北京：财政部，2011.

[9] 财政部，可再生能源电价附加有关会计处理规定［R］.北京：财政部，2015.

[10] 国家能源局.关于推进新能源微电网示范项目建设的指导意见［R］.北京：国家能源局，2012.

[11] 国家能源局.关于做好2013年风电并网和消纳相关工作的通知［R］.北京：国家能源局，2013.

[12] 国家能源局.关于做好2014年风电并网消纳工作的通知［R］.北京：国家能源局，2014.

［13］环境保护部．辐射环境保护管理导则　电磁辐射环境影响评价方法与标准［R］．北京：环境保护部，1996.

［14］环境保护部．关于加强碳捕集、利用和封存试验示范项目环境保护工作的通知［R］．北京：环境保护部，2013.

［15］国务院新闻办公室．中国的能源状况与政策白皮书［R］．北京：国务院新闻办公室，2007.

［16］国务院新闻办公室．中国的能源政策白皮书（2012）［R］．北京：国务院新闻办公室，2012.

［17］国家电监会，国家发改委．关于可再生能源电价补贴和配额交易方案的通知［R］．北京：国家电监会，2012.

［18］国家科技部．太阳能发电科技发展"十二五"专项规划［R］．北京：国家科技部，2012.

［19］农业部．农业生物质能产业发展规划2007—2015年［R］．北京：农业部，2007.

［20］外交部．中美气候变化联合声明［R］．北京：外交部，2014.

［21］国家发改委．《能源法》（征求意见稿）［R］．北京：国家发改委，2012.

［22］中共第十八届中央委员会．中共中央关于全面推进依法治国若干重大问题的决定［R］．北京：中国共产党第十八届中央委员会，2014.

［23］国务院办公厅．国务院办公厅关于印发能源发展战略行动计划（2014—2020年）的通知［R］．北京：国务院办公厅，2014.

（二）著作类

［1］曹全来．国际化与本土化：中国近代法律体系的形成［M］．北京：北京大学出版社，2005.

［2］程荃．欧盟新能源法律与政策研究［M］．武汉：武汉大学出版社，2012.

［3］崔民选，王军生，陈义和．天然气战争：低碳语境下全球能源财富大转移［M］．北京：石油工业出版社，2010.

［4］董尚文．阿奎那存在论研究［M］．北京：人民出版社，2008.

［5］傅勇．中国式分权与地方政府行为：探索转变发展模式的制度性框架［M］．上海：复旦大学出版社，2010.

［6］冯友兰．中国哲学简史［M］．涂又光，译．北京：北京大学出版社，1985.

［7］胡德胜．美国能源法律与政策［M］．郑州：郑州大学出版社，2010.

［8］胡适．中国哲学史大纲［M］．上海：上海古籍出版社，1997.

[9] 黄嘉敏. 欧共体的历程——区域经济一体化之路 [M]. 北京：对外贸易教育出版社，1993.

[10] 黄振中，赵雁秋，谭柏平. 中国能源法学 [M]. 北京：法律出版社，2009.

[11] 雷德鹏. 回返人性：论胡塞尔对科学合理性的重建 [M]. 北京：人民出版社，2011.

[12] 李俊峰. 中国风电发展报告 2012 [M]. 北京：中国环境科学出版社，2012.

[13] 刘悦. 大国能源解密：1973—1974 年石油危机 [M]. 北京：社会科学文献出版社，2013.

[14] 吕江. 英国新能源法律政策研究 [M]. 武汉：武汉大学出版社，2012.

[15] 吕江. 气候变化与能源转型：一种法律的语境范式 [M]. 北京：法律出版社，2013.

[16] 马克思，恩格斯. 马克思恩格斯选集（第四卷）[M]. 北京：人民出版社，1972.

[17] 倪世雄. 当代西方国际关系理论 [M]. 上海：复旦大学出版社，2001.

[18] 屈万山. 《赫拉克利特著作残篇》评注 [M]. 西安：陕西师范大学出版社，1987.

[19] 申力生. 古代的石油与天然气 [M] //佚名. 中国石油工业史（第一卷）. 北京：石油工业出版社，1984.

[20] 沈汉. 英国土地制度史 [M]. 上海：学林出版社，2005.

[21] 咸鸿昌. 英国土地法律史——以保有权为视角的考察 [M]. 北京：北京大学出版社，2009.

[22] 肖国兴，叶荣泗. 中国能源法研究报告 2008 [M]. 北京：法律出版社，2009.

[23] 肖国兴，叶荣泗. 中国能源法研究报告 2009 [M]. 北京：法律出版社，2010.

[24] 杨解君. 欧盟能源法概论 [M]. 北京：中国出版集团，2012.

[25] 张荣. 自由、心灵与时间：奥古斯丁心灵转向问题的文本学研究 [M]. 南京：江苏人民出版社，2010.

[26] 赵敦华. 基督教哲学 1500 年 [M]. 北京：人民出版社，1994.

[27] 赵爽著. 能源变革与法律制度创新研究 [M]. 厦门：厦门大学出版社，2012.

[28] 赵庆寺. 美国能源法律政策与能源安全 [M]. 北京：北京大学出版社，2012.

[29] 中国法学会能源法研究会．中国能源法研究报告 2010［M］．上海：立信会
　　　计出版社，2011.

[30] 中国法学会能源法研究会．中国能源法研究报告 2011［M］．上海：立信会
　　　计出版社，2012.

[31] 中国法学会能源法研究会．中国能源法研究报告 2012［M］．上海：立信会
　　　计出版社，2013.

[32] 中国法学会能源法研究会．中国能源法研究报告 2013［M］．上海：立信会
　　　计出版社，2014.

[33] 中国法学会能源法研究会．中国能源法研究报告 2014［M］．上海：立信会
　　　议出版社，2015.

[34] 朱水林．哥德尔不完全性定理［M］．沈阳：辽宁教育出版社，1987.

（三）译著类

[1] 凯利．西方法律思想简史［M］．王笑红，译．北京：法律出版社，2002.

[2] 菲德罗斯．国际法［M］．李浩培，译．北京：商务印书馆，1981.

[3] 凯尔森．法与国家的一般理论［M］．沈宗灵，译．北京：中国大百科全书出
　　版社，1996.

[4] 浩达．作物能源与资本主义危机［M］．黄钰书，译．北京：社会科学文献出
　　版社，2011.

[5] 康德．实践理性批判［M］．邓晓芒，译．北京：人民出版社，2003.

[6] 康德．纯粹理性批判［M］．邓晓芒，译．北京：人民出版社，2004.

[7] 海森伯．物理学与哲学：现代科学中的革命［M］．范岱年，译．北京：商务
　　印书馆，1981.

[8] 毕尔麦尔．中世纪教会史［M］．雷立柏，译．北京：宗教文化出版
　　社，2010.

[9] 胡塞尔．欧洲科学危机和超验现象学［M］．张庆熊，译．上海：上海译文出
　　版社，1988.

[10] 黑格尔．哲学史讲演录（第一卷）［M］．贺麟，王太庆，译．北京：商务印
　　　书馆，1959.

[11] 海德格尔．存在与时间［M］．陈嘉映，王庆节，译．北京：生活·读书·
　　　新知三联书店，1987.

[12] 文德尔班．哲学史教程［M］．罗达仁，译．北京：商务印书馆，1987.

[13] 托依布纳．法律：一个自创生系统［M］．张骐，译．北京：北京大学出版
　　　社，2004.

[14] 哈贝马斯. 交往行为理论（第一卷）[M]. 曹卫东，译. 上海：上海人民出版社，2004.

[15] 黑格尔. 法哲学原理 [M]. 范扬，张企泰，译. 北京：商务印书馆，1961.

[16] 保尔·芒图. 十八世纪产业革命 [M]. 杨人楩，陈希秦，吴绪，译. 北京：商务印书馆，1983.

[17] 笛卡尔. 第一哲学沉思集 [M]. 庞景仁，译. 北京：商务印书馆，1986.

[18] 笛卡尔. 谈谈方法 [M]. 王太庆，译. 北京：商务印书馆，2000.

[19] 加尔文. 基督教要义 [M]. 钱曜诚，译. 北京：生活·读书·新知三联书店，2010.

[20] 吉尔松. 中世纪哲学精神 [M]. 沈清松，译. 上海：上海人民出版社，2008.

[21] 西塞罗. 论义务 [M]. 王焕生，译. 北京：中国政法大学出版社，1999.

[22] 优西比乌. 教会史 [M]. 瞿旭彤，译. 北京：生活·读书·新知三联书店，2009.

[23] 奥古斯丁. 忏悔录 [M]. 周士良，译. 北京：商务印书馆，1963.

[24] 亚里士多德. 尼各马可伦理学 [M]. 廖申白，译. 北京：商务印书馆，2003.

[25] 柏拉图. 苏格拉底之死 [M]. 谢善元，译. 上海：上海译文出版社，2011.

[26] 斯赫雷弗. 可持续发展在国际法中的演进：起源、含义及地位 [M]. 汪习根，黄海滨，译. 北京：社会科学文献出版社，2010.

[27] 斯宾诺莎. 知性改进论：并论最足以指导人达到对事物的真知识的途径 [M]. 贺麟，译. 北京：商务印书馆，1960.

[28] 科恩. 世界的重新创造：近代科学是如何产生的 [M]. 张卜天，译. 长沙：湖南科学技术出版社，2011.

[29] 珍妮·曼宁，乔尔·加本. 新能源突破：量子跃迁将如何改变世界（第二版）[M]. 杨跃青，译. 北京：知识产权出版社，2014.

[30] 特扎基安. 破解能源饥渴症：未来低碳之路 [M]. 裴文斌，译. 北京：石油工业出版社，2010.

[31] 诺思. 经济史中的结构与变迁 [M]. 陈郁，罗华平，译. 上海：上海人民出版社，1994.

[32] 诺思，瓦利斯，温格斯特. 暴力与社会秩序：诠释有文字记载的人类历史的一个概念性框架 [M]. 杭行，王亮，译. 上海：上海人民出版社，2013.

[33] 哈耶克. 法律、立法与自由（第二、三卷）[M]. 邓正来，译. 北京：中国

大百科全书出版社，2000.

[34] 马默．法律与解释 [M]．张卓明，译．北京：法律出版社，2006.

[35] 耶金．石油大博弈：追逐石油、金钱与权力的斗争（上）[M]．艾平，译．北京：中信出版社，2008.

[36] 克比斯．法理学：理论与语境 [M]．邱昭继，译．北京：法律出版社，2007.

[37] 基欧汉．霸权之后：世界政治经济中的合作与纷争 [M]．苏长和，信强，保曜，译．上海：上海人民出版社，2001.

[38] 博登海默．法理学：法律哲学与法律方法 [M]．邓正来，译．北京：中国政法大学出版社，1999.

[39] 法雷尔．强盗银行家：能源、金融与精英统治的世界 [M]．章程，章莉，译．南京：译林出版社，2014.

[40] 托梅因，卡达希．美国能源法 [M]．万少廷，译．北京：法律出版社，2007.

[41] 奥康诺．石油帝国 [M]．郭外合，译．北京：世界知识出版社，1958.

[42] 温特．国际政治的社会理论 [M]．秦亚青，译．上海：上海人民出版社，2001.

[43] 庞德．法律与道德 [M]．陈林林，译．北京：中国政法大学出版社，2003.

[44] 富勒．法律的道德性 [M]．郑戈，译．北京：商务印书馆，2005.

[45] 德沃金．法律帝国 [M]．李常青，译．北京：中国大百科全书出版社，1996.

[46] 斯泰格利埃诺．美国能源政策：历史、过程与博弈 [M]．郑世高，译．北京：石油工业出版社，2008.

[47] 沙贝尔，瓦特，福克纳．近百年美国经济史 [M]．彭松建，译．北京：中国社会科学出版社，1983.

[48] 戴维森．真理、意义、行动与事件——戴维森哲学文选 [M]．牟博，译．北京：商务印书馆，1993.

[49] 耶金著．能源重塑世界（上）[M]．朱玉犇，阎志敏，译．北京：石油工业出版社，2012.

[50] 普特南．理性、真理与历史 [M]．童世骏，李光程，译．上海：上海译文出版社，1997.

[51] 沃缪勒．不确定状态下的裁判：法律解释的制度理论 [M]．梁迎修，孟庆友，译．北京：北京大学出版社，2011.

[52] 麦克尼尔．阳光下的新事物：20 世纪世界环境史 [M]．韩莉，韩晓雯，译．北京：商务印书馆，2012.

[53] 海夫纳三世．能源大转型：气体能源的崛起与下一波经济大发展 [M]．马圆春，李博抒，译．北京：中信出版社，2013.

[54] 祖克曼．页岩革命：新能源亿万富豪背后的惊人故事 [M]．艾博，译．北京：中国人民大学出版社，2014.

[55] 索尔库．能源与美国社会：谬误背后的真相 [M]．锁箭，译．北京：经济管理出版社，2013.

[56] 哈克．证据与探究——走向认识论的重构 [M]．陈波，译．北京：中国人民大学出版社，2004.

[57] 麦克尔罗伊．能源——展望、挑战与机遇 [M]．王聿绚，郝吉明，鲁玺，译．北京：科学出版社，2011.

[58] 斯通普夫，菲泽．西方哲学史：从苏格拉底到萨特及其后（修订第 8 版）[M]．匡宏，邓晓芒，译．北京：世界图书出版公司，2009.

[59] 克劳士比．人类能源史：危机与希望 [M]．王正林，王权，译．北京：中国青年出版社，2009.

[60] 休谟．人性论（上册）[M]．关文运，译．北京：商务印书馆，1980.

[61] 波特金，佩雷茨．大国能源的未来 [M]．草沐，译．北京：电子工业出版社，2012.

[62] 罗尔斯．万民法 [M]．张晓辉，译．长春：吉林人民出版社，2001.

[63] 爱德华·格兰特．近代科学在中世纪的基础 [M]．张卜天，译．长沙：湖南科学技术出版社，2010.

[64] 萨顿．科学的历史研究 [M]．刘兵，陈恒六，仲维光，译．上海：上海交通大学出版社，2007.

[65] 帕格尔斯．宇宙密码：作为自然界语言的量子物理 [M]．郭竹第，译．上海：上海辞书出版社，2011.

[66] 内格尔，纽曼．哥德尔证明 [M]．陈东威，连永君，译．北京：中国人民大学出版社，2008.

[67] 克莱因．数学：确定性的丧失 [M]．李宏魁，译．长沙：湖南科学技术出版社，2002.

[68] 凯尔森．国际法原理 [M]．王铁崖，译．北京：华夏出版社，1989.

[69] 卡拉布雷西．制定法时代的普通法 [M]．周林刚，译．北京：北京大学出版社，2006.

[70] 波斯特玛．边沁与普通法传统［M］．徐同远，译．北京：法律出版社，2014.

[71] 卢埃林．普通法传统［M］．陈绪纲，译．北京：中国政法大学出版社，2002.

[72] 伯尔曼．法律与革命（第一卷）［M］．贺卫方，译．北京：法律出版社，2008.

[73] 古德里奇．法律话语［M］．赵洪芳，毛凤凡，译．北京：法律出版社，2007.

[74] 萨尔瓦多．能源：历史回顾与21世纪展望［M］．赵政璋，译．北京：石油工业出版社，2007.

[75] 卡逊．寂静的春天［M］．吕瑞兰，李长生，译．长春：吉林人民出版社，1997.

[76] 帕尔默，科尔顿，克莱默．工业革命：变革世界的引擎［M］．苏中友，译．北京：世界图书出版公司，2010.

[77] 马克斯．现代世界的起源——全球的、生态的述说［M］．夏继果，译．北京：商务印书馆，2006.

[78] 克里斯蒂安．时间地图：大历史导论［M］．晏可佳，译．上海：上海社会科学院出版社，2007.

[79] 戈德斯通．为什么是欧洲？世界史视角下的西方崛起（1500—1850）［M］．关永强，译．杭州：浙江大学出版社，2010.

[80] 熊彼特．经济发展理论——对于利润、资本、信贷、利息和经济周期的考察［M］．何畏，易家详，译．北京：商务印书馆，2009.

[81] 莫基尔．富裕的杠杆：技术革新与经济进步［M］．陈小白，译．北京：华夏出版社，2008.

[82] 罗杰斯，贾拉勒，博伊德．可持续发展导论［M］．郝吉明，邢佳，陈莹，译．北京：化学工业出版社，2008.

[83] 伯尔曼．法律与革命（第二卷）：新教改革对西方法律传统的影响［M］．袁瑜琤，苗文龙，译．北京：法律出版社，2008.

[84] 科尔布．天然气革命：页岩气掀起新能源之战［M］．杨帆，译．北京：机械工业出版社，2015.

[85] 希尔贝克，伊耶．西方哲学史：从古希腊到二十世纪［M］．童世骏，译．上海：上海译文出版社，2004.

[86] 佩岑尼克．法律科学：作为法律知识和法律渊源的法律学说［M］．桂晓伟，

译．武汉：武汉大学出版社，2009．

[87] 索绪尔．普通语言学教程 [M]．高名凯，译．北京：商务印书馆，1988．

[88] 陈汉．学说汇纂（第一卷）[M]．北京：中国政法大学出版社，2009．

[89] 吉登斯．现代性的后果 [M]．田禾，译．南京：译林出版社，2000．

[90] 乔洛维茨，尼古拉斯．罗马法研究历史导论 [M]．薛军，译．北京：商务
印书馆，2013．

[91] 维特根斯坦．哲学研究 [M]．陈嘉映，译．上海：上海人民出版社，2001．

[92] 维特根斯坦．维特根斯坦全集（第8卷）[M]．涂纪亮，译．石家庄：河北
教育出版社，2003．

[93] 哈特．法理学与哲学论文集 [M]．支振锋，译．北京：法律出版社，2005．

[94] 哈特．法律的概念 [M]．许家馨，李冠宜，译．北京：法律出版社，2006．

[95] 莫里森．法理学：从古希腊到后现代 [M]．李桂林，李清伟，侯健，郑云
瑞，译．武汉：武汉大学出版社，2003．

[96] 奥斯汀．法学讲演录 [M]．支振锋，译．北京：中国社会科学出版
社，2008．

[97] 罗素．西方哲学史（上卷）[M]．何兆武，李约瑟，译．北京：商务印书
馆，1963．

[98] 罗素．西方哲学史（下卷）[M]．何兆武，李约瑟，译．北京：商务印书
馆，1963．

[99] 怀特海．科学与近代世界 [M]．何钦，译．北京：商务印书馆，1959．

[100] 哈克著．逻辑哲学 [M]．罗毅，译．北京：商务印书馆，2003．

[101] 麦克哈格．能源与自然资源中的财产和法律 [M]．胡德胜，魏铁军，译．
北京：北京大学出版社，2014．

[102] 克拉潘．现代英国经济史（上卷）[M]．姚曾廙，译．北京：商务印书
馆，1964．

[103] 麦考密克．法律推理与法律理论 [M]．姜峰，译．北京：法律出版
社，2005．

[104] 边沁．道德与立法原理导论 [M]．时殷弘，译．北京：商务印书馆，2000．

[105] 边沁．论一般法律 [M]．毛国权，译．上海：上海三联书店，2008．

[106] 劳特派特．奥本海国际法（上卷，第一分册）[M]．王铁崖，陈体强，译．
北京：商务印书馆，1971．

[107] 斯通．贵族的危机：1558—1641年 [M]．于民，王俊芳，译．上海：上海
人民出版社，2011．

［108］兰德斯．解除束缚的普罗米修斯（第二版）——1750 年迄今西欧的技术变革和工业发展［M］．谢怀筑，译．北京：华夏出版社，2007.

［109］布鲁克．科学与宗教［M］．苏贤贵，译．上海：复旦大学出版社，2000.

［110］梯利．西方哲学史［M］．葛力译．北京：商务印书馆，1995.

［111］林赛．宗教改革史（上册）［M］．孔祥民，译．北京：商务印书馆，1992.

［112］培根．新工具［M］．许宝骙，译．北京：商务印书馆，1954.

［113］凯恩斯．就业、利息和货币通论［M］．高鸿业，译．北京：商务印书馆，1999.

［114］奥斯丁．法理学的范围［M］．刘星，译．北京：中国法制出版社，2001.

［115］柯华庆．实效主义法学纲要［M］//苏力．法律与社会科学（第 7 卷）．北京：法律出版社，2010.

［116］杨贝．古希腊的双生花：衡平与修辞学［M］//舒国滢．法学方法论论丛（第一卷）．北京：中国法制出版社，2012.

［117］吕江．试析美国《2007 能源自主与安全法》对能源安全的影响［M］//王继军．三晋法学（第四辑）．北京：中国法制出版社，2009.

［118］吕江，谭民．能源立法与经济转型——以英国工业革命缘起为中心［M］//中国法学会能源法研究会．中国能源法研究报告 2011．上海：立信会计出版社，2012.

（四）期刊类

［1］Ines Härtel．能源效率法：一个新兴法学学科的演进［J］．赵鑫鑫，译．中国政法大学学报，2012（6）.

［2］E. A. 里格利．探问工业革命［J］．俞金尧，译．历史研究，2006（2）.

［3］陈聚．基于系统思维的桥梁事故原因分析与预防策略——以 1999—2013 年桥梁事故统计数据为基础［J］．学术论坛，2014（6）.

［4］陈金钊．法律人思维中的规范隐退［J］．中国法学，2012（1）.

［5］郭珺，孙海萍．弃风限电，现象背后是规制缺陷［J］．环境经济，2015（18）.

［6］傅玥雯．今年汛期，再议弃水［N］．中国能源报，2015-8-10（16）.

［7］方乐．司法如何面对道德［J］．中外法学，2010（2）.

［8］高翔，牛晨．美国气候变化立法进展及启示［J］．美国研究，2010（3）.

［9］黄宗智．中西法律如何融合？道德、权利与实用［J］．中外法学，2010（5）.

［10］柯华庆．科思命题的博弈特征与法律实效主义［J］．中山大学学报：社会科学版，2008（2）.

[11] 李志平．化石燃料——二氧化碳排放的元凶［J］．生命世界，2009（2）．

[12] 林伯强，姚昕，刘希颖．节能和碳排放约束下的中国能源结构战略调整［J］．中国社会科学，2010（1）．

[13] 美国自然资源保护委员会．CCS：中国煤炭依赖的补救之路［N］．王海霞，摘编．中国能源报，2010-8-9（9）．

[14] 裴广江，苑基荣．德班气候大会艰难通过决议［N］．人民日报，2011-12-12（3）．

[15] 瞿剑．我国新能源产业初具规模［N］．科技日报，2000-7-14（1）．

[16] 群芳．英国公布低碳转型计划［N］．科学时报，2009-7-20（A03）．

[17] 刘叶深．法律规则与法律原则：质的差别？［J］．法学家，2009（5）．

[18] 刘永富．元哲学自身的两个元问题："怎么才算"与"何以可能"［J］．学术月刊，2009（2）．

[19] 李贵连．中国法律近代化简论［J］．比较法研究，1991（2）．

[20] 何勤华．法的国际化与本土化：以中国近代移植外国法实践为中心的思考［J］．中国法学，2011（4）．

[21] 段德智．试论阿奎那存在论的变革性质和现时代意义［J］．华中科技大学学报：社会科学版，2008（5）．

[22] 邱建群．生态危机与能源转换——英国首先发生工业革命原因之新解［J］．辽宁大学学报：哲学社会科学版，2010（2）．

[23]《2013 年国内外油气行业发展报告》课题组．2013 年国内外油气行业发展概述及 2014 年展望［J］．国际石油经济，2014（1）．

[24] 冯连勇．页岩气复制"美国模式"不可行［J］．中国石油和化工，2014（9）．

[25] 苏力．关于能动司法与大调解［J］．中国法学，2010（1）．

[26] 王利明．我国案例指导制度若干问题研究［J］．法学，2012（1）．

[27] 桑本谦．法律解释的困境［J］．法学研究，2004（5）．

[28] 邹才能，等．中国页岩气形成机理、地质特征及资源潜力［J］．石油勘探与开发，2010（6）．

[29] 王少勇．我国页岩气可采资源潜力为 25 万亿方［N］．中国国土资源报，2012-3-2（1）．

[30] 章忠民．基础主义的批判与当代哲学主题的变化［J］．哲学研究，2006（6）．

[31] 翟志宏．阿奎那关于存在与本质相区分的思想［J］．现代哲学，2010（2）．

[32] 舒小昀．工业革命：从生物能源向矿物能源的转变［J］．史学月刊，2009（11）．

[33] 江旋. 美国页岩油储量猛降，蒙特利地区下调130亿桶 [N]. 第一财经日报，2014-5-26（B03）.

[34] 马梅若，沈忠厚. 不能复制美国页岩气模式 [J]. 中国经济和信息化，2013（9）.

[35] 杨贝. 古希腊的双生花：衡平与修辞学 [M] //舒国滢. 法学方法论论丛（第一卷）. 北京：中国法制出版社，2012.

[36] 赵红军. 李约瑟之谜：经济学家应接受旧解还是新解 [J]. 经济学（季刊），2009（4）.

[37] 支振锋. 法律的驯化与内生性规则 [J]. 法学研究，2009（2）.

[38] 俞金尧. 近代早期英国经济增长与煤的使用 [J]. 科学文化评论，2006（4）.

[39] 王晓苏. 马塞勒斯仍将延续美国页岩气神话 [N]. 中国能源报，2014-6-16（7）.

[40] 唐悦，汪晓霞. "短命房"又现，谁该接受考问 [N]. 新华日报，2012-12-18（A06）.

[41] 齐晔. 为减排而停止供暖是本末倒置 [N]. 光明日报，2011-1-13（2）.

[42] 希尔. 美国节能减排法律方面的经验 [C] //中国国际经济交流中心. 第一届全球智库峰会演讲集，2009.

[43] 侯建朝，谭忠富，谢品杰，等. 世界风能资源开发现状和政策分析及对我国的启示 [J]. 中国电力，2008（9）.

[44] 谭忠富，邓强，龙海. 我国风力发电存在的问题分析 [J]. 华北电力大学学报：社会科学版，2009（6）.

[45] 王卓宇. 中国页岩气开发无法直接复制美国经验 [J]. 中国政协报，2013-7-19（B02）.

[46] 李杰超. 我国风力发电政策及其对上网电价的影响 [J]. 广东科技，2008（10）.

[47] 吴益民. 论碳捕获与封存及其国际法律问题 [J]. 上海大学学报：社会科学版，2012（5）.

[48] 吕江，梁晓菲. 国家核心利益与气候变化立法：在原则与规范之间 [J]. 吉首大学学报：社会科学版，2014（4）.

[49] 吕江. 社会秩序规则二元观与新能源立法的制度性设计 [J]. 法学评论，2011（6）.

[50] 吕江. 欧盟能源安全的困境及其出路 [J]. 武大国际法评论，2009（11）.

[51] 吕江. 气候变化立法的制度变迁史：世界与中国 [J]. 江苏大学学报：哲学社会版，2014（4）.

[52] 吕江. 《哥本哈根协议》：软法在国际气候制度中的作用 [J]. 西部法学评论, 2010 (4).

[53] 吕江. 英国低碳能源法律政策的演变、特点及其启示 [J]. 武大国际法评论, 2011 (2).

[54] 张卫东, 张栋, 田克忠. 碳捕集与封存技术的现状与未来 [J]. 中外能源, 2009 (11).

[55] 杨岳涛. 德国风电上网法律制度研究 [J]. 世界环境, 2014 (5).

[56] 张国昀. 德国可再生能源法案 (2014 年版) 新举措及其对中国发展可再生能源的启示 [J]. 中外能源, 2015 (7).

[57] 施罗伊尔斯. 德国能源转型及其对新治理形式的需求 [J]. 李庆, 译. 南京工业大学学报：社会科学版, 2015 (2).

[58] 欧豪斯特. 德国能源转型：民主与和谐维度下的多重管治 [J]. 王聪聪, 译. 南京工业大学学报：社会科学版, 2015 (2).

[59] 杨泽伟. 我国能源安全保障的法律问题研究 [J]. 法商研究, 2005 (4).

[60] 肖蔷. 云南风电开发为何叫停 [J]. 中国能源报, 2013-12-30 (3).

[61] 张萌. 美国能源政策专家梅等洛克：没有市场化, 就没有页岩气革命 [N]. 第一财经日报, 2013-8-12 (A08).

[62] 张志慧, 王淑敏, 潘岳. 完善碳捕获与封存技术立法的思考 [J]. 党政干部学刊, 2012 (12).

[63] 韩雪琴. 俄欧能源合作模式探析 [J]. 俄罗斯中亚东欧市场, 2011 (7).

[64] 董娟. 全球可再生能源发展现状及投资趋势分析 [J]. 当代石油石化, 2014 (8).

[65] 李增伟, 郑红. 构建"能源联盟"抗俄引争议 [N]. 中国石化报, 2014-5-16 (8).

[66] 于宏源. 乌克兰危机中的能源博弈及对中国的影响 [J]. 国际安全研究, 2014 (6).

[67] 赵县良, 潘继平. 中俄油气合作重大进展及其潜在风险与对策 [J]. 中国石油经济, 2014 (10).

[68] 徐炜旋. "双反"调查或令我光伏产业再陷低谷 [N]. 中国石化报, 2014-6-13 (8).

[69] 胡成春. 联合国新能源会议简讯 [J]. 太阳能, 1981 (4).

[70] 李永增. 中国重视新能源和可再生能源的开发 [J]. 瞭望周刊, 1985 (41).

[71] 曹凤中, 孟宪元. 当前世界新能源开发工作的进展 [J]. 环境科学动态, 1985 (3).

［72］朱真.“阳光计划”与“月光计划”——面向二十一世纪的日本新能源战略［J］.计划经济研究，1985（4）.

［73］李钟模.未来的新能源——煤成气［J］.地球，1986（4）.

［74］金志政.中国能源研究会新能源专业委员会成立［J］.能源工程，1988（1）.

［75］浙江省能研办.浙江省能源研究会新能源、节能、热电三个专业委员会成立［J］.能源工程，1988（3）.

［76］胡成春.新能源的开发利用［J］.可再生能源，1989（2）.

［77］朱成名.十年我国新能源发展形势喜人［J］.可再生能源，1990（1）.

［78］《可再生能源》编辑部.能源部召开新能源发电工作座谈会［J］.可再生能源，1990（5）.

［79］胡成春.国际新能源和可再生能源会议在京召开［J］.可再生能源，1990（4）.

［80］《可再生能源》编辑部整理.为未来社会发展提供更为优越的能源：能源部副部长陆佑楣在北京国际新能源会议上的讲话摘要［J］.可再生能源，1990（4）.

［81］朱世伟，曹恒忠.发展我国新能源的战略与对策［J］.中国科技论坛，1991（3）.

［82］《节能技术》编辑部.国家计委关于加强节能和新能源工作的几点意见［J］.节能技术，1994（4）.

［83］李淑芬，叶大均.对我国新能源发展战略的看法和建议［J］.科技导报，1995（8）.

［84］国家经贸委资源司.“九五”新能源和可再生能源产业化发展计划［J］.农村能源，1996（2）.

［85］《中国经济信息》编辑部.国家计委公布《新能源基本建设项目管理的暂行规定》［J］.中国经济信息，1997（17）.

［86］国家计委交通能源司.新能源和农村能源“九五”计划及2010年远景目标简介［J］.能源基地建设，1988（1）.

［87］赵俊杰.国家经贸委印发《2000—2015年新能源和可再生能源产业发展规划要点》［J］.中国经贸导刊，2000（19）.

［88］国家经贸委资源节约与综合利用司.2000—2015年新能源和可再生能源产业发展规划［J］.中国能源，2000（11）.

［89］国家经贸委资源节约与综合利用司.新能源和可再生能源产业发展“十五”规划［J］.节能，2002（4）.

［90］张根大.论法律效力［J］.法学研究，1998（2）.

［91］申宽育.中国的风能资源与风力发电［J］.西北水电，2010（1）.

[92] 肖佐中.我国新能源风电开发发展迅速 [J].江西能源,1996 (3).

[93] 王久臣,戴林,田宜水,等.中国生物质能产业发展现状及趋势分析 [J].农业工程学报,2007 (9).

[94] 王辉,张月友.战略性新兴产业存在产能过剩吗——以中国光伏产业为例 [J].产业经济研究,2015 (1).

[95] 孟为.国内首座燃煤电厂二氧化碳捕集示范工程投产 [N].北京日报,2008-7-17 (4).

[96] 汪时锋.中国首个万吨级碳捕集装置正式投运 [N].第一财经日报,2010-1-22 (A03).

[97] 于南.欧盟正式启动对华光伏反规避立案调查 中国多晶硅反倾销措施遭"挑衅" [N].证券日报,2015-6-4 (B03).

[98] 张楚,黄涛,刘晶,等.新兴产业政府扶持政策反思——以光伏产业尚德和Solyndra 的破产为例 [J].中国科技论坛,2014 (12).

[99] 杨泽伟.《2009 年美国清洁能源与安全法》及其对中国的启示 [J].中国石油大学学报:社会科学版,2010 (1).

[100] 赵宏图.国际能源转型现状与前景 [J].现代国际关系,2009 (6).

[101] 王赵宾.中国弃风限电报告 [J].能源,2014 (7).

(五) 国际组织报告

[1] 21 世纪可再生能源政策网络.2015 可再生能源全球现状报告 [R].巴黎:21 世纪可再生能源政策网络秘书处,2015.

[2] 21 世纪可再生能源政策网络.全球可再生能源发展报告 (2006 年修订版) [R].巴黎:21 世纪可再生能源政策网络秘书处,2006.

[3] 21 世纪可再生能源政策网络.可再生能源全球现状报告 2014 [R].巴黎:21 世纪可再生能源政策网络秘书处,2014.

[4] 政府间气候变化专门委员会.政府间气候变化专门委员会第五次评估报告——气候变化 2014 综合报告 [R].日内瓦:政府间气候变化专门委员会秘书处,2014.

[5] 政府间气候变化专门委员会.政府间气候变化专门委员会第四次评估报告——气候变化 2007 综合报告 [R].日内瓦:政府间气候变化专门委员会秘书处,2008.

[6] 国际能源署.世界能源展望 2009——执行摘要 [R].巴黎:国际能源署,2009.

二、英文部分

(一) 专著类

[1] ALDY, J. E., STAVINS R. N.. Architectures for Agreement: Addressing Global Climate Change in the Post-Kyoto World [M]. Cambridge: Cambridge University Press, 2007.

[2] CAMERON P. D., ZILLMAN D.. Kyoto: From Principles to Practice [M]. The Hague: Kluwer Law International, 2001.

[3] O'BRIEN K. L., KRISTOFFERSEN B.. Climate Change, Ethics and Human Security [M]. Cambridge: Cambridge University Press, 2010.

[4] SCHEUMANN W., HENSENGERTH O.. Evolution of Dam Policies: Evidence from the Big Hydropower States [M]. Heidelberg, New York, Dordrecht, London: Springer, 2014.

[5] GROSSMAN P. Z. U. S.. Energy Policy and the Pursuit of Failure [M]. Cambridge: Cambridge University Press, 2013.

[6] SHAW M. N.. International Law [M]. 6th ed., Cambridge: Cambridge University Press, 2008.

[7] HENDERSON. C. W.. Understanding International Law [M]. West Sussex: Wiley-Blackwell, 2010.

[8] KELSEN H.. Principles of International Law [M]. 2nd ed., New York: Holt, Rinehart and Winston, Inc., 1966.

[9] LAUTERPACHT H.. Recognition in International Law [M]. Cambridge: Cambridge University Press, 1947.

[10] CASSESE A.. International Law [M]. 2nd ed., Oxford: Oxford University Press, 2005.

[11] HENKIN L.. How Native Behave [M]. 2nd ed., New York: Columbia University Press, 1979.

[12] COMMITTEE ON BENEFITS OF DOE R & D ON ENERGY EFFICIENCY AND FOSSIL ENERGY. Energy Research at DOE: Was It Worth It? Energy Efficiency and Fossil Energy Research 1978 to 2000 [M]. Washington, DC: National Academy Press, 2001.

[13] WAPLES D. A.. The Natural Gas Industry in Appalachia: A History from the Discovery to the Tapping of the Marcellus Shale [M]. 2nd ed., Jefferson, NC: McFarland & Company, Inc., Publishers, 2012.

[14] TUSSING A., TIPPEE B.. The Natural Gas Industry: Evolution, Structure and Economics [M]. 2nd ed., Tulsa, Oklahoma: PennWell Publishing Company, 1995.

[15] CLEVELAND C.. Concise Encyclopedia of History of Energy [M]. San Diego, CA: Elsevier, 2009.

[16] VIETOR R. K.. Energy Policy in America since 1945: A Study of Business-Government Relations [M]. Cambridge: Cambridge University Press, 1984.

[17] KELLEY I.. Energy in America: A Tour of Our Fossil Fuel Culture and Beyond [M]. Lebanon, NH: University of Vermont Press, 2008.

[18] FREY J. W., IDE H C.. A History of the Petroleum Administration for War, 1941-1945 [M]. Washington, DC: U. S. GPO, 1946.

[19] CASTANEDA C. J., PRATT J. A.. From Texas to the East: A Strategic History of Texas Eastern Corporation [M]. Huston: Texas A & M University Press, 1993.

[20] DAINTITH T.. Finders Keepers? How the Law of Capture Shaped the World Oil Industry [M]. Washington DC: Earthscan, 2010.

[21] ARNOLD, RALPH, CLAPP. Wastes in the Production and Utilization of Natural Gas and Means for Their Prevention [M]. Washington DC: Government Printing Office, 1913.

[22] STOCKING G. W.. The Oil Industry and the Competitive System: A Study in Waste [M]. Boston: Houghton Mifflin Co., 1925.

[23] SCHURR S. H., NETSCHERT B.. Energy in the American Economy, 1850-1975: An Economic Study of Its History and Prospects [M]. Baltimore, MD: The Johns Hopkins Press, 1960.

[24] CASTANEDA C. J., SMITH C M.. Gas Pipelines and the Emergence of America's Regulatory State [M]. Cambridge: Cambridge University Press, 1996.

[25] MACAVOY P. W.. The Natural Gas Market: Sixty Years of Regulation and Deregu-lation [M]. New Haven: Yale University Press, 2000.

[26] MAUGERI L.. Oil: the Next Revolution [M]. Cambridge, MA: Belfer Center for Science and International Affairs, Harvard Kennedy School, 2012.

[27] MORRIS C. R.. Comeback: America's New Economic Boom [M]. New York: PublicAffairs, 2013.

[28] ZILLMAN D. N.. BARRERA-HERNANDEZ L, BRADBROOK A. The Law of Energy Underground: Understanding New Development in Subsurface Production, Transmission, and Storage [M]. Oxford: Oxford University Press, 2014.

[29] U. S. National Research Council, Risk and Risk Governance in Shale Gas Development: Summary of Two Workshops [M]. Washington, DC: The National Academies Press, 2014.

[30] BAMBERGER M., OSWALD R. The Real Cost of Fracking: How American's Shale Gas Boom is Threatening Our Families, Pets and Food [M]. Boston: Beacon Press, 2014.

[31] TREMBATH A., JENKINS J., NORDHAUS T.. Where the Shale Gas Revolution Came from: Government's Role in the Development of Hydraulic Fracturing in Shale [M]. Oakland, CA: The Breakthrough Institute, 2012.

[32] LEVI M.. The Power Surge: Energy, Opportunity, and the Battle for America's Future [M]. New York: Oxford University Press, 2013.

[33] KOLB R. W.. The Natural Gas Revolution: At the Pivot of the World's Energy Future [M]. Upper Saddle River, New Jersey: Pearson FT Press, 2014

[34] GROSSMAN P. Z.. U. S. Energy Policy and the Pursuit of Failure [M]. New York: Cambridge University Press, 2013.

[35] WANG Z. M., KRUPNICK A. A Retrospective Review of Shale Gas Development in the United States: What Led to the Boom? [M]. Washington DC: Resources for the Future, 2013.

[36] BROS T.. After the US Shale Gas Revolution [M]. Paris: Editions Technip, 2012.

[37] MARMOR A.. Interpretation and Legal Theory [M]. Oxford: Hart Publishing, 2005.

[38] LEPORE E.. Truth and Interpretation [M]. Oxford: Basil Blackwell, 2006.

[39] QUINE W. V., ULLIAN J. S.. The Web of Belief [M]. New York: Random House, 1978.

[40] BONJOUR L.. The Structure of Empirical Knowledge [M]. Cambridge, Mass.: Harvard University Press, 1985.

[41] PECZENIK A.. On Law and Reason [M]. 2nd, Berlin: Springer, 2009.

[42] IRWIN T. H.. Aristotle's First Principles [M]. Oxford: Oxford University Press, 1988.

[43] GILSON E.. The Spirit of Medieval Philosophy [M]. Translated by A. H. C. Downes, New York: Charles Scribner's Sons, 1940.

[44] BUCKLAND W. W.. Equity in Roman Law [M]. London: University of London Press, 1911.

[45] JENKS E.. A Short History of English Law: from the Earliest Times to the End of the Year 1911 [M]. Boston: Little, Brown, and Company, 1912.

［46］VINOGRADOFF P.. Essays in Legal History ［M］. Oxford: Oxford University Press, 1913.

［47］MARSH A. H.. History of the Court of Chancery and of the Rise and Development of the Doctrines of Equity ［M］. Toronto: Carswell, 1890.

［48］MAITLAND F. W.. Equity-also the Forms of Action at Common Law-Two Courses of Lectures ［M］. Cambridge: Cambridge University Press, 1929.

［49］FRANK J.. Law and the Modern Mind ［M］. Gloucester, Mass.: Peter Smith, 1970.

［50］UNGER R. M.. The Critical Legal Studies Movement ［M］. Cambridge, Mass.: Harvard University Press, 1986.

［51］AQUINAS T.. Thomas Aquinas Treatise on Law, Richard J. Regan trans. & glossary, Cambridge: Hackett Publishing Company, Inc., 2000.

［52］POUND R.. Interpretations of Legal History ［M］. London: Cambridge University Press, 1930.

［53］BAKHTIN M. M.. The Dialogic Imagination: Four Essays ［M］. Austin: University of Texas Press, 2008.

［54］WHITE L.. The Evolution of Culture: The Development of Civilization to the Fall of Rome ［M］. New York: McGraw-Hill, 1959.

［55］NEF J.. The Rise of the British Coal Industry ［M］. London: Routledge, 1964.

［56］HULL E.. The Coal Fields of Great Britain: Their History, Structure and Resources ［M］. 2nd ed. London: Edward Stanford, 6, Charing Cross, 1861.

［57］POLLOCK F., MAITLAND F. W.. the History of English Law before the Time of Edward I, Vol. II ［M］. 2nd ed. Cambridge: Cambridge University Press, 1898.

［58］DARBY H. C.. Domesday England ［M］. Cambridge: Cambridge University Press, 1977.

［59］HOLT J.. C. Magna Carta ［M］. 2nd Ed. Cambridge: Cambridge University Press, 1992.

［60］WRIGLEY E. A.. Energy and the English Industrial Revolution ［M］. Cambridge: Cambridge University Press, 2010.

［61］STEVENS P.. The "Shale Gas Revolution": Hype and Reality ［M］. London: Chatham House, 2010.

［62］KUTCHIN J. W.. How Mitchell Energy & Development Corp. Got its Start and How It Grew: An Oral History and Narrative Overview, Updated ［M］. Boca Raton, Florida: Universal Publishers, 2001.

［63］BROWN S., GABRIEL S., EGGING R.. Abundant Shale Gas Resources: Some Implications for Energy Policy ［M］. Washington, DC: Resources for the Future, 2010.

［64］IHS Global Insight Inc., The Economic and Employment Contributions of Shale Gas in the United States ［M］. Washington, DC: HIS Global Insight (USA) Inc., 2011.

［65］BOTKIN D. B., PEREZ D.. Powering the Future: A Scientist's Guide to Energy Independence ［M］. New Jersey, Upper Saddle River: Pearson Education, Inc., 2010.

［66］World Commission on Environment and Development, Our Common Future ［M］. New York: Oxford University Press, 1987.

［67］BLEWITT J.. Understanding Sustainable Development ［M］. 2nd ed. London, New York: Routledge, 2015.

［68］HENS L., NATH B.. The World Summit on Sustainable Development: The Johannesburg Conference ［M］. Dordrecht, The Netherlands: Springer, 2005.

［69］HOLMBERG J.. Policies for A Small Planet ［M］. London: Earthscan, 1992.

［70］MAWHINNEY M.. Sustainable Development: Understanding the Green Debates ［M］. Oxford: Blackwell, Science, 2002.

［71］KEINER E.. The Future of Sustainability ［M］. Dordrecht, The Netherlands: Springer, 2006.

［72］SACHS, J. D.. The Age of Sustainable Development ［M］. New York: Columbia University Press, 2015.

［73］The Worldwatch Institute, State of 2013: Is Sustainability Still Possible? ［M］. Washington, Covelo, London: Island Press, 2013.

［74］The Worldwatch Institute, State of 2014: Governing for Sustainability ［M］. Washington, Covelo, London: Island Press, 2014.

［75］VOIGT C.. Sustainable Development As A Principle of International Law ［M］. Leider, Boston: Martinus Nijhoff Publishers, 2009.

［76］ELLIOTT J. A.. An Introduction to Sustainable Development ［M］. 3 rd ed. London, New York: Routledge, 2006.

［77］DECLERIS M.. The Law of Sustainable Development: General Principles ［M］. Luxembourg: Office for Official Publications of the European Communities, 2000.

［78］EGELSTON A. E.. Sustainable Development: A History ［M］. New York: Springer, 2006.

［79］GILLESPIE A.. The Illusion of Progress: Unsustainable Development in International Law and Policy ［M］. London: Earthscan, 2001.

[80] SCHRIJVER N.. The Evolution of Sustainable Development in International Law: Inception, Meaning and Status [M]. Hague, The Netherlands: Hague Academy of International Law, 2008.

[81] SCHEUMANN W., HENSENGERTH O.. Evolution of Dam Policies: Evidence from the Big Hydropower States [M]. Heidelberg, New York, Dordrecht, London: Springer, 2014.

[82] MEADOWCROFT J., LANGHELLE O.. Caching the Carbon: The Politics and Policy of Carbon Capture and Storage [M]. Cheltenham: Edward Elgar, 2009.

[83] HAVERCROFT I., MACRORY R., STEWART R. B.. Carbon Capture and Storage: Emerging Legal and Regulatory Issues [M]. Oxford: Hart Publishing, 2011.

[84] HENS L., NATH B.. The World Summit on Sustainable Development: The Johannesburg Conference [M]. Dordrecht, The Netherlands: Springer, 2005.

[85] HOLMES O. W. Jr.. The Common Law [M]. Boston: Little, Brown, & Company, 1881.

[86] LADISLAW S., ZYLA K., PERSHING J.. A Roadmap for A Secure, Low-Carbon Energy Economy: Balancing Energy Security and Climate Change [M]. Washington: WRI & CSIS, 2009.

[87] HELM D.. The New Energy Paradigm [M]. Oxford: Oxford University Press, 2009.

[88] FLAVIN C.. Low-Carbon Energy: A Roadmap [M]. Washington: Worldwatch Institute, 2008.

[89] MACKERRON G., PEARSON P.. The UK Energy Experience: A Model or A Warming [M]. London: Imperial College Press, 1996.

[90] The Pew Charitable Trusts, Who's winning the Clean Energy Race: Growth, Competition and Opportunity in the World's Largest Economies [M]. Washington: The Pew Charitable Trusts, 2010.

[91] RANDLOPH J., MASTER G. M.. Energy for Sustainability: Technology, Planning, Policy [M]. Washington: Island Press, 2008.

（二）期刊类

[1] SWIFT B.. How Environmental Law Work: An Analysis of the Utility Sector's Response to Regulation of Nitrogen Oxides and Sulfur Dioxide under the Clean Air Act [J]. Tulane Environmental Law Journal, 2001, 14.

［2］BODANSKY D.. The United Nations Framework Convention on Climate Change: A Commentary ［J］. Yale Journal of International Law, 1993, 18.

［3］IAN A.. Canada Announces Exit from Kyoto Climate Treaty ［N］. The New York Times, 2011−12−13 (A10).

［4］BORDER J. M.. Climate Talks Yield Limited Agreement to Work toward Replacing Kyoto Protocol ［N］. The New York Times, 2011−12−12 (A9).

［5］KOH H. H.. Why do Nations Obey International Law? ［J］. Yale Law Journal, 1997, 106.

［6］RACHLINSKI J. J.. The Psychology of Global Climate Change ［J］. University of Illinois Law Review, 2000, 2000 (1).

［7］RAJAMANI L.. The Cancun Climate Agreement: Reading the Text, Subtext and Tea Leaves ［J］. International & Comparative Law Quarterly, 2011, 60 (2).

［8］ATKINS J. P.. Hydraulic Fracturing in Poland: A Regulatory Analysis ［J］. Washington University Global Studies Law Review, 2013, 12.

［9］MAYA J. R. L.. The United States Experience as A Reference of Success for Shale Gas Development: The Case of Mexico ［J］. Energy Policy, 2013, 62.

［10］HARDWICKE R. E.. The Rule of Capture and Its Implications as Applied to Oil and Gas ［J］. Texas Law Review, 1935, 13.

［11］DEVANE D. A.. Highlights of Legislative History of the Federal Power Act of 1935 and The Natural Gas Act of 1938 ［J］. George Washington Law Review, 1945−1946, 30.

［12］HINTON D. D.. The Seventeen−Year Overnight Wonder: George Mitchell and Unlocking the Barnett Shale ［J］. The Journal of American History, 2012, 99 (1).

［13］GARMEZY A.. Balancing Hydraulic Fracturing's Environmental and Economic Impacts: The Need for A Comprehensive Federal Baseline and Provision of Local Rights ［J］. Duke Environmental Law and Policy Forum, 2013, 23.

［14］EHRMAN M.. The Next Great Compromise: A Comprehensive Response to Opposition against Shale Gas Development Using Hydraulic Fracturing in the United States ［J］. Texas Tech Law Review, 2014, 46.

［15］MERRILL T. W., SCHIZER D. M.. The Shale oil and Gas revolution, Hydraulic Fracking, and Water Contamination: A Regulatory Strategy ［J］. Minnesota Law Review, 2013, 98.

［16］SPENCE D. B.. Federalism, Regulatory Lags, and The Political Economy of Energy Production ［J］. University of Pennsylvania Law Review, 2013, 161.

[17] KIERNAN P. J.. An Analysis of Hydro Fracturing Gubernatorial Decision Making [J]. Albany Government Law Review, 2012, 5.

[18] FERSHEE J. P.. Facts, Fiction, and Perception in Hydraulic Fracturing: Illuminating Act 13 and Robinson Township v. Commonwealth of Pennsylvania [J]. West Virginia Law Review, 2014, 116.

[19] BURGESS T., SLIJKE P. V.. Horizontal Drilling Comes of Age [J]. Oilfield Review, 1991, 2 (3).

[20] KULANDER C. S.. Shale Oil and Gas State Regulatory Issues and Trends [J]. Case Western Reserve Law Review, 2013, 63.

[21] BRADY W. J., CRANNELL J. P.. Hydraulic Fracking Regulation in the United States: The Laissez-Faire Approach of The Federal Government and Varying State Regulation [J]. Vermont Journal of Environmental Law, 2012, 14.

[22] MERRILL T. W.. Four Questions about Fracking [J]. Case Western Reserve Law Review, 2013, 63.

[23] TOMAIN J. P.. The Dominant Model of United States Energy Policy [J]. University of Colorado Law Review, 1990, 61.

[24] FERSHEE J. P.. The Oil and Gas Evolution: Learning from the Hydraulic Fracturing Experiences in North Dakota and West Virginia [J]. Texas Wesleyan Law Review, 2012, 19.

[25] ZIPURSKY B. C.. Legal Coherentism [J]. SMU Law Review, 1997, 50.

[26] HOLMES O. W.. The Theory of Legal Interpretation [J]. Harvard Law Review, 1899, 12.

[27] HART H. L. A.. Positivism and the Separation of Law and Morals [J]. Harvard Law Review, 1958, 71 (4).

[28] HOLMES O. W.. Early English Equity [J]. The Law Quarterly Review, 1885, 1.

[29] ADAMS G. B.. The Origin of English Equity [J]. Columbia Law Review, 1916, 16 (2).

[30] HOLDSWRTH W. S.. The Relation of the Equity Administered by the Common Law Judegs to the Equity Administered by the Chancellor [J]. Yale Law Journal, 1916, 26 (1).

[31] POUND R.. The Decadence of Equity [J]. Columbia Law Review, 1905, 5 (1).

[32] WHITE L.. Energy and the Evolution of Culture [J]. American Anthropologist, 1943, 45 (3).

［33］TEBRAKE W. H.. Air Pollution and Fuel Crises in Preindustrial London, 1250－ 1650 ［J］. Technology and Culture, 1975, 16 （3）.

［34］HUGHES J. D.. A Reality Check on the Shale Revolution ［J］. Nature, 2013, 494.

［35］MAYA J. R. L.. The United States Experience as A Reference of Success for Shale Gas Development: The Case of Mexico ［J］. Energy Policy, 2013, 62.

［36］DUNN D. H., MCCLELLAND M. J. L.. Shale Gas and the Revival of American Power: Debunking Decline ［J］. International Affairs, 2013, 89 （6）.

［37］MELIKOGLU M.. Shale Gas: Analysis of Its Role in the Global Energy Market ［J］. Renewable Sustainable Energy Reviews, 2014, 37.

［38］EHRMAN M.. The Next Great Compromise: A Comprehensive Response to Opposition against Shale Gas Development Using Hydraulic Fracturing in the United States ［J］. Texas Tech Law Review, 2014, 46.

［39］HART H. L. A.. Definition and Theory in Jurisprudence ［J］. Law Quarterly Review, 1954, 70.

（三）国际组织文件

［1］UNFCCC. The Bali Action Plan ［R］. Bonn: UNFCCC, 2007.

［2］UNFCCC. The Copenhagen Accord ［R］. Bonn: UNFCCC Secretariat, 2009.

［3］UNFCCC. The Cancun Agreements ［R］. Bonn: UNFCCC Secretariat, 2010.

［4］UNFCCC. The Durban Climate Change Conference Decisions ［R］. Bonn: UNFCCC Secretariat, 2011.

［5］International Court Justice. Advisory Opinion on Accordance with International Law of the Unilateral Declaration of Independence in Respect of Kosovo, I. C. J. Report, 2010. Case Concerning Sovereignty over Pedra Branca/Pulau Batu Puteh, Middle Rocks and South Ledge （Malaysia v. Singapore） ［R］. Hugue: ICJ Secretariat.

［6］IEA. CO_2 Emissions from Fuel Combustion Highlights （2010 Edition） ［R］. Paris: IEA, 2010.

［7］The Pew Charitable Trusts. Who's Winning the Clean Energy Race? ［R］. Washington: The PEW, 2011.

［8］Global CCS Institute. The Global Status of CCS: 2010 ［R］. Canberra: Global CCS Institute, 2011.

［9］BP. BP Statistical Review of World Energy 2014 ［R］. London：BP Company, 2014.

［10］BP. BP Statistical Review of World Energy 2010 ［R］. London：BP Company, 2010.

［11］BP. BP Statistical Review of World Energy 2015 ［R］. London：BP Company, 2015.

［12］International Energy Agency. World Energy Outlook 2014 ［R］. Paris：IEA, 2014.

［13］International Energy Agency. World Energy Outlook 2013 ［R］. Paris：IEA, 2013.

［14］Renewable Energy Policy Network for the 21st Century. Renewables 2010 Global Status Report ［R］. Paris：REN21, 2010.

［15］Renewable Energy Policy Network for the 21st Century. Renewables 2013 Global Status Report ［R］. Paris：REN21 Secretariat, 2013.

［16］IPCC. IPCC Special Report on Carbon Dioxide Capture and Storage ［R］. London：Cambridge University Press, 2005.

（四）相关国家英文官方文件

［1］US Whitehouse. Blueprint for A Secure Energy Future ［R］. Washington：US Whitehouse, March 30, 2011.

［2］US Department of Energy. Strategic Plan ［R］. Washington：US DOE, May 2011.

［3］U. S. Energy Information Administration. Technically Recoverable Shale Oil and Shale Gas Resources：An Assessment of 137 Shale Formations in 41 Countries Outside the United States ［R］. Washington DC：U. S. EIA, 2013.

［4］U. S. National Energy Technology Laboratory & U. S. Strategic Center for Natural Gas and Oil. DOE's Unconventional Gas Research Programs, 1976–1995：An Archive of Important Results ［R］. Washington, DC：U. S. Department of Energy, 2007.

［5］U. S. Geological Survey National Assessment of Oil and Gas Resources Team & Laura R. H. Biewick. Map of Assessed Shale Gas in the United States, 2012 ［R］. Denver, CO：USGS Denver Federal Center, 2013.

［6］U. S. Energy Information Administration. U. S. Natural Gas Markets：Recent Trends and Prospects for the Future ［R］. Washington DC：EIA, 2001.

［7］U. S. Energy Information Administration. Annual Energy Outlook 2012 ［R］. Washington DC：EIA, 2012.

［8］U. S. Energy Information Administration, Annual Energy Outlook 2014 ［R］. Washington DC：EIA, 2014.

[9] US Environmental Protection Agency Office of Research and Development. Study of the Potential Impacts of Hydraulic Fracturing on Drinking Water Resources Progress Report [R]. Washington DC：US EPA.

[10] US New York State Department of Environmental Conservation. Final Supplemental Generic Environmental Impact Statement on the Oil, Gas and Solution Mining Regulatory Program：Regulatory Program for Horizontal Drilling and High−Volume Hydraulic Fracturing to Develop the Marcellus Shale and Other Low−Permeability Gas Reservoirs [R]. New York：DEC, 2015.

[11] U. S. Energy Information Administration. Drilling Sideways−A Review of Horizontal Well Technology and Its Domestic Application [R]. Washington, DC：EIA, 1993.

[12] U. S. National Petroleum Council. Prudent Development：Realizing the Potential of North America's Abundant Natural Gas and Oil Resources [R]. Washington, DC：the NPC, 2011.

[13] U. S. Energy Information Administration. Annual Energy Outlook 2006 [R]. Washington DC：EIA, 2006.

[14] U. S. Energy Information Administration. Direct Federal Financial Interventions and Subsidies in Energy in Fiscal Year 2010 [R]. Washington DC：EIA, 2012.

[15] U. S. National Petroleum Council. Prudent Development：Realizing the Potential of North America's Abundant Natural Gas and Oil Resources [R]. Washington, DC：the NPC, 2011.

[16] U. S. National Energy Technology Laboratory & U. S. Strategic Center for Natural Gas and Oil. Modern Shale Gas development in the United States：An Update [R]. Washington, DC：U. S. Department of Energy, 2013.

[17] UK Department of Energy & Climate Change (DECC). UK Renewable Energy Roadmap：update [R]. London：DECC, 2014.

[18] UK Energy Act 2008.

[19] UK Energy Act 2011.

[20] German Electricity Feed Law.

[21] German. Act on granting priority to renewable energy sources (Renewable Energy Sources Act, EEG)

[22] German. Renewable Energy Sources Act (EEG) 2009.

[23] The German Renewable Energy Act of 2012.

（五）相关案例

[1] US *Interstate Natural Gas Co. v. FPC*（S. Ct. 1947）.

[2] US *Phillips Petroleum Co. v. Wisconsin*（S. Ct. 1954）.

三、法文专著

[1] VISSCHER C.. Les Effectivites du Droit International Public ［M］. Paris：Pedone，1967.

[2] TOUSCOZ J.. Le Principe D'Effectivete Dans L'Ordre International ［M］. Paris：R. Pichon et R. Durand-Auzias, 1964.

四、主要参考网址

[1] 英国能源与气候变化部：http://www.decc.gov.uk/.

[2] 欧盟智能电网网站：http://www.smartgrids.eu.

[3] 中国21世纪议程管理中心官网：http://www.acca21.org.cn/gest/index.html.

[4] 中欧碳捕获与封存技术项目网站：http://www.co2-coach.com/.

[5] 欧盟地质封存潜力评估网站：http://www.geology.cz/geocapacity.

[6] STRACO2官网：http://www.euchina-ccs.org/index.php.

[7] 中澳二氧化碳地质封存项目网站：http://www.cagsinfo.net/about-ch.htm.

[8] 中英煤炭利用近零排放合作项目官网：http://www.nzec.info/zh/.

[9] 中英低碳地市发展合作网站：http://www.culccd.com/index.asp?l=0.

[10] 能源宪章条约：http://www.encharter.org/.

[11] 中美清洁能源研究中心：http://www.us-china-cerc.org.

后　记

2011年7月，当我从英国回武汉大学继续学业，尚不足一年之际，幸运地与同门昆明理工大学法学院谭民博士申报的国家社科基金一起获批。然而，在欣喜之余，我却有着淡淡的忧思。高兴的是，在恩师"珞珈学者"杨泽伟教授的指导下，我已开始步入学术研究的正轨，国家社科基金的获批无疑说明了这一点。但同时担忧的是，这将意味着在未来五年内，我将至少需要完成三部著作，即博士论文《英国新能源法律政策研究》、2009年获批的教育部人文社科青年项目《哥本哈根气候变化谈判对构建中国能源安全法律制度的影响》，以及现在这部依托国家社科基金的著作。瞬间感到肩上的担子好重，思索再三，没有他法，按部就班是唯一可行的策略。

2011年10月，我完成了博士论文初稿。但恩师要求甚严，论文几易其稿，且不是小的改动，几万字的内容需要补充、几万字的内容需要修改，每天几乎除了吃饭、睡觉，就是趴在电脑前，敲打着键盘、查看着如海般的中外文资料。经过了近半年的反复修改、完善，最终论文版本才正式确定下来。2012年5月，我以"优秀"成绩通过了论文答辩。更值一提的是，恩师疼爱有加，在博士论文基础上，帮我付梓出版了《英国新能源法律政策研究》一书。而这本著作也于2014年获得了山西省政府哲学社会科学成果一等奖。回想起来，没有恩师的严格要求和指导，是不会有今天的成绩的。

2012年7月毕业后，我回到了原工作单位山西大学法学院。教学之余，我将主要精力放在了教育部项目的完成上，利用在英国和博士期间收集的大量中外文资料，于2013年9月出版了以教育部项目为依托的《气候变化与能源转型：一种法律的语境范式》一书。无疑，两部著作的出版使我的压力有所减轻，让我能将更多的精力投入国家社科基金项目中来。

一定意义上而言，随着学术积累的加深，本书写作时的感受已不同于前两本著作，它更多地是想将自己对能源法律多年的思考融入进去。因此，在行文逐字方面更加谨慎，这也使得这本著作的完成一再被推后。直到 2015 年 11 月，我才将最终成果报告提交国家社科办进行评审，2016 年 10 月，评审通过并予以正式结项。直到此时，心中才有所释然。

2016 年是一个多事之秋。因为自 2008 年以来的求学，与爱妻和幼子（当时刚刚出生）始终处于一种离多聚少的局面。又因照顾孩子和工作问题，她们母子二人最终回到了西安。而我则因个人和学校等原因，未能马上来到西安。因此，当所有项目于 2016 年完成时，我不得不考虑家庭的团聚问题。所幸的是，西北政法大学王瀚副校长、国际法学院的刘亚军院长、刘萍院长和其他同人在我调入西安方面给予了无私的帮助，使我最终有幸成为西北政法大学的一名教师。

最后，我想说的是，本书的完成绝不是我一人之功，它倾注了许多人的心血。爱妻、父母和岳父母，他们的帮助让我有了更多的工作时间。我的博士生导师杨泽伟教授和博士后合作导师山西大学副校长殷杰教授在学业上的无私指导，王瀚副校长、刘亚军院长、刘萍副院长和西北政法大学的同事在工作和生活上的支持和鼓励，以及本书责任编辑张水华女士为出版付出的辛勤劳作；没有这些，也就不会有本书的付梓了。感谢在我成长道路上给予帮助的人们，大家的支持正是我前行的动力。

撰于长安明德门

丁酉年三月廿三